Bauwelt Fundamente 134

Herausgegeben von
Ulrich Conrads und Peter Neitzke

Beirat:
Gerd Albers
Hildegard Barz-Malfatti
Elisabeth Blum
Werner Durth
Eduard Führ
Werner Sewing
Thomas Sieverts
Jörn Walter

Loïc Wacquant

Das Janusgesicht
des Ghettos
und andere Essays

Bauverlag
Gütersloh · Berlin

Birkhäuser – Verlag für Architektur
Basel · Boston · Berlin

Herausgeber, Autoren und Verlag danken der Merckschen Gesellschaft für Wissenschaft und Kunst, Darmstadt, für die Förderung dieser Publikation.

Umschlagvorderseite: South Side von Chicago, 63. Straße in der Nähe von Cottage Grove Avenue
© Loïc Wacquant

Umschlagrückseite: Brüssel, Läden im Quartier d'Ixelles.
© Pierre-Emmanuel Weck/1D-photo

Texte:
© Loïc Wacquant

Loïc Wacquant ist Professor für Soziologie an der University of California, Berkeley, und Forscher am Centre de sociologie européenne, Paris.
http://sociology.berkeley.edu/faculty/wacquant

Bibliographische Information der Deutschen Bibliothek
Die Deutsche Bibliothek verzeichnet diese Publikation in der Deutschen Nationalbibliographie; detaillierte bibliographische Daten sind im Internet über http://dnb.ddb.de abrufbar.

Der Vertrieb über den Buchhandel erfolgt ausschließlich über den Birkhäuser Verlag.

© 2006 Birkhäuser – Verlag für Architektur, Postfach 133, CH-4010 Basel, Schweiz
und
Bauverlag BV GmbH, Gütersloh, Berlin

bau||||**verlag**

Eine Kooperation im Rahmen der Fachverlagsgruppe Springer Science+Business Media

Gedruckt auf säurefreiem Papier, hergestellt aus chlorfrei gebleichtem Zellstoff. TCF ∞

Printed in Germany
ISBN-10: 3-7643-7461-6
ISBN-13: 978-3-7643-7461-7

9 8 7 6 5 4 3 2 1   http://www.birkhauser.ch

Inhalt

Paris. Graffitto von Jérôme Mesnager in Belleville.
© Pierre-Emmanuel Weck/1D-photo

Vorwort: Über die Erschaffung und Einschließung der Ausgestoßenen der Stadt

Die elf Artikel dieses Bandes bauen eine empirische und analytische Brücke zwischen meinen beiden früheren Büchern *Parias urbains* [*Die Verdammten der Stadt*] und *Elend hinter Gittern*, in denen ich die Entstehung eines neuen Regimes städtischer Marginalität in den fortgeschrittenen Gesellschaften des kapitalistischen Westens und die darauf folgende regierungsstrategische Wende zur Bestrafung von Armut untersucht habe (Wacquant 2006a, 2000). Sie berichten über die Forschung einer ganzen Dekade, in der ich aus vergleichender und theoretischer Perspektive die sich wandelnde Verknüpfung von sozialer Marginalität, ethnorassischer Trennung und staatlicher Politik in der Metropole der Ersten Welt zu Beginn des 21. Jahrhunderts zu analysieren suchte. Die Aufsätze setzen sich mit der rauhen geschichtlichen Wirklichkeit auseinander und (re-) konstruieren einen tragfähigen soziologischen Begriff des Ghettos als sozialräumlichen Apparats ethnorassischer Segmentierung und Kontrolle. Und schließlich arbeiten sie heraus, wie Staaten für die Implementierung der neoliberalen Revolution von der sozialstaatlichen Regulierung auf die bestrafende Verwaltung der menschlichen Abfälle der Marktgesellschaft umstellen, die die Tendenz hat, das städtische Subproletariat in eine wütende Kaste Verstoßener zu verwandeln.

Die Untersuchung entfaltet sich in drei Schritten. Erstens biete ich im Eingangsaufsatz eine knappe Beschreibung des *neuen Regimes städtischer Marginalität*, das seit Ende des fordistischen Zeitalters Mitte der 1970er Jahre in den führenden postindustriellen Ländern heraufzieht. Ich hebe vier Strukturlogiken hervor, die dieses Regime antreiben: einen makrogesellschaftlichen Trend zu sozialer Ungleichheit, den Wandel der Lohnarbeit (der sowohl die Entproletarisierung als auch die Entsicherung am unteren Ende der Beschäftigungsleiter umfaßt), den Abbau des Sozialstaats sowie die räumliche Konzentration und Stigmatisierung der Armut. Gegen den Strom des herrschenden Medien- und Politikdiskurses zeige ich, daß das Anwachsen dieser neuen Marginalität keineswegs die transatlantische Konvergenz nach dem amerikanischen Muster des Rassenghettos einläutet. Die europäischen Quartiere der Ausgesonderten sind hinsichtlich ihrer Bevölkerung und ihrer Funktion gemischte Gebiete. Sie bleiben weiterhin vom Staat durchsetzt und immerhin schwach organisiert. Ethnorassische Spannungen in ihnen und um sie herum werden nicht durch eine wachsenden Kluft zwischen postkolonialen Immigranten und der einheimischen Arbeiterklasse geschürt, sondern durch deren zunehmende Nähe im sozialen und physischen Raum. Kurz, sie sind keine Ghettos, sondern *Anti-Ghettos*.

Bei der Bewältigung dieser neuen Form städtischer Marginalität und der Unordnung, die sie hervorbringt, stehen die fortgeschrittenen Gesellschaften vor einer dreifachen Alternative. Sie können die vorhandenen Programme des Sozialstaats reparieren, was sich an der Schrumpfung und gleichzeitig erfolgenden Ausweitung unterschiedlicher Programme der sozialen Sicherung und der staatlichen Hilfe (Einkommenshilfen, Gesundheit, Wohnen, Ausbildung und Beschäftigung) erläutern und beispielhaft an der disziplinierenden „workfare"-Philosophie veranschaulichen läßt. Sie können Marginalität mit Hilfe verschärfter Polizeiüberwachung und bestrafender Einschließung der Armen in ihren heruntergekommenen Quartieren oder, wenn sie sich als allzu lästig erweisen, im expandierenden Gefängnissystem kriminalisieren. Oder neue soziale Rechte verankern, wie etwa ein Grundeinkommen, das Subsistenz und Leistung auf dem Arbeitsmarkt entkoppelt und eine neue Stufe in der epochalen Entwicklungsgeschichte der Staatsbürgerschaft einleiten würde. Ich vertrete die Position, daß die ersten beiden Reaktionen kontraproduktiv wirken und die dritte Option langfristig unsere beste Chance auf die Überwindung der sozialen Widersprüche ist, die in die Verbreitung der entsozialisierten Lohnarbeit eingebaut sind. Es sind jedoch jene beiden, verschiedene Varianten von workfare und Bestrafung der Armut kombinierenden Wege, die die Vereinigten Staaten und nach ihnen die meisten Länder der Ersten Welt eingeschlagen haben, um zu versuchen, die soziale Unsicherheit in den unteren Rängen der Metropolenordnung zu normalisieren.

In einem zweiten Schritt, der den zweiten bis zum fünften Aufsatz umfaßt, nehme ich den Leser mit ins amerikanische Ghetto, um die eigentümliche Sozialstruktur, Funktion und Dynamik dieser „schwarzen innerhalb der weißen Stadt" zu untersuchen, deren andauernde Präsenz die Entwicklung der us-amerikanischen Metropole, Politik und Kultur entscheidend prägte sowie einen wichtigen Referenzpunkt für die jüngere europäische Debatte über Armut und Ethnizität bildete (vgl. Musterd und Ostendorf

1998, Häußermann, Kronauer und Siebel 2004 sowie Weil 2005). Der (gemeinsam mit William Julius Wilson verfaßte) Aufsatz „Das Leben im Ghetto" zeichnet ein Gesellschaftsbild des Nahmilieus, in dem sich Ghettobewohner bewegen. Er kontrastiert Klassenzusammensetzung, Sozialhilfequote, wirtschaftliche und finanzielle Aktivposten und das Sozialkapital der Haushalte, die in Chicagos historischem „Schwarzen Gürtel" leben, dem Profil der schwarzen Bewohner der segregierten Gebiete, die nach der Welle der Aufstände der 1960er Jahre an seinen Rändern entstanden sind. Er widerlegt behavioristische und kulturalistische Erklärungen der wachsenden Verwerfungen, von denen der rassifizierte* Kern der US-Metropole im Laufe der vergangenen drei Jahrzehnte heimgesucht worden ist, indem, erstens, die *extreme sozioökonomische Entblößung* der städtischen schwarzen Armen dokumentiert und, zweitens, gezeigt wird, daß deren kollektive Marginalisierung aus der strukturellen Falle resultiert, die die räumliche und sektorale Restrukturierung des amerikanischen Kapitalismus in einer hypersegregierten Stadt stellt.

Der Beitrag „Entzivilisieren, Dämonisieren" analysiert den Wandel von Amerikas schwarzem Ghetto nach den 1960er Jahren als Folge zweier, in der materiellen Wirklichkeit und im öffentlichen Diskurs verknüpfter Entwicklungen. Auf der Ebene der sozialen Beziehungen erfuhr das Ghetto einen *Prozeß der Entzivilisierung* im Sinne von Norbert Elias' Begrifflichkeit, einen Prozeß, der nicht durch räumliche Ungleichgewichte [„mismatches"], eine übertriebene Großmut der Wohlfahrt, die sogenannte Kultur der Armut oder angebliche antisoziale Impulse der Bewohner verursacht worden ist, sondern durch den Rückzug des Staates und die sich daraus ergebende Zersetzung des öffentlichen Raums und die Risse in den sozialen Beziehungen in der Kernstadt. Auf der symbolischen Ebene fand dieser Prozeß seinen Widerhall in der *Dämonisierung des schwarzen Subproletariats vermittels der Trope der „underclass"* – ein halb journalistischer, halb wissenschaftlicher Mythos, der in der reißerischen Metaphorik des furchterregenden „gang banger"** und der zügellosen „welfare mother" verankert ist. Entzivilisierung und Dämonisierung sind ein Struktur und Diskurs vermählendes Paar, bei dem jedes Element das andere verstärkt und beide im Tandem die staatliche Politik innerstädtischer Vernachlässigung und strafender Einschließung legitimieren, die für den desolaten Zustand des Schwarzen Gürtels zur Jahrhundertwende verantwortlich ist.

Eine langfristige relationale Perspektive sowie der analytische Primat von Angst, Gewalt und Staat erlauben es mir in „Elias im schwarzen

Ghetto", den Wandel vom „Gemeinschaftsghetto" der Mitte des 20. Jahrhunderts zum „Hyperghetto" der Gegenwart im Hinblick auf drei dynamisch verflochtene Hauptentwicklungen zu untersuchen: die durch unmäßige Gewalt gegen Personen gekennzeichnete Depazifierung des Alltagslebens, die zu organisatorischer Versteppung führende soziale Entdifferenzierung und die Informalisierung der Ökonomie. Jede dieser internen Kräfte wurde durch die äußere Ursache des Markt- und Staatsrückzugs angestoßen und wird von diesem unterstützt, was zum Zusammenbruch öffentlicher Einrichtungen und dem allmählichen Ersatz des „sozialen Sicherheitsnetzes" des Wohlfahrtsstaats durch das „Sicherheitsschleppnetz" aus Polizei, Gerichten und Gefängnissen führte. Soviel zur Erhellung der *unverkennbar politischen Wurzeln* des städtischen Musters des Rassen- und Klassenausschlusses, der sich im heutigen Hyperghetto konkret materialisiert.

Aber der spektakuläre wirtschaftliche Zusammenbruch und der beschleunigte soziale Verfall des amerikanischen schwarzen Ghettos nach dem Höhepunkt der Bürgerrechtsbewegung können zu der irreführenden Gleichsetzung von Ghettoisierung und Verarmung verleiten sowie zur Verwechslung ethnorassischer Einschließung mit akuter Arbeitslosigkeit einschließlich ihrer schädlichen Nebeneffekte. Um diesem analytischen Mißgriff und den mit diesem verbundenen politischen Irrtümern zu begegnen, kehrt der Artikel „Eine schwarze innerhalb der weißen Stadt" zur Sozialgeschichte der Afroamerikaner in der industriellen Metropole zurück. Er zeigt, daß das schwarze Ghetto zu keinem Zeitpunkt bloß eine Ansammlung armer Familien oder eine räumliche Konzentration unerwünschter sozialer Bedingungen (Einkommensarmut, Familienzerfall, Gebäudeverfall, endemische Kriminalität oder anderes abweichendes Verhalten) war. Von Anfang an war es eine *institutionelle Form, eine Waffe der Gruppenmacht*, mit der die herrschenden Weißen die Nachkommen der Sklaven, die ihnen als verdorben und bedrohlich galten, zugleich in räumlicher Abgeschiedenheit und Unterwerfung hielten, indem sie sie zwangen, in einem beschränkten Umkreis zu wohnen, in dem Schwarze einen parallelen Mikrokosmos und eine einheitliche Kultur entwickelten. Dieses aufgezwungene und auf räumlicher Einschränkung beruhende organisatorische Gehäuse erkannte jeder bedeutende afroamerikanische Forscher der schwarzen städtischen Zwangslage im 20. Jahrhundert, von W.E.B. Du Bois, Clair Drake und Horace Cayton bis zu E. Franklin Frazier, Kenneth Clark und Oliver Cromwell Cox. Die merkwürdige Auslassung der ethnorassischen Dimension städtischer Aussonderung in dem aus den 1980er Jahren stammenden Wissenschaftsmärchen von der „ghetto underclass", das das „Ghetto" allein unter Einkommensgesichtspunkten definiert (und jedes Stadtgebiet mit mehr als 40 Prozent Bewohnern unterhalb der offiziellen Armutsgrenze einschließt), erweist sich als Ausdruck nicht nur der langfristigen Verschiebung des intellektuellen Fokus von struktureller Ungleichheit auf individuelles Verhalten (O'Connor 2001), sondern auch der zunehmenden Unterdrückung von „Rasse" in der politiknahen Forschung, während die amerikanische Gesellschaft nach rechts rückte und der „Krieg gegen die Armut" der 1960er Jahre dem „Krieg gegen die Wohlfahrt" der 1990er Jahre wich.

Auf den wiederholten Ausbruch von Jugendunruhen Ende der 1980er Jahre in Frankreich (von dem Typus, wie sie auf spektakuläre Weise erneut im November 2005 ausgebrochen sind) folgte eine öffentliche Debatte um die Lage und die Perspektiven der verfallenden (*cités* genannten) Großsiedlungen des sozialen Wohnungsbaus an der städtischen Peripherie, die gespickt war mit Bezügen auf das schwarze Ghetto Amerikas. Der Beitrag „Schluß mit der Legende von den Vorort-,Ghettos'" zeigt, daß das hastige Einschmuggeln und die unkontrollierte Verbreitung us-amerikanischer Metaphern und Fachbegriffe rassischer Abgeschlossenheit eine genaue Diagnose der sich wandelnden Verhältnisse zwischen Klasse, Ort und Armut in der französischen Stadt insofern verhinderte, als dabei das Zusammentreffen von Marginalität, Gewalt und Stadtquartierverfall mit Ghettoisierung verwechselt wurde. Der exotische Bezug auf das amerikanische schwarze Ghetto tilgt die historischen, strukturellen und funktionalen Unterschiede der Ungleichheits- und Marginalitätsmuster in der us-amerikanischen und französischen Stadt. Aber er stellte sich als äußerst verführerisch insofern heraus, als er Frankreichs herrschender intellektueller und politischer Elite erlaubte, die neue soziale Frage der Prekarisierung der Lohnarbeit fälschlich zu „verräumlichen" und zu „ethnisieren" und auf diese Weise die Konfrontation mit der Wirklichkeit der politisch unterstützten Zerstörung der traditionellen Arbeiterklasse und ihrer angestammten Gebiete zu vermeiden. Jenseits der Besonderheiten des französischen Falls gilt es in allen westeuropäischen Ländern das Volksmärchen von den *Ghettosiedlungen* zu entlarven: Es gibt so wenig ein „türkisches Ghetto" in Berlin, ein „westindisches Ghetto" in London oder ein „surinamesisches Ghetto" in Amsterdam, wie es ein „arabisches Ghetto" in den Vorstädten von Paris, Marseilles oder Toulouse gibt.[1] Die Beweislast der Angemessenheit des Begriffs für die europäische Stadt muß daher eben jenen auferlegt werden, die ihn von jenseits des Atlantiks importieren wollen.

Die Rückkehr zur Sozialgeschichte und der Rückgriff auf den internationalen Vergleich schaffen zusammen die Voraussetzungen für die vollständige Klärung der „Ghetto"-Frage. Obwohl Sozialwissenschaftler den Ausdruck seit fast einem Jahrhundert im beschreibenden Sinn vielfach verwendet haben, ist es bemerkenswert, daß sie es unterließen, einen geeigneten analytischen Begriff des Ghettos zu entwickeln; statt dessen machten sie Anleihen beim gängigen Alltagsbegriff der jeweiligen Gesellschaft, die sie gerade untersuchten. Der Artikel „Das Janusgesicht des Ghettos", der dem Buch seinen Mittelpunkt und seinen Titel gibt, schließt diese Lücke: Er konstruiert einen *relationalen Begriff* des Ghettos als eines janusgesichtigen *Instruments ethnorassischer Schließung und Kontrolle*, der im Einklang steht mit den Lehren der Soziologie über die Erfahrung der us-amerikanischen Schwarzen in der fordistischen Stadt, der Geschichtsschreibung über die europäischen Juden der Renaissance und der Anthropologie der ausgestoßenen Minderheiten in Asien und Afrika. Die Synthese dieser drei Forschungstraditionen zeigt, daß ein Ghetto eine aus vier Elementen – Stigma, Zwang, räumliche Einschließung und organisatorisches Gehäuse – zusammengesetzte Einrichtung ist, die den Raum instrumentalisiert, um die kollidierenden Ziele – *ökonomische Ausbeutung und soziale Ausgrenzung* – zu versöhnen. Das Ghetto ist keine „*natural area*" zur Aussortierung diverser Bevölkerungsgruppen und Tätigkeiten, die mit der „Geschichte der Migration" deckungsgleich wäre, wie Louis Wirth bekanntermaßen in seinem klassischen Buch *The Ghetto* und nach ihm Legionen von Soziologen und Stadtforscher argumentierten, die in die von der frühen Chicago School gestellte ökologische Falle getappt sind und das Ghetto entweder mit dem Slum oder mit der ethnischen Enklave verwechselten (Wirth 1928).[2] Statt dessen handelt es sich um eine besondere Form von im städtischen Raum konkretisierter kollektiver Gewalt, die auf eine begrenzte Auswahl ethnischer Kategorien der Moderne angewandt wird.

Zugleich ist das Ghetto in seiner voll entwickelten Form eine *doppelseitige Konstellation* insofern, als es für die beiden Kollektive, die es bindet, gegensätzliche Aufgaben erfüllt: Es dient als effizientes Mittel der Unterordnung zum materiellen und symbolischen Vorteil der herrschenden Gruppe, aber es bietet der untergeordneten Gruppe auch einen schützenden Panzer, der in organisatorischem Parallelismus und kultureller

Autonomie wurzelt. Die Artikulation des Ghetto-Konzepts ermöglicht es uns, die Verbindungen zwischen Ghettoisierung, Armut und Segregation zu entwirren und die strukturelle und funktionale Entgegensetzung von Ghetto und ethnischer Konzentration aufzuklären. Es erlaubt uns außerdem, die Rolle des Ghettos als kulturellen Motors für die Produktion einer befleckten und ambivalenten Identität zu beleuchten, und es legt nahe, daß es, in Analogie zu anderen Institutionen der erzwungenen Einschließung benachteiligter und stigmatisierter Gruppen, wie dem Reservat, dem Flüchtlingslager und dem Gefängnis, nutzbringend untersucht werden kann.[3]

Diese Analogie bestätigt sich in den drei Aufsätzen, dem dritten Schritt des Gesamtarguments des Buches, bei dem der Einsatz des strafenden Staats als Antwort auf den Anstieg und die Verbreitung der neuen städtischen Marginalität erkundet wird. Der Aufsatz „Die Bestrafung der Armut und der Aufstieg des Neoliberalismus" erläutert und erweitert die Analyse, die ich ursprünglich mit meinem Buch *Elend hinter Gittern* vorgelegt habe, der zufolge der allgemeine Anstieg der Zahl der Gefängnisinsassen in den fortgeschrittenen Gesellschaften auf die zunehmende Nutzung des Strafrechtssystems als Werkzeug zur Verwaltung sozialer Unsicherheit und zur Eindämmung der Verwerfungen zurückzuführen ist, die die Politik der Deregulierung der Ökonomie und des Abbaus des Sozialstaats am unteren Ende der Klassenstruktur geschaffen hat. Er vollzieht die Schritte nach, aufgrund derer dieses *in der Polizeidoktrin der „Nulltoleranz" symbolisch verdichtete, neoliberale Strafregime* in den Vereinigten Staaten entwickelt und dann weltweit mit Hilfe politiknaher *think tanks*, Regierungsvertreter und Wissenschaftler verbreitet wurde. Der Text betont jedoch, daß die europäischen Länder dem amerikanischen Weg der Masseneinkerkerung nicht blindlings folgen: Europas Weg zum strafenden Staat hat die Intensivierung der sozialen und der strafenden Behandlung der Armut ebenso wie die Aktivierung der Polizeifunktionen der Sozialdienste zur Folge, was zu einer Art „sozialem Panoptismus" führt. Allerdings kann nur die Errichtung eines europaweiten Sozialstaats die Eskalation der Bestrafung der Armut und ihrer schädlichen gesellschaftlichen Folgen bändigen.

Diese Folgen kann man im Maßstab 1:1 jenseits des Atlantiks beobachten, wo sich die US-Gesellschaft und der Staat mit den kafkaesken Folgeerscheinungen des routinierten Rückgriffs auf den Kerkerapparat herumschlagen, um entsozialisierte Lohnarbeit zu erzwingen, den Schock des strukturellen Zusammenbruchs des Ghettos zu dämpfen und die

Unruhe zu unterbinden, die beide auslösen. Der Artikel „Die Abfälle der Marktwirtschaft" dokumentiert, wie die Unzulänglichkeiten und die Unangemessenheit der Sozialhilfe, der Kinderbeihilfen und des Gesundheitsdienstes in den Vereinigten Staaten dafür sorgen, daß Drogenabhängige aus der Unterschicht, Geisteskranke und Obdachlose in immer größerer Anzahl hinter Gittern landen, während das Gefängnis in eine Deponie für den menschlichen Müll einer Gesellschaft verwandelt wird, die immer direkter dem materiellen Diktat des Marktes und dem moralischen Zwang persönlicher Verantwortlichkeit unterworfen wird. Das Schicksal dieser heruntergekommenen Gruppen liefert im Experiment eine tragische Bestätigung der Hypothese einer kausalen und funktionalen Verbindung zwischen dem Absterben des Wohlfahrtsstaats und dem Aufblühen des strafenden Staats.

Ähnlich spürt der Beitrag „Vier Strategien zur Eindämmung der Gefängniskosten" den staatlicherseits unüberwindbaren Widersprüchen der Politik der Bestrafung städtischer Marginalität nach. Der Geldabfluß für die Masseneinkerkerung als indirekter Armutsbekämpfungspolitik und versteckter rassischer Kontrolle erweist sich wegen des unerbittlichen Anwachsens und Alterns der Bevölkerung hinter Schloß und Riegel sowie aufgrund der astronomischen Pro-Kopf-Kosten der Strafgefangenschaft als maßlos – die Rechnung für ein Jahr in einem kalifornischen Gefängnis belief sich 1999 pro Gefangenen auf über 21.000 Dollar; Kalifornien schließt heute fast 200.000 Seelen weg. Zur Beschränkung des außer Kontrolle geratenen Anstiegs der Kosten für die Einkerkerung, die die Fähigkeit der Regierung, die von den Wählern aus der Mittelschicht als notwendig erachteten öffentlichen Güter bereitzustellen, gefährdet, verfolgen die Behörden vier Strategien: die Qualität der Dienstleistungen innerhalb der Strafvollzugsanstalten zu reduzieren, neue Technologien zur Steigerung der Produktivität der Wachtätigkeit einzusetzen, durch verschiedene Steuern und Gebühren einen Teil der Haftkosten auf den Insassen und seine Familie abzuwälzen und hinter Gittern wieder unqualifizierte Lohnarbeit einzuführen, um Arbeitseinkünfte zu generieren, die zur Ausgleichung der Strafvollzugskosten beitragen sollen. Aber keiner dieser Strategien gelingt es, die wachsenden Kosten der wuchernden, als strafende Sozialpolitik fungierenden Einkerkerung zu beschränken, und noch weniger zu verhindern, daß die städtische Marginalität, die doch eigentlich reduziert werden soll, nicht noch tiefer verankert wird. Die Bestrafung der städtischen Armut erweist sich als Musterbeispiel für eine iatrogene*** Gesellschaftspolitik.[4]

Das Buch schließt mit Überlegungen zur derzeitigen mißlichen Lage und beständigen Aufgabe kritischen Denkens im Zeitalter sich verschärfender Ungleichheiten vor dem Hintergrund eines allmächtigen Marktes. Ich behaupte, daß kritisches Denken dann am ergiebigsten ist, wenn eine synergetische Verbindung zwischen der kantianischen Tradition der Erkenntniskritik und der marxianischen Tradition der Gesellschaftskritik gelingt, die sowohl etablierte Denkweisen als auch gegebene Organisationsformen des Alltagslebens in Frage stellt, damit wir uns andere als die in der gegenwärtigen Ordnung der Dinge eingeschriebenen Zukünfte vorstellen können. Am Übergang ins neue Jahrtausend ist das kritische Denken sowohl bemerkenswert stark als auch verblüffend schwach. Seine Stärke entstammt der beispiellosen Erweiterung unserer kollektiven Fähigkeit, Gesellschaft zu untersuchen und Geschichte zu verstehen. Das belegen die wachsende Zahl von Sozialwissenschaftlern, das steigende allgemeine Bildungsniveau und der weitreichende Einfluß von Denkern wie Michel Foucault, Pierre Bourdieu und feministischen Wissenschaftlerinnen quer durch alle sozial- und kulturwissenschaftlichen Disziplinen. Kritisches Denken ist jedoch schwach insofern, als es im Elfenbeinturm eingeschlossen bleibt und sich, sobald es sich vom Campus wagt, vom neoliberalen Diskurs überschwemmt sieht. Zudem wird es durch ein vermeintlich progressives Denken unterlaufen, das dazu einlädt, uns unter dem Deckmantel von Jubelrufen auf das „Subjekt", die „Identität", die „Vielfalt" und die „Globalisierung" den herrschenden Kräften des Marktes zu fügen (vgl. Bourdieu und Wacquant 2005). Angesichts der neu auflebenden städtischen Armut und der zunehmenden Ungleichheit muß kritisches Denken unermüdlich die Frage stellen nach der *langfristigen* gesellschaftlichen Kosten-Nutzen-Bilanz der Politik der ökonomischen Deregulierung und des Sozialabbaus, die heute überall als Königsweg zu Wohlstand und Glück unter der Ägide des „schlanken Staats" und der „individuellen Verantwortung" dargestellt wird.

Der Stadtforscher Peter Hall erinnert uns in *Cities of the Future* daran, daß die Präsenz sozial bedrohlicher, kulturell stigmatisierter und wirtschaftlich marginaler Gruppen im Herzen der Stadt kein historisches Novum unseres Zeitalters ist, sondern eine Konstante der modernen westlichen Urbanisierung. Hall merkt außerdem an, daß „die Planung im 20. Jahrhundert der komplexen emotionalen Reaktion – teils Mitleid, teils Angst, teils Abscheu – der spätviktorianischen Mittelklasse auf ihre Entdeckung der städtischen Unterklasse entsprang" (Hall 1988, 364). Das Gleiche gilt für die heutige Stadtforschung und -politik. Die in diesem Band gesammelten Aufsätze werden hoffentlich dazu beitragen, das kritische Denken für seine historische Aufgabe zu aktivieren, die solchen Reaktionen zugrunde liegende herrschende Meinung zu zersetzen, und Werkzeuge für die Entwirrung des ärgerlichen Nexus von Klasse, Ethnizität und staatlicher Politik zur Verfügung zu stellen, der die Ausgestoßenen der Metropole des 21. Jahrhunderts erschafft und zugleich einschließt.

Loïc Wacquant   Berkeley, im März 2006

Danksagung und Quellenverzeichnis

Mein Dank gilt Peter Neitzke für seine Geduld und Sorgfalt, mit der er die Besorgung der deutschsprachigen Ausgabe dieses Buches übernommen hat. Auch bin ich meinen Kollegen aus der Schweiz, Deutschland und Österreich für ihre aufschlußreichen Reaktionen und prompten Hinweise auf die sich verändernden Schnittstellen der städtischen Armut, Ethnizität und Strafregime in ihren jeweiligen Ländern dankbar, wobei ich Hartmut Häußermann, Pascal Jurt, Jürgen Mackert, Heinz Steinert und Anja Weiß eigens erwähnen möchte. Für ihre fachkundigen Dienste bei der unverzichtbaren Aufgabe des Übersetzens bin ich Michael Adrian, Uwe Bittlingmayer, Bettina Engels, Britta Grell, Barbara Heber-Schärer, Sabine Nuss, Erwin Riedmann und Diana Sahrai dankbar.

„Städtische Ausgrenzung im 21. Jahrhundert" wurde zuerst als Plenarvortrag anläßlich der Konferenz der Nordischen Soziologischen Vereinigung im Juni 1997 in Kopenhagen gehalten und als „Marginalitet i Storbyerne i det Kommende Årtusind", *Social Kritik. Tidsskrift for social analyse & debat, 52–53*, Sonderheft zum Thema „Globalization, Civil Society, Democracy" (November 1997) und später auf Englisch in der Zeitschrift *Urban Studies*, Jg. 36, H. 10 (September 1999) veröffentlicht.

„Das Leben im Ghetto. Die Kosten einer auf Ausschluß basierenden Klassen- und Rassenpolitik für die Innenstädte" entstand im Sommer 1988, als ich am Anfang meines Hauptstudiums stand und an der Universität von Chicago als studentische Hilfskraft im Forschungsprojekt über städtische Armut und Familienleben arbeitete, und erschien in *The Annals of the American Academy of Political and Social Science*, H. 501 (Januar 1989).

„Entzivilisieren, Dämonisieren. Die soziale und symbolische Transformation des schwarzen Ghettos" basiert auf zwei Vorträgen; der erste wurde während der von der Universität von Paris IV-Sorbonne und der New York Universität im Juni 1991 in Paris organisierten Konferenz zum Thema „L'Amérique des Français" gehalten, der zweite wurde im Februar 1992 im Kolloquium des Fachbereichs Soziologie der Universität von Kalifornien in Berkeley vorgestellt. Es erschien zuerst bei Christine Fauré und Tom Bishop (Hg.), *L'Amérique des français* (Paris: Editions François Bourin, 1992).

„Elias im schwarzen Ghetto" ist der überarbeitete Text eines Vortrags, der an der Amsterdam School for Social Science Research im November 1996 vorgestellt wurde; er wurde auf Englisch in *Amsterdams Sociologisch Tidjschrift*, Jg. 24, Nr. 3-4 (Dezember 1997) veröffentlicht.

„,Eine schwarze innerhalb der weißen Stadt'. Eine neue Betrachtung des schwarzen Ghettos Amerikas" wurde im Sommer 1997 in Berkeley geschrieben und auf Einladung von Manthia Diawara in *Black Renaissance – Renaissance Noire*, Jg. 2, Nr. 1 (Herbst-Winter 1998) publiziert.

„Schluß mit der Legende von den Vorort-‚Ghettos'" wurde im Juli 1991 in Paris in Reaktion auf die öffentliche Debatte, die eine Serie von Jugendunruhen an den Rändern französischer Städte auslöste, entworfen und im März 1992 an der Harvard Universität zur Veröffentlichung in den *Annales de la recherche urbaine*, Nr. 52 (September 1992) überarbeitet.

„Das Janusgesicht des Ghettos. Konstruktion eines soziologischen Konzepts" ist eine erweiterte Fassung eines Aufsatzes im Auftrag von Neil J. Smelser und Paul B. Baltes (vermittelt durch Ulf Hannerz) für die *International Encyclopedia of the Social and Behavioral Sciences* (London: Pergamon Press, 2004) und wurde unter dem (von María Eugenia Suárez de Garay, Universität von Guadalajara, vorgeschlagenen) Titel „Die zwei Gesichter des Ghettos" in ein halbes Dutzend Sprachen übersetzt.

„Die Bestrafung der Armut und der Aufstieg des Neoliberalismus" beruht auf einer Reihe öffentlicher Vorträge über das *Elend hinter Gittern* im ersten Halbjahr 2001 in Frankreich, Argentinien, Brasilien, der Schweiz, Norwegen und den Vereinigten Staaten. Der Artikel erschien in einem von Hans Boutellier herausgegebenen Sonderheft des *European Journal on Criminal Policy and Research* über „Criminal Justice and Social Policy", Jg. 9, Nr. 4 (Winter 2001).

„Die Abfälle der Marktwirtschaft. Drogenabhängige, psychisch Kranke und Obdachlose in amerikanischen Gefängnissen" entstand ursprünglich im Frühjahr 1999 im Rahmen einer Version von *Elend hinter Gittern*, die länger geriet als kostengünstig zu drucken gewesen wäre. Der Beitrag wurde Anfang 2003 überarbeitet und auf Initiative von Professor Severiano Rojo Hernandez, Universität von Brest, in *Amnis*, Jg. 3 (Herbst 2003) veröffentlicht.

„Vier Strategien zur Eindämmung der Gefängniskosten. Über die Probleme der Massenhaft in den Vereinigten Staaten" wurde im Winter 2002 in Paris geschrieben und erschien in *Studies in Political Economy*, Nr. 69 (Herbst 2002) sowie im selben Jahr in spanischen und portugiesischen Publikationen. Mein Dank geht an Rianne Mahon, Carleton Universität Ottawa in Kanada.

„Kritisches Denken als Zersetzung der Doxa" geht auf einen lebhaften Dialog mit einer Gruppe argentinischer Philosophen zurück, die Rodrigo Paez Canosa und Esteban Mizrahi im April 2001 in Buenos Aires versammelt hatte. Als „El pensamiento crítico como disolvente de la doxa", *Adef. Revista de Filosofía*, Jg. 26, Nr. 1 (Mai 2001) veröffentlicht.

Anmerkungen

1 Für Warnungen vor diesem Mythos, die auf die Fälle England, Deutschland und Schweden passen, siehe Peach (1996), Sambale und Eick (2005) sowie Schierup (2001).

2 McKee (1993, Kapitel 3) führt die Fehler und Grenzen von Wirths Analyse auf das evolutionäre und assimilationistische Modell des „Rassenbeziehungszyklus" von Robert E. Park zurück. Amitai Etzioni (1959) wies vor langem darauf hin, daß die von Wirth präsentierten Daten zum Fall der Juden Chicagos seiner eigenen Theorie direkt widersprechen. Daß der Verlauf der schwarzen Urbanisierung zu keinem Zeitpunkt der US-Geschichte dem Modus der Eingliederung der verschiedenen Strömungen europäischer Einwanderer entsprach, zeigen Joe W. Trotter, Earl Lewis und Tera W. Hunter (2004).

3 Eine umfassendere historische und begriffliche Ausarbeitung der Verwandtschaft von Ghetto und Gefängnis in meinem im Erscheinen befindlichen Buch (Wacquant 2006b).

4 Für den Fall USA zeigt dies Bruce Western (i.E.).

* Die kritisch-theoretische Rassismusforschung dekonstruierte die Kategorie „Rasse" als biologische Tatsache und rekonstruierte sie als *gesellschaftliches, in den Körper der „Anderen"* eingeschriebenes Verhältnis. In der Folge rückte die Frage der „Rassifizierung", also wie „Rasse"-Verhältnisse *in der gesellschaftlichen Praxis* „erfunden", reproduziert und reguliert werden, ins Zentrum der Aufmerksamkeit. (A.d.Ü.)

** Das stets abwertende Etikett „gang banger", das Jugendlichen oder jungen Erwachsenen oftmals aufgrund ihres Kleidungsstils, Musikgeschmacks oder Auftretens angeheftet wird, bezeichnet aktive Mitglieder einer kriminellen Bande. (A.d.Ü.)

*** Als iatrogen werden Krankheitssymptome bezeichnet, die erst durch die ärztliche Behandlung ausgelöst wurden. (A.d.Ü.)

Aus dem amerikanischen Englisch von Werner Riedmann

1 Städtische Ausgrenzung im 21. Jahrhundert

Alle sozialen Phänomene sind in einem gewissen Maße das Werk des kollektiven Willens, und kollektiver Wille schließt ein, daß es eine Wahl zwischen verschiedenen möglichen Optionen gibt. [...] Das Reich des Sozialen ist das Reich der Modalität.
Marcel Mauss, *Les civilisations. Eléments et formes* (1929)

Der vorliegende Aufsatz untersucht, wie sich in den Städten aller hochentwickelten Länder des kapitalistischen Westens neue Formen von Ungleichheit und Ausgrenzung (*marginality*) gebildet und ausgebreitet haben. Die Argumentation erfolgt in zwei Schritten. Zunächst skizziere ich ein Bild dessen, was ich für ein *neues Regime städtischer Ausgrenzung* halte. Dieses Regime hat sich etwa in den letzten drei Jahrzehnten etabliert. Es entstand mit dem Ende des fordistischen Zeitalters, das durch standardisierte Massenproduktion, Massenkonsum und einen keynesianischen Gesellschaftsvertrag, der beides unter der Ägide des Wohlfahrtsstaates zusammenband, gekennzeichnet war. Weil es seine Existenz den modernsten Bereichen der Wirtschaft verdankt, stehen uns die vollständigen Auswirkungen dieses neuen Regimes freilich noch bevor – aus diesem Grund bezeichne ich es als „hochentwickelte Ausgrenzung". Wenn wir erst einmal die Definitionsmerkmale dieses Regimes städtischer Ausgrenzung, das immer lückenloser funktioniert, vor Augen haben, können wir auch feststellen, was an der „neuen Armut", einem durch und durch städtischen Phänomen, wirklich neu ist.
In einem zweiten Schritt wende ich mich der Frage zu, die die europäischen Debatten über die Wiederkehr von Elend, Spaltung und Spannungen in der Großstadt unterschwellig prägt oder explizit bestimmt: nämlich, ob wir eine *epochemachende Konvergenz städtischer Armutsregime auf beiden Seiten des Atlantiks* erleben. Meine Antwort heißt: nein. Die innerstädtische Verbannung gehorcht auf beiden Kontinenten einer unterschiedlichen sozialen und räumlichen Logik. Dennoch müssen sich die europäischen Gesellschaften vor einer Politik in acht nehmen, die bestimmte Stadtbezirke oder Bevölkerungsgruppen isoliert. Eine solche Politik nämlich treibt letztere in alternative oder gar opponierende Lebensentwürfe, aus denen,

Berlin Mitte, Schollstraße.
© Pfrunner/1D-photo

nicht viel anders als bei der Ghettobildung in den Vereinigten Staaten, Teufelskreise sozialer Einkapslung werden können.

Dieser Aufsatz versucht, jene sozialen Formen und Kräfte zu benennen, die der augenblicklichen Krise unserer Städte zugrunde liegen und die Metropole von morgen prägen werden – sofern wir nicht von unserem „kollektiven Willen" Gebrauch machen und Maßnahmen ergreifen, um bestimmte Mechanismen zu stoppen und bestimmte Trends umzukehren.

Symptome hochentwickelter Ausgrenzung

Wir sind heute Zeugen einer weitreichenden Transformation der Wurzeln, Erscheinungsformen und Konsequenzen städtischer Armut in den westlichen Gesellschaften. Mit der beschleunigten ökonomischen Modernisierung des globalen Kapitalismus, der Herausbildung einer neuen (durch das rasende Tempo der Finanzströme und der Arbeitsmigration über durchlässig gewordene Staatsgrenzen hinweg geförderten) internationalen Arbeitsteilung und des Wachstums neuer, wissensintensiver Industrien, die auf revolutionären Informationstechnologien beruhen und eine duale Arbeitsmarktstruktur hervorbringen, hat sich auch das Elend modernisiert: Ein neues Regime städtischer Ungleichheit und Ausgrenzung ist entstanden (vgl. hierzu ausführlicher Wacquant 1996a).

In der Vergangenheit war Armut in den westlichen Metropolen entweder ein Rückstand oder konjunkturbedingt. Sie war ein auf die Arbeiterklasse beschränktes Phänomen ohne besondere geographische Verteilung und schien durch weiteres Wirtschaftswachstum überwindbar. Heute dagegen haben wir es allem Anschein nach mit einer immer langfristigeren, wenn nicht sogar bleibenden Armut zu tun, die von allen makroökonomischen Trends abgekoppelt ist. Sie hat sich in jenen berüchtigten „Verbanntenvierteln" festgefressen, in denen sich soziale Isolation und Entfremdung gegenseitig verstärken, während die Kluft zwischen der dort deponierten Bevölkerung und dem Rest der Gesellschaft wächst.

Die Festigung dieses neuen Regimes städtischer Ausgrenzung erfolgt in den verschiedenen Ländern der ersten Welt auf unterschiedliche Weise und nimmt unterschiedliche Formen an. In den Vereinigten Staaten und in England wurde sie durch die in den vergangenen Jahrzehnten sowohl von konservativen als auch von liberalen Parteien betriebene Politik eines umfassenden Rückzugs des Staates beträchtlich gefördert. Auch die rigide

beziehungsweise zunehmende räumliche und soziale Trennung der weißen und der farbigen Bevölkerung in den großen Stadtzentren hat ihren
Teil hierzu beigetragen. In Ländern mit ausgeprägt korporatistischen oder
sozialdemokratischen Wohlfahrtssystemen und weniger stark segregierten
Städten – wie in Nordeuropa und Skandinavien – ist diese Entwicklung
langsamer verlaufen, doch auch hier gibt es sie. Zusätzlich hat sie sich mit
der schwierigen Frage der Integration von Migranten aus der Dritten Welt
und Flüchtlingen vermischt, wie die Angst vor der Bildung von „Einwan-
dererghettos" zeigt, die den Kontinent von Marseille über München und
Brüssel bis Brindisi im Griff hat (vgl. etwa Hadjimichalis und Sadler 1995;
Mingione 1996).

Welches Etikett man auch für sie benutzt – „Unterklasse" in Amerika
und England, „neue Armut" in den Niederlanden, Deutschland und
Norditalien, „Exklusion" in Frankreich, Belgien und den skandinavischen Ländern –, die verräterischen Anzeichen der neuen Ausgrenzung
sind auch dem unaufmerksamsten Betrachter der westlichen Metropolen
unmittelbar vertraut: obdachlose Männer und ganze Familien, die vergeblich nach einem Dach über dem Kopf suchen, Bettler in der Straßen-
bahn, die herzzerreißende Geschichten von persönlichen Katastrophen
und anschließender Verwahrlosung zum Besten geben, Suppenküchen,
die nicht nur von Stadtstreichern, sondern auch von Arbeitslosen und
Unterbeschäftigten bevölkert sind, der zunehmende Straßenraub und der
Boom informeller (häufig illegaler) „Straßenökonomien" im Schlepp-
tau des Drogenhandels; Wut und Verzweiflung der von gut bezahlter
Lohnarbeit ausgeschlossenen Jugendlichen und die Verbitterung älterer
Arbeiter, die durch Deindustrialisierung und technologischen Fortschritt
überflüssig gemacht wurden; das überwältigende Gefühl des Niedergangs, der Verzweiflung und Unsicherheit in den Armenvierteln, die in
einer scheinbar unaufhaltsamen Abwärtsspirale gefangen sind; schließlich
wachsende ethnisch-rassisch motivierte Gewalt, Fremdenfeindlichkeit
sowie feindseliges Verhalten gegen Arme und zwischen Armen. Überall
auf der Welt sind die staatlichen Eliten und Politexperten mittlerweile
eifrig darum bemüht, die in den wachsenden Enklaven des städtischen
Niedergangs und um sie herum schwelenden „Unruhen" im Keim zu
ersticken oder im Zaum zu halten. Daher boomt auch jene Forschung, die
sich mit urbanem Elend und Verfall befaßt. Sie wird von diversen nationalen und transnationalen Organen finanziert, zu denen auf europäischer
Seite die Europäische Kommission (mit ihrem Programm für zielgerich-
tete sozioökonomische Forschung über Ausschluß und Integration), die

OECD und selbst die NATO, auf amerikanischer Seite wiederum große philanthropische Stiftungen gehören.

Vier strukturelle Entwicklungen treiben die neue Ausgrenzung an:

Die besonderen strukturellen Eigenschaften des „modernisierten Elends" jedoch sind längst nicht so gut erkennbar wie seine konkrete Gestalt. Das neue Ausgrenzungsregime läßt sich schematisch als Produkt von vier Entwicklungen charakterisieren, deren Zusammenspiel das Gesicht der Armut in den Städten reicher Länder prägt. Es unterscheidet sich dabei deutlich von den markanten Zügen der Armut im Zeitalter des fordistischen Konjunkturaufschwungs, das vom Ende des Zweiten Weltkriegs bis in die Mitte der siebziger Jahre währte.

1. Die makrosoziale Entwicklung – Rückkehr der sozialen Ungleichheit

Die neue städtische Ausgrenzung rührt nicht von einer wirtschaftlichen Rückständigkeit, Trägheit oder Verschlechterung, sondern von einer *wachsenden Ungleichheit vor dem Hintergrund gesamtwirtschaftlichen Fortschritts* und Wohlstands her.
Am verblüffendsten dürfte doch wohl sein, daß sich die neue Ausgrenzung in einer Epoche zwar kapriziösen, aber doch nachhaltigen Wachstums ausbreitet, das den privilegierteren Angehörigen der Industrienationen spektakuläre Einkommensverbesserungen bescherte. Allen Unkenrufen über die „Krise" zum Trotz, wie sie Politiker gerne verbreiten, sind Bruttosozialprodukt und allgemeiner Wohlstand in allen führenden kapitalistischen Ländern im Laufe der letzten drei Jahrzehnte rapide gewachsen. Überfluß und Mittellosigkeit, Luxus und Not wuchsen Seite an Seite. So verzeichnet Hamburg, einigen Erhebungen zufolge die reichste Stadt Europas, den höchsten Anteil von Millionären und Sozialhilfeempfängern in Deutschland, während in New York City die zahlenmäßig größte Oberschicht der Welt lebt, zugleich aber auch das größte Heer von Obdachlosen und Armen in der westlichen Hemisphäre (Mollenkopf und Castells 1991).
Obwohl sich beide Phänomene zu widersprechen scheinen, hängen sie doch in Wirklichkeit zusammen. Denn die neuen Formen der Produktivitäts- und Profitsteigerung in der Hochtechnologie, dem wertlos gewordenen Handwerk oder bei Unternehmens- und Finanzdienstlei-

stungen, die unseren *fin de siècle*-Kapitalismus antreiben, spalten die Arbeitnehmerschaft und polarisieren zwischen jenen, die Zugang zu dauerhafter Beschäftigung und entsprechendem Lohn finden, und allen anderen. Die postindustrielle Modernisierung bewirkt zum einen eine Vervielfachung hochqualifizierter Positionen für Fachkräfte und Techniker mit Universitätsausbildung, zum anderen die Dequalifizierung von Millionen von Arbeitsplätzen für ungelernte Arbeiter beziehungsweise deren gänzlichen Wegfall (Sassen 1991; Carnoy et al. 1993). Zudem ist es heutzutage in vielen Wirtschaftsbereichen keine utopische Möglichkeit mehr, sondern längst bittersüße Realität, daß Produktion und Wachstum praktisch ohne Arbeitskräfte zu haben sind. Man schaue sich nur den mittlerweile so gut wie menschenleeren Hafen von Rotterdam an, der vielleicht der modernste der Welt ist und wesentlich dazu beigetragen hat, die Arbeitslosigkeit in der niederländischen Stadt auf über 20 Prozent hochzutreiben.

Je weiter die generalüberholte kapitalistische Wirtschaft fortschreitet, desto mehr Menschen und soziale Schichten werden von der neuen Ausgrenzung erfaßt, desto länger werden die Reihen derjenigen, die selbst dann ohne Rast und Zuflucht um ihr Überleben kämpfen, wenn die offizielle Arbeitslosenrate eines Landes sinkt und das Einkommen wächst. Im September 1994 vermeldete die Statistikbehörde der Vereinigten Staaten (U.S. Census Bureau), daß die Armutsrate in Amerika auf ein Zehnjahreshoch von 15,1 Prozent (oder auf die schwindelerregend hohe Zahl von 40 Millionen armer Menschen) gestiegen war, obwohl das Land seit zwei Jahren einen robusten Konjunkturaufschwung erlebte. Die Europäische Union verzeichnet inzwischen – bei weiter steigenden Zahlen – den offiziellen Rekord von 52 Millionen Armen, 17 Millionen Arbeitslosen und 3 Millionen Obdachlosen[1], und dies angesichts eines neuerlichen Wirtschaftswachstums und einer verbesserten globalen Wettbewerbsfähigkeit.

Mit anderen Worten scheint die hochentwickelte Ausgrenzung von volkswirtschaftlichen Konjunkturschwankungen „abgekoppelt" zu sein. Die Folge ist, daß sich Zuwächse in Gesamteinkommen und -beschäftigung kaum positiv auf den Lebensstandard der Menschen in den Verbanntenvierteln Europas und der Vereinigten Staaten auswirken, während jede Rezession eine weitere Verschlechterung und größere Not für sie bedeuten. Solange diese Abkopplung nicht irgendwie behoben wird, verspricht jedes weitere Wirtschaftswachstum nur noch mehr Entwurzelung und

---

1 Wacquants Angaben beziehen sich auf die EU vor der Osterweiterung. (A.d.Ü.)

Hoffnungslosigkeit bei denen, die unfreiwillig den Bodensatz der neuen städtischen Ordnung bilden.

2. *Die wirtschaftliche Entwicklung – Wandel der Lohnarbeit*

Die neue städtische Ausgrenzung ist das Nebenprodukt einer zweifachen Transformation der Arbeitswelt. Einer dieser beiden Prozesse ist quantitativer Natur und besteht in der Vernichtung von Millionen von Arbeitsplätzen für Geringqualifizierte, die dem doppelten Druck der Automatisierung und der Konkurrenz ausländischer Arbeitnehmer weichen müssen. Der andere Prozeß ist qualitativer Natur und umfaßt die Verschlechterung und Entstrukturierung der Grundbedingungen von Arbeit, Bezahlung und Sozialversicherung für alle bis auf einen kleinen Teil extrem gut abgesicherter Arbeitskräfte.

Von der Zeit an, als Friedrich Engels seine klassische Studie über die Lage der arbeitenden Klassen in den Fabriken von Manchester schrieb, bis hin zur Krise der großen Industriezentren des europäisch-amerikanischen Kapitalismus anderthalb Jahrhunderte später ging man zu Recht davon aus, daß die Ausweitung der Lohnarbeit eine brauchbare und wirksame Lösung für die Armutsproblematik in den Städten wäre. Unter dem neuen ökonomische Regime ist diese Annahme bestenfalls zweifelhaft und schlimmstenfalls schlicht falsch.

Erstens wurde ein *erheblicher Teil der Arbeiterklasse überflüssig gemacht* und bildet jetzt eine „absolute Überschußbevölkerung", die wahrscheinlich nie wieder Arbeit finden wird. Da sich der funktionale Zusammenhang zwischen der Makroökonomie und den Lebensumständen in den armen Enklaven der Metropolen der Ersten Welt aufgelöst hat und Automatisierung und Computerisierung enorme Produktivitätssteigerungen erlauben, könnten selbst phantastische Wachstumsraten jene nicht mehr in das Arbeitskräftereservoir zurückholen, die bereits entproletarisiert, also dauerhaft und zwangsweise vom Arbeitsmarkt ausgeschlossen sind, um einer Kombination von Maschinen, billigen zugewanderten oder ausländischen Arbeitskräften Platz zu machen (Rifkin 1995).

Wichtiger aber noch ist zweitens, daß sich der Charakter des Lohnarbeitsverhältnisses im Laufe der letzten zwei Jahrzehnte derart verändert hat, daß es nun selbst den Beschäftigten keinen narrensicheren Schutz mehr vor Verarmung bietet. Mit der Zunahme von Teilzeitstellen, „flexibler Arbeitszeit" und Gelegenheitsjobs, die allesamt weniger Lohn einbringen,

mit schwindendem Gewerkschaftsschutz, der Ausbreitung von Dum
pinglöhnen bei Neueinstellungen (*two-tier pay scales*), der Rückkehr von
Sweatshops (Ausbeutungsbetrieben), Stücklöhnen und Hungerlöhnen
sowie der zunehmenden Privatisierung sozialer Güter wie etwa der Krankenversicherung *ist der Lohnarbeitsvertrag selbst zu einer Quelle von
Fragmentierung und Unsicherheit geworden*, statt denen soziale Homogenität und Sicherheit zu bieten, die an die Randbereiche des Arbeitsmarktes gedrängt sind (vgl. z.b. European Economic Community 1989, Mabit
1995, Macdonald und Sirianni 1996). Kurz gesagt, wo Wirtschaftswachstum und die entsprechende Ausweitung des Lohnsektors einmal das All-
heilmittel gegen Armut boten, sind sie heute zu einem Teil der Krankheit
geworden.

3. Die politische Entwicklung – Umbau des Wohlfahrtsstaates

Nicht nur die Fragmentierung und Entsozialisierung der Arbeit tragen zu
der neuen Armutswelle in den Städten bei. Neben den Marktmechanismen
sind es vor allem die sozialen Sicherungssysteme, die städtische Ungleichheit und Ausgrenzung verursachen und prägen. Staaten legen nicht nur
Programme auf, um die eklatantesten Folgen der Armut zu beseitigen und
deren soziale und räumliche Auswirkungen abzufedern (oder auch nicht).
Sie bestimmen auch mit darüber, wer auf welche Weise, wo und für wie
lange sozial absteigen muß.

Staaten sind selbst – und nirgendwo mehr als am unteren Ende der sozialräumlichen Ordnung – wichtige „Stratifikationsmaschinen" (Esping-
Andersen 1993): Sie ermöglichen oder versperren den Zugang zu Unter-
richt und Ausbildung; indem sie das Arbeitsverhältnis, die Kündigung
und den Ruhestand gesetzlich regeln, formulieren sie die Bedingungen für
den Zugang zum und das Ausscheiden aus dem Arbeitsmarkt; sie gewährleisten die Grundsicherung in Form von Wohnungs- und Einkommens-
beihilfen (oder eben nicht); nachdrücklich fördern oder blockieren sie
bestimmte Familien- oder Haushaltsmodelle; und sie entscheiden mittels
zahlloser administrativer und steuerlicher Maßnahmen mit über das fakti-
sche Ausmaß, über geographische Verteilung und Dichte des Elends.

Der Abbau und die Zergliederung des Sozialstaats sind zwei wesentliche
Ursachen für das Elend und den sozialen Niedergang in den Metropolen
der Industrienationen. Besonders offensichtlich ist dies in den Vereinigten Staaten, wo die Zahl der Sozialhilfeberechtigten seit zwanzig Jahren

abnimmt und die speziell für Arme gedachten Maßnahmen zusammengestrichen bzw. zunehmend in Instrumente der Überwachung und Kontrolle umgewandelt wurden. Die von einem republikanischen Kongreß konzipierte und von Präsident Clinton im Sommer 1996 zum Gesetz gemachte „Wohlfahrtsreform" steht sinnbildlich für diese Logik (Wacquant 1997a). Sie ersetzt das Recht auf öffentliche Unterstützung durch die Pflicht zu arbeiten (gegebenenfalls auch in unsicheren Jobs und für Dumpinglöhne), die allen körperlich leistungsfähigen Menschen auferlegt ist, auch Müttern mit kleinen Kindern. Das Gesetz reduziert den Sozialhilfeetat drastisch und „deckelt" die Leistungen, die ein Bedürftiger in seinem Leben erhalten darf. Schließlich verlagert es die administrative Verantwortung von der Bundesregierung auf die fünfzig Staaten und ihre Counties und verschärft damit die bereits bestehenden Ungleichheiten beim Anspruch auf Sozialhilfe. Die bereits begonnene Privatisierung der Sozialpolitik wird dadurch beschleunigt.

Eine vergleichbare Logik des Kürzens und Dezentralisierens hat den zum Teil umfassenden, zum Teil stellenweise vollzogenen Umbau der sozialen Transfersysteme in England, Deutschland, Italien und Frankreich bestimmt. Selbst die Niederlande und die skandinavischen Länder haben Maßnahmen ergriffen, um den Anspruch auf öffentliche Leistungen einzuschränken und das Wachstum der Sozialetats zu stoppen. Stets mußten das Mantra der „Globalisierung" und die durch den Maastricht-Vertrag auferlegten haushaltspolitischen Zwänge herhalten, um derlei Maßnahmen zu rechtfertigen und den sozialpolitischen Rückzug aus ehemaligen Arbeitervierteln zu entschuldigen, die doch in hohem Maße auf staatliche Unterstützung angewiesen sind. Die immer größeren Defizite der nationalen Sozialpolitik hat regionale und lokale Behörden dazu gebracht, ihre eigenen Notbehelfsprogramme zu ergreifen (insbesondere im Hinblick auf Obdachlosigkeit und Langzeitarbeitslosigkeit).

Die Schwäche des „Nationalstaats" ist heute ein weltweit anzutreffender intellektueller Gemeinplatz. Es ist modern geworden, den zentralen politischen Institutionen vorzuwerfen, daß sie nicht imstande seien, die wachsende sozialen Schieflage auszugleichen, die mit dem globalen Umbau des Kapitalismus einhergeht. Doch weist die Tatsache, daß Armut in den verschiedenen Ländern sehr unterschiedlich verteilt ist – mehr oder weniger verbreitet und anhaltend, mehr oder weniger auf soziale Brennpunkte konzentriert, mehr oder weniger gravierend – darauf hin, daß die Nachricht vom Ableben des nationalen Wohlfahrtsstaates erheblich übertrieben ist. Ende der achtziger Jahre brachten die Steuer- und Transfersysteme in den Niederlanden und Frankreich die meisten armen Haushalte in die Nähe des nationalen Einkommensdurchschnitts (62 bzw. 52 Prozent); in Westdeutschland konnte nur ein Drittel der armen Familien dank staatlicher Hilfe der Armutsfalle entkommen, in den Vereinigten Staaten praktisch niemand. In den skandinavischen Ländern wurde extreme Armut unter Kindern beseitigt, während in den Vereinigten Staaten jedes sechste Kind (und jedes zweite schwarze Kind) von ihr betroffen ist (diese Angaben stammen aus McFate, Lawson und Wilson 1995; einen analytischeren Überblick hierzu bietet Kangas 1991). Staaten machen sehr wohl einen Unterschied – allerdings nur, wenn sie wollen. Es ist daher zwingend, sie wieder in den Mittelpunkt einer vergleichenden Soziologie der Ausgrenzung zu stellen: als *verursachende* wie als *abhelfende* Institutionen.

4. Die räumliche Entwicklung – Konzentration und Stigmatisierung

Während des Aufschwungs der Industrie in den Jahrzehnten nach dem Krieg verteilte sich die städtische Armut im großen und ganzen auf die Arbeiterviertel und betraf Schwerarbeiter und Hilfsarbeiter ungefähr gleichermaßen. Im Vergleich dazu hat die neue Ausgrenzung eindeutig die Tendenz, sich auf Problemviertel oder „No-go-areas" zu beschränken, die – von ihren eigenen Bewohnern nicht weniger als von Außenstehenden – ohne Wenn und Aber als eine Art städtischer Hölle der Not, Immoralität und Gewalt angesehen werden, deren Lebensbedingungen überhaupt nur die von der Gesellschaft Ausgestoßenen ertragen.
Nantua in Philadelphia, Moss Side in Manchester, das Gutleutviertel in Hamburg, Brixton in London, Niewe Westen in Rotterdam, Les Minguettes bei Lyon und Bobigny an der Pariser Peripherie: Diese hoffnungslosen Elendsquartiere haben sich einen Namen als Brutstätten für alle urbanen Plagen unserer Zeit gemacht, als Orte, die man meidet, fürchtet und verabscheut. Es macht offenbar nichts, daß die dämonisierenden Diskurse über diese Viertel, die sich wie ein Lauffeuer verbreitet haben, oftmals nur einen äußerst schwachen Bezug zu deren alltäglicher Realität haben. Ein *durchdringendes territoriales Stigma* haftet den sozioökonomisch exilierten Bewohnern solcher Wohnviertel an. Dessen Last kommt zum schlechten Ruf der Armut und den wiederauflebenden Vorurteilen gegen ethnischrassische Minderheiten und Immigranten noch hinzu (eine exzellente Analyse dieses Prozesses öffentlicher Stigmatisierung am Beispiel Glasgows bietet Damer 1989).

Begleitet wird die territoriale Stigmatisierung von einem dramatischen Verlust des kommunalen Gemeinschaftsgefühls, das früher einmal in Arbeitersiedlungen herrschte. Heutzutage schirmt das eigene Viertel nicht mehr gegen Risiken und Belastungen der Außenwelt ab, es ist keine vertraute und stützende, von kollektiven Bedeutungen und Formen der Gegenseitigkeit durchsetzte Landschaft mehr. Es verwandelt sich vielmehr in einen von Konkurrenz und Konflikt geprägten, sinnentleerten Raum, eine gefahrengesättigte Arena des täglichen Kampfs um Überleben und Flucht. Diese Schwächung der ortsgebundenen gemeinschaftlichen Bande bestärkt ihrerseits einen Rückzug in die Privatsphäre des Konsums und fördert Distanzierungsstrategien („ich bin keiner von denen"), wodurch die lokale Solidarität weiter untergraben und das abschätzige Urteil über die eigene Umgebung zementiert wird.

Das Gespenst der transatlantischen Konvergenz

Eine Frage spukt in allen Köpfen herum, wenn von der Verschlechterung der sozialen Bedingungen und Lebenschancen in den Metropolen der alten Welt die Rede ist: Steht die neue Ausgrenzung für eine strukturelle Annäherung zwischen Europa und den Vereinigten Staaten nach dem Vorbild letzterer (vgl. etwa Cross 1992; Musterd 1994; van Kempen und Marcuse 1998; Häußermann, Kronauer und Siebel 2004)? In dieser stark vereinfachenden Fassung erlaubt die Frage kaum eine analytisch gründliche Antwort. Die städtischen Ausgrenzungsregime sind vielschichtige und kapriziöse Erscheinungen; sie setzen sich aus lose verknüpften Ensembles institutioneller Mechanismen zusammen, die Wirtschaft, Staat, Ort und Gesellschaft zusammenbinden und sich nicht synchron entwickeln. Hinzu kommt, daß sie sich je nach nationalem Verständnis von Staatsbürgerschaft und deren institutioneller Verfaßtheit von Land zu Land erheblich unterscheiden. Man muß die Frage daher zunächst umformulieren. Wenn man unter Konvergenz eine umfassende „Amerikanisierung" städtischer Ausschlußmuster versteht, bei der die europäische Stadt einem Kurs der *Ghettoisierung* folgt, wie er Afroamerikanern seit ihrer Urbanisierung zu Beginn des 20. Jahrhunderts aufgezwungen wurde (also der Bildung einer segmentierten sozial-räumlichen Parallelwelt, die dem doppelten Zweck der Ausbeutung und Ächtung einer ethnisch-rassisch eingegrenzten Kategorie von Menschen dient), dann lautet die Antwort ganz klar nein (Wacquant 1996b). Flüchtigen Eindrücken und reißerischen Medienberichten zum Trotz hat der Wandel der kontinentalen Metropole keinen Prozeß der Ghettoisierung ausgelöst: Er bringt nicht annäherungsweise diese kulturell uniformen sozial-räumlichen Einheiten hervor, die darauf beruhen, daß stigmatisierte Bevölkerungsgruppen zwangsweise in Enklaven verbannt werden und dort gruppen- und ortsspezifische Organisationen ausbilden, um den institutionellen Rahmen der Gesamtgesellschaft, wenn auch eingeschränkt, zu ersetzen oder zu verdoppeln. Es gibt kein türkisches Ghetto in Berlin, kein arabisches in Marseille, kein Surinamesen-Ghetto in Rotterdam und kein karibisches in Liverpool. In all diesen Städten existieren sehr wohl ethnisch geprägte Wohn- bzw. Geschäftsviertel. Diskriminierung und Gewalt gegen (tatsächliche oder vermeintliche) Einwanderer sind ein höchst realer Bestandteil des Lebens in allen großen urbanen Zentren Europas (Wrench und Solomos 1993; Björgo und White 1993). Weil sich Immigranten zudem häufig in unteren Schichten wiederfinden und höhere Arbeitslosenraten aufweisen, sind Bevölkerungsgruppen fremdländischen Ursprungs in städtischen „Exilzonen" überrepräsentiert. Diskriminierung und selbst Segregation jedoch ist nicht dasselbe wie Ghettoisierung. Die Entstehung von Einwanderervierteln war keine Folge des institutionellen Einschlusses der betreffenden Gruppe mittels strikter räumlicher Beschränkung – wie die steigenden Zahlen von Mischehen und die räumliche Entflechtung belegen, sobald sich Bildungsniveau und Klassenposition erst einmal verbessert haben (Tribalat 1995). Wenn es überhaupt ein Charakteristikum dieser Verbanntenviertel gibt, die mit dem Ausdienen der Reproduktionsmechanismen der Arbeiterklasse überall auf dem Kontinent aus dem Boden geschossen sind, dann ist es ihre extreme ethnische Heterogenität sowie der Umstand, daß sie die Grundbedürfnisse ihrer Bewohner nicht befriedigen und deren Alltag nicht einhegen können – zwei Eigenschaften, die sie zu *Antighettos* machen.

Wenn Konvergenz bedeuten soll, daß *Teufelskreise ökologischen Niedergangs, sozialer Not und roher Gewalt*, die zu einem faktischen und institutionellen Rückzug aus Wohngebieten führen, den Kontinent heimsuchen, dann ist die Antwort wiederum negativ. Europäische Verbanntenviertel sind nämlich mit wenigen Ausnahmen (wie einigen süditalienischen Städten) nach wie vor tief vom Staat durchdrungen. Eine solche „Auslese" und absichtliche Preisgabe städtischer Zonen wie in amerikanischen Metropolen, mit dem Ziel, öffentliche Leistungen einzusparen, ist im europäischen Kontext mit seiner feinmaschigen bürokratischen Überwachung des Staatsgebietes undenkbar. Zugleich steht außer Frage, daß die Fähigkeit europäischer Staaten, Verbannungszonen zu regieren, ernsthaft auf die Probe gestellt wird und sich durchaus als unzureichend erweisen kann, wenn der jüngste Trend zu einer räumlichen Konzentration von Langzeitarbeitslosen unvermindert anhält (Engbersen 1997).

Wenn Konvergenz jedoch lediglich auf die *zunehmende Sichtbarkeit ethnisch-rassischer Spaltungen und Spannungen* aufmerksam machen soll, dann ist die Antwort ein vorläufiges Ja mit folgenden starken Vorbehalten: Zunächst bedeutet diese Konvergenz nicht unbedingt, daß wir einem Prozeß der „Rassifizierung" des Raumes beiwohnen und die alteuropäischen Gesellschaften die Bildung von „Minderheiten" im Sinne ethnischer Gemeinschaften erleben, die von der Öffentlichkeit mobilisiert und in der Öffentlichkeit als solche wahrgenommen werden. Überdies sind ethnisch-rassische Konflikte kein neues Phänomen in der europäischen Geschichte: In Perioden raschen sozialen und ökonomischen Wandels wie im 19. Jahrhundert hat es immer wieder Wellen solcher Konflikte gegeben – was auch bedeutet, daß an ihnen nichts spezifisch „amerikanisch" ist (Moore 1989). Und schließlich werden, anders als nach amerikanischen Muster, Rassenkonflikte in den Städten der alten Welt vermutlich nicht durch eine wachsende Kluft zwischen Einwanderern und Einheimischen angefacht, sondern ganz im Gegenteil dadurch, daß sich beide Gruppen im sozialen und physischen Raum sehr viel näher sind. Bevor er sich tiefgreifend zu einer rassistischen Ideologie wandelt, entsteht der ethnisch-nationale Exklusivitätsanspruch als Reaktion der einheimischen Arbeiterklasse auf ihre plötzliche Abwärtsmobilität. Ungeachtet fader Pauschalurteile über die „Globalisierung der Rasse" hat die wachsende Bedeutung, die der ethnischen Zugehörigkeit sowohl im öffentlichen Diskurs als auch im alltäglichen Leben in Europa zugeschrieben wird, ebensoviel mit Klassenpolitik wie mit Identitätspolitik zu tun.

Coda: Der Umgang mit hochentwickelter Ausgrenzung

In ihrem Bemühen, auf die neuen Formen städtischer Verbannung zu reagieren, haben die Nationalstaaten eine dreifache Wahl. Die erste, gewissermaßen neutrale Option ist, die bestehenden wohlfahrtsstaatlichen Programme punktuell zu verbessern. Unzweifelhaft wird das nicht ausreichen, sonst wären die Probleme der fortgeschrittenen Ausgrenzung nicht schon so gravierend. Die zweite – regressive und repressive – Lösung bestünde darin, die Armut mittels strafrechtlicher Verwahrung der Armen in zunehmend isolierten und stigmatisierten Vierteln sowie in Gefängnissen zu kriminalisieren. Dies ist der Weg, den Amerika nach den Ghettounruhen der sechziger Jahre eingeschlagen hat (Wacquant 1997a und 1997b; Rothman 1995). Man darf nicht übersehen, daß die europäischen Regierungen trotz der immensen sozialen und finanziellen Kosten, die mit der Massenverwahrung armer und störender Bevölkerungsgruppen verbunden sind, teilweise mit diesem Kurs sympathisieren. Die Zahl der Inhaftierten ist in den letzten zwanzig Jahren fast auf dem ganzen Kontinent gestiegen, und so mögen Gefängnisse angesichts wachsender Verwerfungen in den Städten selbst in den liberalsten Gesellschaften als attraktive Notlösung erscheinen (Christie 1997). Aber von den erheblichen politischen und kulturellen Hindernissen ganz abgesehen, die dem pauschalen Wegsperren des Elends aus dem Charakter der sozialdemokratischen Gesellschaften Europas erwachsen, packt die strafrechtliche Eindämmung das Übel der neuen Armut nicht an der Wurzel.

Der dritte, progressive Weg bestünde darin, den Wohlfahrtsstaat so grundlegend umzugestalten, daß er mit den neuen wirtschaftlichen und sozialen Bedingungen Schritt hält. Radikale Innovationen wie die Einführung eines allgemeinen Bürgergelds (oder Grundeinkommens), mit dem die Existenzsicherung von der Arbeit abgekoppelt würde, sind erforderlich, um soziale Rechte auszuweiten und die Folgen der unheilvollen Transformation der Lohnarbeit abzuwehren (Van Parijs 1996). Am Ende ist diese dritte Option die einzig plausible Antwort auf die Herausforderung, die die hochentwickelte Ausgrenzung für demokratische Gesellschaften am Beginn des neuen Jahrtausends bedeutet.

Aus dem amerikanischen Englisch von Bettina Engels und Michael Adrian

2 Die Kosten des Rassen- und Klassenausschlusses im Ghetto Chicagos

Nachdem das Ghetto im Kollektivbewußtsein der Vereinigten Staaten lange Zeit in der Versenkung verschwunden war, feiert es zur Zeit ein erstaunliches Comeback. So viel Interesse an der schwarzen Armutsbevölkerung, sowohl von akademischer Seite, politisch engagierten Kreisen als auch politischen Entscheidungsträgern, gab es zuletzt nach den Aufständen der heißen Sommer 1966/1968.[1] Verantwortlich dafür, daß die armen Schwarzen in den Stadtzentren erneut ins Rampenlicht der Öffentlichkeit geraten, ist eine Kombination aus anhaltender und wachsender Armut (insbesondere unter Kindern), zunehmenden sozialen Spannungen, der weiteren Preisgabe des sozialen Wohnungsbaus, dem Zerfall des öffentlichen Schulsystems, der Furcht vor einer fortschreitenden Aushöhlung der Steuergrundlage der Städte – geplagt von größer werdenden Ghettos und den Dilemmata der Gentrifizierung – sowie Desillusionierungen der Liberalen über das Wohlfahrtssystem. Bezeichnenderweise aber werden die jüngeren Diskussionen über die Misere der schwarzen Ghetto-Bevölkerung von individualisierenden und moralisierenden Erklärungsansätzen bestimmt, was vor allem auf den dominanten und sich ausweitenden Einfluß konservativer Ideologie in den Vereinigten Staaten zurückgeht. Typisch ist die Darstellung der Armen als bloßer Ansammlung von Einzelfällen, jeder Fall mit seiner eigenen Logik und seinen individuellen Ursachen. Nachdem sie von den Auseinandersetzungen in der Gesellschaft und ihren strukturellen Veränderungen, der Ökonomie und dem Staats- und Gemeinwesen erst einmal abgespalten worden sind – obwohl sie von ihnen faktisch bestimmt werden –, fällt es leicht, die innerstädtischen sozialen Verwerfungen als selbstverschuldete und von den Bewohnern selbst aufrechterhaltene Phänomene zu denunzieren. Ihren deutlichsten Ausdruck findet diese Perspektive auf die Armut wahrscheinlich in den florierenden Schauermärchen über Ghetto-Bewohner in Boulevardblättern und Fernsehsendungen, die sich der erneut auftauchenden Unterschicht widmen.[2] Darstellungen und Begründungen der gegenwärtigen

South Side von Chicago, 63. Straße
© Loïc Wacquant

Situation der Schwarzen in den Stadtzentren legen ihren Schwerpunkt auf deren persönliche Eigenschaften und auf die vermeintliche Gewalt der ‚Armutskultur'.

Im scharfen Gegensatz hierzu lenkt der folgende Beitrag die Aufmerksamkeit auf die *spezifischen Merkmale der unmittelbaren Lebensumstände*, welche die Ghetto-Bewohner prägen und gegen die sie – trotz kaum überwindbarer Schwierigkeiten – ihr Überleben organisieren, und deren Armut und Erniedrigung sie zu entfliehen suchen, wann immer es ihnen möglich ist. Diese abweichende Perspektive basiert auf eigenen empirischen Erhebungen zu den Lebensbedingungen der schwarzen Bevölkerung in Chicagos Innenstadt, wobei ihre Lage in Vierteln mit niedriger Armutsrate mit ihrer Situation in den Ghetto-Gebieten der Stadt verglichen wird. Jenseits seines soziographischen Fokus zieht sich durch den gesamten Text die zentrale These, daß alle zusammenhängenden Erscheinungsformen, die von dem Begriff ‚underclass' erfaßt werden, primär sozial-struktureller Natur sind und daß das Ghetto nicht deswegen eine ‚Krise' durchlebt, weil sich eine spezifische ‚Abhängigkeit vom Sozialstaat' auf mysteriöse Weise ihrer Bewohner bemächtigt hat, sondern weil Erwerbslosigkeit und ökonomische Ausgrenzung in bislang unbekannten, dramatischen Dimensionen einen Prozeß der Hyperghettoisierung ausgelöst haben.

Tatsächlich unterscheidet sich die heutige urbane schwarze Armutsbevölkerung sowohl von der in früheren Jahren als auch von den weißen Armen durch eine wachsende Konzentration in verfallenen territorialen Enklaven, die der Inbegriff akuter sozialer und wirtschaftlicher Marginalisierung sind. In Chicago beispielsweise ist zwischen 1970 und 1980 der Anteil aller schwarzen Armen, die in extremen Armutsquartieren[3] wohnen, von 24 auf 47 Prozent rapide in die Höhe geschnellt. Um diese Zeit lebten in den zehn größten US-amerikanischen Städten sage und schreibe 38 Prozent aller armen Schwarzen – im Gegensatz zu lediglich sechs Prozent aller weißen Armen[4] – in solchen Gebieten extremer Armut. Ein Jahrzehnt zuvor waren es nur 22 Prozent gewesen.[5]

Diese zunehmende soziale und räumliche Konzentration von Armut schafft für die schwarzen Ghetto-Bewohner eine Reihe von gewaltigen und noch nie dagewesenen Hindernissen. Wie wir weiter unten noch sehen werden, hat sich die Sozialstruktur in den heutigen Stadtzentren durch den Massenexodus von Arbeitsplätzen und Familien, in denen die Eltern einer regulären Erwerbstätigkeit nachgehen, radikal verändert. Hinzu kommt der rapide Zerfall des Wohnungsbestandes, der Schulen, der Freizeiteinrichtungen und anderer Gemeinschaftsstrukturen; ein Prozeß, der durch die Laissez-faire-Strategie[6] der Regierung in der Stadtentwicklungs- und Arbeitsmarktpolitik noch verschärft wurde, da durch sie ein überproportionaler Teil der Mittel des Bundes, der Einzelstaaten und der Kommunen inzwischen den Wohlhabenden zufließt. Der früher einmal mit einer stabilen schwarzen Arbeiterklasse sowie einer sichtbaren, wenn auch kleinen schwarzen Mittelschicht gegebene ökonomische und soziale Puffer, der die negativen Auswirkungen der Wirtschaftsabschwünge abfedern und eine Anbindung der Ghetto-Bewohner an die Arbeitswelt herstellen konnte, ist vollständig verschwunden. Auch die sozialen Netzwerke von Eltern, Freunden und Kollegen sind genauso wie der Zusammenhang lokaler Institutionen immer weiter der Ressourcen beraubt worden, die zur ökonomischen Stabilisierung beitragen könnten. Zusammengefaßt gibt es für die heutigen Ghetto-Bewohner *keinerlei positive Gelegenheitsstruktur* mehr.

Es ist das Anliegen dieses Aufsatzes, am Beispiel der Chicagoer Innenstadt diese spezifische soziologische Dimension der sich wandelnden Realität der Ghetto-Armut zu beleuchten. Anhand von Daten aus einer mehrstufigen Stichprobenerhebung unter der schwarzen Bevölkerung in Chicagos Armutsquartieren[7] zeigen wir, daß Ghetto-Bewohner speziellen Barrieren gegenüberstehen, die sich aus Besonderheiten der dort bestehenden Sozialstruktur ergeben. Zur Verdeutlichung der Hintergründe beginnen wir mit einer kurzen Beschreibung des beschleunigten Niedergangs der innerstädtischen Wohngebiete, indem wir die kulminierenden sozialen Verwerfungen, welche die South und West Side Chicagos heimgesucht haben, in Verbindung mit den Veränderungen der städtischen Gesamtökonomie in den letzten dreißig Jahren betrachten.

Deindustrialisierung und ‚Hyperghettoisierung‘

Obwohl die Lebensbedingungen in den Ghettos der Metropolen des Nordens niemals beneidenswert gewesen sind, haben sie heute hinsichtlich des Ausmaßes der Deprivation, der Unterdrückung und der materiellen Not ein neues Niveau erreicht. Die Lage in den von Schwarzen bewohnten Innenstadtquartieren in Chicago steht für die allgemeinen sozialen Veränderungen, welche in diesen Nachbarschaften Verzweiflung gesät und den gesellschaftlichen Ausschluß verstärkt haben. Wie Tabelle 1 verdeutlicht, stehen die Nachbarschaften der Chicagoer South und West Side gegenwärtig im Bann eines beispiellosen Geflechts sozialer Verwerfungen und

Tab. 1: Ausgewählte Merkmale der Bevölkerung in Ghetto-Nachbarschaften in Chicago, 1970–1980

Gebiet	Familien unter Armuts- grenze (in %)		Arbeits- losigkeit (in %)		Familien mit alleiner- ziehenden Müttern (in %)		mittleres Familien- Jahresein- kommen		Einwohner mit einer vierjährigen College- Bildung (in %)	
	1970	1980	1970	1980	1970	1980	1970	1980	1970	1980
West Side										
Near West Side	35	47	8	16	37	66	6.000	7.500	5	13*
East Garfield Park	32	40	8	21	34	61	6.400	9.700	1	2
North Lawndale	30	40	9	20	33	61	7.000	9.900	2	3
West Garfield Park	25	37	8	21	29	58	7.500	10.900	1	2
South Side										
Oakland	44	61	13	30	48	79	4.900	5.500	2	3
Grand Boulevard	37	51	10	24	40	76	5.600	6.900	2	3
Washington Park	28	43	8	21	35	70	6.500	8.100	2	3
Near South Side	37	43	7	20	41	76	5.200	7.300	5	9*

Quelle: Chicago Fact Book Consortium 1984, Local Community Fact Book: Chicago Metropolitan Area, Chicago Review Press, Chicago
* Die erhöhten Werte gehen auf die Gentrifizierung eines Teils dieser Nachbarschaften zurück.

Probleme. Betrachtet man lediglich das zurückliegende Jahrzehnt, so muß-ten diese ethnischen Enklaven einen rasanten Zuwachs armer Familien – sowohl hinsichtlich ihres prozentualen Anteils an der Gesamtbevölke-rung als auch in absoluten Zahlen –, den Wegzug zahlreicher Arbeiter- und Mittelschichthaushalte, eine Stagnation (wenn nicht sogar eine Regression) der Haushaltseinkommen sowie Rekordhöhen bei den Arbeitslosenzah-len verkraften. Den letzten Zensusdaten zufolge bestanden mehr als zwei Drittel aller Familien in diesen Gebieten aus (alleinerziehenden) Frauen und deren Kindern. Etwa die Hälfte der Bevölkerung war auf Sozialhilfe angewiesen, da die meisten Bewohner ihre Beschäftigung verloren hatten, und lediglich ein verschwindend kleiner Anteil verfügte über eine abge-schlossene College-Ausbildung.[8]
Als treibende Kraft hinter dieser zunehmenden sozialen und ökonomi-schen Marginalisierung großer Teile der schwarzen Innenstadtbevölkerung

steht eine Reihe von sich gegenseitig verstärkenden räumlichen und industriellen Veränderungen innerhalb der städtischen politischen Ökonomie dieses Landes,[9] welche zusammen die materiellen Grundlagen des traditionellen Ghettos untergraben haben. Teil dieses Strukturwandels sind die Dezentralisierung von industriellen Produktionsprozessen (ein Trend, der bereits nach dem Ersten Weltkrieg einsetzte, sich allerdings seit 1950 spürbar verschärft hat); die Verlagerung von Arbeitsplätzen im verarbeitenden Gewerbe ins Ausland, in die sogenannten Sunbelt-Staaten, in die Vororte oder urbanen Einzugsgebiete, zu einem Zeitpunkt, als Schwarze weiterhin *massenhaft* in die Innenstädte des Rustbelt migrierten; die allgemeine Dekonzentration der großstädtischen Ökonomien und der Bedeutungszuwachs der ‚Dienstleistungs‘-Industrien und -Beschäftigung, die von einer stärker werdenden Trennung zwischen Finanzwesen und Industrie befördert werden; das Aufkommen post-tayloristischer, ‚flexibler‘ Organisations- und Arbeitsformen und die sich ausweitenden Angriffe der Unternehmensleitungen auf Gewerkschaften (was u.a. in Gehaltskürzungen, der Verbreitung ‚zweistufiger‘ Lohnsysteme sowie in der Ausgliederung von Arbeitsprozessen zum Ausdruck kommt), die insgesamt die Konkurrenz um Arbeitsplätze intensiviert und für eine explosionsartige Ausbreitung von niedrig bezahlten Jobs und Teilzeitarbeit gesorgt haben. Dies hat zur Folge, daß selbst (historisch betrachtet) abgemilderte Formen rassistischer Diskriminierung heute schwerwiegendere Auswirkungen auf die untersten Gruppen der US-amerikanischen Klassenordnung haben. In den 1970er Jahren, die von einem Überangebot an Arbeitskräften, geschwächten Gewerkschaften und von Einschränkungen bei der Geltung und Durchsetzung von Anti-Diskriminierungs-Gesetzen geprägt waren, verschlimmerte sich die Spaltung der ungelernten Arbeiterschaft entlang ethnischer Trennungslinien,[10] so daß eine große Anzahl von schwarzen Innenstadtbewohnern als ‚ökonomisch überflüssig‘ abgestempelt wurde.
Um 1954 befand sich die Stadt Chicago fast noch auf dem Zenit ihrer wirtschaftlichen Macht. Innerhalb der Stadtgrenzen gab es mehr als zehntausend Industriebetriebe, die zusammen 616.000 Menschen beschäftigten, darunter eine halbe Million in der unmittelbaren Produktion. 1982 hatte sich die Zahl der Produktionsstätten halbiert. Sie boten insgesamt nur noch 277.000 Menschen Beschäftigung, darunter 162.000 Industriefacharbeiter (dies ist ein Rückgang von 63 Prozent, der in deutlichem Kontrast zum allgemeinen Beschäftigungszuwachs im produzierenden und verarbeitenden Gewerbe in den USA steht, wo zwischen 1958 und 1982 fast eine Million neue Arbeitsplätze geschaffen wurden). Dieses

Schwinden der städtischen industriellen Basis war mit erheblichen Einbrüchen im Einzel- und Großhandel verbunden, wo zwischen 1963 und 1982 über 120.000 Jobs wegfielen. Der leichte Beschäftigungsanstieg im Dienstleistungssektor (wo im selben Zeitraum 57.000 neue Arbeitsplätze entstanden, die Branchen Gesundheit, Finanzen und soziale Dienste nicht mitgerechnet) war weit davon entfernt, den Zusammenbruch der wichtigsten Erwerbsquelle für niedrig qualifizierte Arbeitskräfte in Chicago kompensieren zu können. Da Schwarze traditionell überaus stark von Beschäftigungsmöglichkeiten in der industriellen Produktion abhängig waren,[11] bedeutete dieser wirtschaftliche Strukturwandel letzten Endes für die Bewohner der innerstädtischen Quartiere eine außerordentliche und rasante Zunahme der Ausgrenzung vom Arbeitsmarkt. In den 1950er Jahren war die Erwerbsquote unter den schwarzen Ghetto-Bewohnern – mit sechs von zehn Erwachsenen, die einer Lohnarbeit nachgingen – noch vergleichbar mit derjenigen der Chicagoer Durchschnittsbevölkerung (vgl. Tabelle 2). Während sich diese Quote im Laufe der folgenden drei Jahrzehnte in der Stadt insgesamt nicht verändert hat, gelingt es den meisten Bewohnern des Black Belt heute nicht mehr, eine einträgliche Arbeit zu finden. Was ihnen als Ausweg zur Sicherung ihres Überlebens bleibt, sind der Rückgriff auf wohlfahrtsstaatliche Unterstützung, die Schattenwirtschaft oder illegale Aktivitäten. In den Nachbarschaften von East Garfield Park und Washington Park waren 1980 zwei von drei Bewohnern erwerbslos, in Grand Boulevard und Oakland hatten drei von vier Erwachsenen keine reguläre Beschäftigung.[12]

Im Zuge der Restrukturierung der städtischen Ökonomie – gekennzeichnet durch den Niedergang der ‚Schornstein'-Industrien und durch die Verlagerung wirtschaftlicher Aktivitäten in Regionen außerhalb der Stadt – hat der Black Belt nicht nur einen Großteil seiner Existenzgrundlage in Form von Industriebetrieben und seiner erwerbstätigen Bewohner verloren. Auch die Kluft zwischen dem Ghetto und dem Rest der Stadt, von den Vorstädten ganz zu schweigen, ist dramatisch gewachsen. Um 1980 war das mittlere Familieneinkommen in der South und West Side auf etwa ein Drittel beziehungsweise die Hälfte des städtischen Durchschnitts gesunken. Dreißig Jahre zuvor hatte es noch bei zwei Dritteln gelegen beziehungsweise hatte sich kaum von dem in anderen Stadtteilen unterschieden. Mittlerweile haben die Durchschnittseinkommen in einigen der weißen bürgerlichen Nachbarschaften und der von den Oberschichten bewohnten Vororten eine Höhe erreicht, die mehr als das Doppelte der städteweiten Werte betragen. Folglich mußte die Hälfte der Familien in

Tab. 2: Die historische Entwicklung des Ausschlusses vom Arbeitsmarkt in Chicagos Ghetto-Nachbarschaften, 1950–1980

	Erwachsene ohne Arbeit (in %)		
	1950	1970	1980
Chicago	43,4	41,5	44,8
West Side			
Near West Side	49,8	51,2	64,8
East Garfield Park	38,7	51,9	67,2
North Lawndale	43,7	56,0	62,2
South Side			
Oakland	49,1	64,3	76,0
Grand Boulevard	47,5	58,2	74,4
Washington Park	45,3	52,0	67,1

Quelle: Zahlen basieren auf Angaben des Chicago Fact Book Consortium 1984, *Local Community Fact Book: Chicago Metropolitan Area*, Chicago Review Press, Chicago u. Hauser, M./Kitagawa, M. 1953, *Local Community Fact Book for Chicago*, 1950, University of Chicago, Chicago Community Inventory, Chicago.
Anm.: Berücksichtigt ist der Prozentsatz aller Erwerbslosen, die 1970 und 1980 älter als sechzehn und 1950 älter als vierzehn Jahre waren.

Oakland 1980 mit einem Jahreseinkommen von unter 5.500 Dollar auskommen, während die Hälfte der Familien in Highland Park über 43.000 Dollar und mehr verfügte.

Der rasante physische und soziale Verfall des Ghettos ist vor kurzem anhand der Veränderungen in North Kenwood, einem der ärmsten Wohngebiete der South Side von Chicago, in einer ethnographischen Studie äußert anschaulich beschrieben worden, weswegen sie an dieser Stelle ausführlich zitiert sei:

„In den 1960er Jahren war die 47. Straße noch das soziale Zentrum der schwarzen Community der South Side. Sues Augen leuchten auf, als sie erzählt, wie sich hier früher einmal Geschäfte und Theater aneinanderreihten und man in den zahlreichen Nachtclubs bis in den späten Abend hinein Jazzbands zuhören konnte. In Sues Erinnerung hatte die Straße eine ‚Seele'. Heute könnte die Straße eher als seelenlos charakterisiert werden. Einige Geschäfte, Wechselstuben, Bars und Spirituosenläden haben sich auf der 47. Straße gehalten. Wenn man die Straße entlanggeht, sind es jedoch Anzeichen ihres Sterbens und nicht ihrer Lebendigkeit, die auffallen. Im wörtlichen Sinne begegnet man auf der 47. auf Tritt und Schritt der Zerstörung des menschlichen Lebens. Der Zerfall der physischen Strukturen ist kaum zu übersehen. Viele der Geschäfte sind mit Brettern vernagelt und aufgegeben. In manchen Gebäuden sind Eingänge und Fenster vergittert, um die Öffentlichkeit fernzuhalten. Sie stehen jedoch nicht einfach nur leer, sondern werden mehr oder minder heimlich für illegale Tätigkeiten genutzt. Andere Abschnitte der Straße sind einfach nur öde und verlassen. Die Gebäude, die hier einmal gestanden haben mögen, sind schon lange verschwunden. Heute wird auf der 47. nichts mehr gebaut. [...] Im Laufe der Jahre wurde ein Wohnhaus nach dem anderen von der Stadtverwaltung als baufällig erklärt und abgerissen. Heute ähneln viele Blocks den Bildern des von Bomben zerstörten Berlin nach dem Zweiten Weltkrieg. In Kenwood findet man riesige Brachflächen, übersät mit Unkraut, Ziegelsteinen und Scherben."[13]

Duncan berichtet weiter, wie das Verschwinden der Geschäfte und der Verlust von Wohneinheiten die Ausbreitung von Drogen und kriminellem Verhalten befördert und das starke Solidaritätsgefühl, von dem die Community einst durchdrungen war, zerstört haben. Alle Aktivitäten oder Organisationen, welche die Nachbarschaft zusammenbringen oder ihre Gemeinschaft repräsentieren könnten, wie auch die Hälfte der Bevölkerung sind im Laufe der letzten 15 Jahre abgewandert oder haben sich aufgelöst. In Anbetracht dieser Entwicklung scheinen sich die zurückgebliebenen Einwohner, unter denen North Kenwood inzwischen zum Teil ‚Wild West‘ genannt wird, in einem fortwährenden *bellum omnium contra omnes* eingerichtet zu haben, um ihr Überleben zu sichern. Der knappe Kommentar eines interviewten Anwohners bringt es auf den Punkt: „Es ist schlimmer geworden. Sie haben all diese Gebäude abgerissen, und damit ist die ganze Nachbarschaft heruntergekommen. Alle Deine Freunde müssen irgendwann wegziehen. Sie sorgen dafür, daß alle Deine besten Kumpels irgendwohin verschwinden. *Das ist keine wirkliche Nachbarschaft mehr.*"[14]

Angesichts der allgegenwärtigen Bedrohung durch Gentrifizierung erscheint die Zukunft der Community düster. Ein Großteil des Areals eignet sich aufgrund seiner unmittelbaren Nähe zum See als lukratives Aufwertungsobjekt, mit dem sich – bei entsprechender Bebauung mit teuren, an den Bedürfnissen der gehobenen Einkommensschichten des südlich angrenzenden Stadtteils Hyde Park ausgerichteten Apartment- und Loftkomplexen – riesige Profite erzielen ließen. „Sie wollen alle

Schwarzen in Siedlungen des sozialen Wohnungsbau zwingen", erläutert einer der Bewohner. „Sie planen den Bau von Wohnungen für die Reichen und nicht für uns, die Armen. Sie wollen uns alle aus dieser Gegend vertreiben. In vier oder fünf Jahren werden wir hier alle verschwunden sein."[15] Es zeigt sich, daß mit den fundamentalen Veränderungen innerhalb der fortgeschrittenen kapitalistischen Ökonomie der USA unwiderstehliche zentrifugale Kräfte freigesetzt wurden, welche die vormaligen Strukturen des Ghettos zerstört und einen Prozeß der *Hyperghettoisierung*[16] vorangetrieben haben. Damit ist gemeint, daß das Ghetto im Zuge seiner wachsenden ökonomischen Marginalisierung viel von seiner ursprünglichen organisatorischen Stärke eingebüßt hat (u.a. über den fast vollständigen Verlust von ‚Kanzel und Presse' als kollektiven Akteuren) und daß seine Bewohner und deren Aktivitäten nicht mehr über einen geschützten und relativ autonomen sozialen Raum verfügen, der früher einmal den Aufbau von Parallelstrukturen zu den Institutionen der sie umgebenden Gesellschaft und die Bereitstellung von minimalen Grundressourcen für den sozialen Aufstieg (wenn auch nur innerhalb einer beschränkten schwarzen Klassenstruktur) ermöglicht hat. Hinzu kommt, daß soziale Mißstände, die bereits seit langem mit segregierter Armut in Verbindung gebracht werden – die Ausbreitung von Gewaltverbrechen und Drogen, Wohnungsverfall, die Auflösung der Familie, wirtschaftlicher Abstieg und ein gescheitertes Bildungssystem –, qualitativ andere Dimensionen erreicht und zusammen eine neue Gestalt angenommen haben, die jedem dieser Phänomene eine noch zerstörerischere Kraft verleiht. Waren mit dem „organisierten" (oder institutionalisierten) Ghetto – das von Drake und Cayton (1962) so plastisch beschrieben worden ist – bereits vor vierzig Jahren enorme Kosten für seine schwarze Einwohnerschaft verbunden,[17] so fällt heute der Preis für die Bevölkerung des „desorganisierten" Hyperghettos noch wesentlich höher aus. Nicht nur hängt das Schicksal der gegenwärtigen Ghetto-Bewohner nach wie vor vom Willen und von den Entscheidungen machtvoller Akteure (die vorwiegend weiße Herrschaftsschicht, Unternehmer, Grundstücksmakler, Politiker und wohlfahrtsstaatliche Einrichtungen) außerhalb ihrer Gemeinschaft ab, über die sie keinerlei Kontrolle haben. Nicht nur sind sie auf Dienstleistungen und Institutionen angewiesen, deren Qualität weit unter derjenigen anderer Stadtteile liegt. Darüber hinaus leben heute im Ghetto mit nur wenigen Ausnahmen die am stärksten marginalisierten und unterdrückten Teile der schwarzen Gesellschaft. Während früheren Generationen von Schwarzen in den Städten trotz anhaltenden materiellen Elends und eines durch Rassismus erzwungenen Systems der Unterordnung immerhin noch die Bewahrung ihrer Familien, ihrer Nachbarschaft und ihrer Kollektivität gelang, haben der Verlust jeglicher wirtschaftlicher Fundierung des Ghetto-Lebens und die weitgehende Auflösung der Substanz gemeinschaftlicher Organisierungs-, Handlungs- und Orientierungsmuster in den Innenstadtquartieren unterdessen eine Lage geschaffen, die von einem radikalen, auf Klassen- und Rassenzugehörigkeit basierenden *gesellschaftlichen Ausschluß* gekennzeichnet ist. Im folgenden werden wir eine genauere soziographische Beschreibung dieser Innenstadtgebiete vornehmen.

Die Kosten des Lebens im Ghetto

Zunächst wollen wir die Sozialstrukturen der Ghetto-Nachbarschaften mit denen in schwarzen Wohngebieten Chicagos mit niedriger Armutsrate vergleichen. *Nachbarschaften mit niedriger Armutsrate* haben wir zu diesem Zweck als Gebiete definiert, in denen die Armutsquote (der Anteil der Bevölkerung, der unter der amtlichen Armutsgrenze lebt) dem Zensus von 1980 zufolge zwischen 20 und 30 Prozent lag. Da in der Stadt ungefähr ein Drittel aller schwarzen Familien als arm eingeschätzt wird, können diese Nachbarschaften als halbwegs repräsentativ für die durchschnittlichen Wohngebiete der schwarzen Arbeiterschaft außerhalb von Ghetto-Strukturen gelten. Tatsächlich lebten fast alle in die Untersuchung einbezogenen Bewohner dieser Kategorie (97 Prozent) nicht in den traditionellen Ghetto-Gebieten. *Nachbarschaften mit extrem hoher Armutsrate* umfassen in unserer Erhebung Gebiete, in denen 1980 mindestens 40 Prozent der Bevölkerung unter die offizielle Armutsgrenze fielen. Sie machen den historischen Kern des schwarzen Ghettos von Chicago aus: 82 Prozent der Befragten dieser Kategorie wohnten in Gebieten der West und South Side der Stadt, wo die Bevölkerung bereits seit einem halben Jahrhundert oder länger fast ausschließlich aus Schwarzen besteht, und 13 Prozent lebten in unmittelbar angrenzenden Stadtteilen. Wenn wir Nachbarschaften mit extrem hoher Armut solchen mit niedriger Armutsquote gegenüberstellen, vergleichen wir folglich Ghetto-Nachbarschaften mit anderen schwarzen Wohngebieten (in denen meist eine mäßige Armut vorherrscht), die nicht Teil des traditionellen Black Belt von Chicago sind. Obwohl dieser Vergleich nur einen Ausschnitt des größeren Spektrums von existierenden Nachbarschaftstypen[18] abdeckt, macht er bemerkenswerte Unterschiede zwischen Gebieten mit niedriger Armutsrate und Ghettos sichtbar.

Die Unterscheidung zwischen Ghetto-Nachbarschaften und solchen mit einer niedrigen Armutsquote ist zudem keine rein analytische, sondern korrespondiert auch der Sichtweise der sozialen Akteure, die deutliche Kontraste zwischen diesen Gebietsformen wahrnehmen. Zum einem verbinden die Leute in Chicago das ‚Ghetto‘ eindeutig mit der South und West Side und nicht allgemein mit schwarzen städtischen Wohngebieten. Im Alltagsverständnis beinhaltet dieser Begriff eine historische sowie eine räumliche, weniger eine einfache rassistische Komponente. Zum anderen haben die schwarzen Bewohner von Gebieten mit extrem hoher Armut eine auffällig negative Haltung zu ihrem Stadtteil. Nur 16 Prozent von ihnen beurteilen ihre Nachbarschaft als einen ‚guten‘ oder ‚sehr guten‘ Ort zum Leben, im Unterschied zu 40 Prozent der Bewohnerschaft von Quartieren mit niedriger Armut; annähernd eine Person von vier empfindet ihren Wohnort als ‚schlecht‘ oder ‚sehr schlecht‘, im Gegensatz zu einer von zehn Personen außerhalb der Ghetto-Gebiete. Zusammengefaßt zeigt dies, daß die Abgrenzung zwischen armen Ghetto-Gebieten und armen Nicht-Ghetto-Quartieren auch für ihre Bewohner und ihr Leben eine reale Bedeutung hat.

1. Die schwarze Klassenstruktur in und außerhalb des Ghettos

Der erste zentrale Unterschied zwischen Gebieten mit niedriger und extrem hoher Armut betrifft ihre Klassenstrukturen (vgl. Abb. 1). Ein beträchtlicher Anteil der Schwarzen in Gebieten mit niedriger Armut verfügt über eine relativ gut bezahlte Anstellung: Zwei Drittel sind erwerbstätig, davon gehören 11 Prozent – gemessen an ihren Beschäftigungsverhältnissen – zur Mittelschicht und 55 Prozent zur Arbeiterschicht; jeder dritte Erwachsene ist ohne Arbeit.[19] Im Ghetto ist das Verhältnis genau umgekehrt: 61 Prozent aller Erwachsenen sind erwerbslos, ein Drittel ist beschäftigt und zählt zur Arbeiterschicht, und lediglich 6 Prozent können sich der Mittelschicht zurechnen. Für die Bewohner des innerstädtischen Kerns gehört Erwerbslosigkeit demnach zu ihren normalen Lebensumständen, während ein Beschäftigungsverhältnis eher die Ausnahme bildet. Die Einbeziehung der Kategorie Geschlecht ändert nichts an diesem Befund. Sie macht nur die noch schwächere Position von schwarzen Frauen auf dem Arbeitsmarkt deutlich, da für sie die Wahrscheinlichkeit, erwerbslos zu

Abb. 1: Klassenstruktur der schwarzen Bevölkerung in Chicagos Wohngebieten mit niedriger und extremer Armut

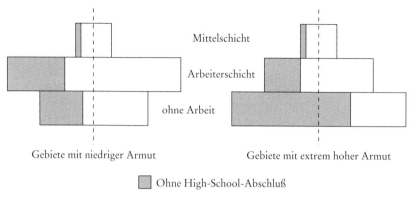

Ohne High-School-Abschluß

Quelle: Urban Poverty and Family Structure Survey, University of Chicago, Chicago

sein, doppelt so hoch ist wie bei Männern. In beiden Nachbarschaftstypen zeichnet sich die Gruppe der Männer aufgrund ihrer höheren Erwerbsquote (78 beziehungsweise 66 Prozent im Ghetto) durch eine ausgeglichenere Klassenzusammensetzung aus. Die geringere Erwerbsquote von Frauen (42 beziehungsweise 69 Prozent sind nicht beschäftigt) reduziert – im Verhältnis zur männlichen Bevölkerung und im absoluten Sinne – auch ihre Aussichten, jemals den Mittelschichtstatus zu erreichen. Lediglich 10 Prozent aller Frauen in beiden Nachbarschaften gingen einer qualifizierten Arbeit nach.

Diese Daten sind wenig überraschend. Sie zeigen die bittere Wahrheit, daß Erwerbslosigkeit und Armut zwei Seiten einer Medaille sind. Je ärmer die Nachbarschaft, desto verbreiteter ist die Erwerbslosigkeit und desto schwächer fallen die sozialen Mobilitätschancen der Bewohner aus. Allerdings verdeutlichen diese Ergebnisse auch, daß sich an der während der wirtschaftlichen Stagnation der späten 1970er Jahre in den Ghettos zu beobachtenden Entwicklung hin zu umfassender ökonomischer Ausgrenzung ein Jahrzehnt später kaum etwas verändert hat – inmitten einer ungebremsten Expansionsphase, die als eine der beeindruckendsten der US-amerikanischen Wirtschaftsgeschichte gilt.

Entsprechend unseren Erwartungen gibt es einen engen Zusammenhang zwischen Klassenzugehörigkeit und formaler Ausbildung: Fast alle Mittelschichtangehörigen (93 Prozent) können zumindest ein High-School-Diplom vorweisen; auch zwei Drittel der Schwarzen aus der Arbeiterschicht haben eine höhere Schulbildung abgeschlossen, aber weniger als die Hälfte (44 Prozent) der Erwerbslosen verfügt über einen High-School-Abschluß oder eine weiterführende Ausbildung. Andersherum betrachtet, haben es 15 Prozent aller Befragten mit einer abgeschlossenen Schulbildung (High-School-Diplom oder mehr) geschafft, in die beruflichen Stellungen der Mittelschicht vorzustoßen, die Hälfte der Befragten geht einer Tätigkeit als Arbeiter nach oder befindet sich in einem niedrig bezahlten Angestelltenverhältnis, und 36 Prozent haben gar keinen Job. Diejenigen ohne einen Schulabschluß verteilen sich folgendermaßen auf die von uns verwendeten Kategorien: Mittelschicht 1,6 Prozent, Arbeiterschicht 37,9 Prozent, ohne Arbeit 60,5 Prozent – das ist die überwältigende Mehrheit. Mit anderen Worten ist ein High-School-Diplom für die Integration in den Arbeitsmarkt – vom Aufstieg in die Mittelschicht ganz zu schweigen – für Schwarze eine *conditio sine qua non*. Eine fehlende höhere Schulbildung ist gleichbedeutend mit dem Status der ökonomischen Überflüssigkeit.

Die Ghetto-Bevölkerung als Ganze ist weniger gebildet als die schwarzen Bewohner anderer Stadtteile. Dies ergibt sich aus ihrer spezifischen Klassenzusammensetzung, allerdings auch aus dem schlechteren akademischen Abschneiden der im Ghetto wohnenden Arbeitslosen: Weniger als 40 Prozent der erwerbslosen Erwachsenen in der South und West Side der Stadt haben die Schule erfolgreich beendet, im Unterschied zu 60 Prozent der Erwerbslosen in Gebieten mit einer niedrigen Armutsrate. Hervorzuheben ist, daß Bildung der einzige Bereich ist, in dem Frauen den Männern nicht unterlegen sind: Im Ghetto entspricht der Anteil von Frauen mit einer abgeschlossenen Schulausbildung dem der Männer (jeweils 50 Prozent), und in Gebieten mit niedriger Armutsrate liegt er sogar noch etwas über den Werten für die männliche Bevölkerung (69 gegenüber 62 Prozent).

Auch bei der Klassenherkunft – gemessen am materiellen Vermögen der Familien, in denen sie aufgewachsen sind – kommt eine weitere Benachteiligung der Ghetto-Bewohner zum Ausdruck.[20] Weniger als vier von zehn Ghetto-Bewohnern stammen aus einer Familie mit einem Eigenheim, und sechs von zehn sind in Familien groß geworden, die über keinerlei Kapital und Besitz (sei es ein Haus, ein Geschäft oder ein Grundstück) verfügten. In Gebieten mit niedriger Armutsrate besaßen 55 Prozent der Eltern der befragten Bewohner ein Eigenheim, und nur 40 Prozent der Eltern fielen in die Kategorie ,ohne Vermögenswerte'. Unter den Frauen ist die Wahrscheinlichkeit, daß sie aus einer Familie mit Haus oder Vermögen kommen, besonders gering (ihr Anteil beträgt 46 beziehungsweise 37 Prozent). Diese Differenz bei der Klassenherkunft bestätigt sich auch, wenn die Abhängigkeit der Eltern von staatlicher Unterstützung als Kriterium herangezogen wird: In Gebieten mit niedriger Armutsrate beträgt der Anteil der Personen, die in Haushalten aufgewachsen sind, die irgendwann einmal Sozialhilfe bezogen haben, 30 Prozent, im Ghetto liegt er bei 41 Prozent, wobei er unter den weiblichen Ghettobewohnern wiederum am höchsten ist.

2. Klasse, Geschlecht und Sozialhilfebiographien in Gebieten mit niedriger und extremer Armutsrate

Lebten die Eltern bereits von Sozialhilfe, dann nimmt die Wahrscheinlichkeit zu, daß auch ihre Kinder im Erwachsenenalter irgendwann auf Transferleistungen angewiesen sein werden. Klasse, Geschlecht und Wohnort kommen zusammen und produzieren im Ghetto unter seiner Bevölkerung im größeren Umfang ‚Sozialhilfebiographien‘ (vgl. Tabelle 3).

In Gebieten mit niedriger Armutsrate bezieht aktuell nur eine Person von vier Fürsorgeleistungen, und fast die Hälfte ihrer Bewohner erklärte, in der Vergangenheit ohne staatliche Transfers ausgekommen zu sein. Im Gegensatz dazu bezieht gegenwärtig etwa die Hälfte der Ghettobewohner Sozialhilfe, und nur eine von fünf Personen hatte hier nach eigenen Angaben noch nie Hilfe zum Lebensunterhalt erhalten. Diese Ergebnisse stimmen mit Volkszählungsdaten und den Befunden anderer Erhebungen überein: 1980 erhielten nach offiziellen Angaben etwa 50 Prozent der schwarzen Bevölkerung in den meisten ‚Community Areas‘ der South und West Side staatliche Unterstützung, während die Sozialhilfequoten in Nachbarschaften der schwarzen Arbeiter- und Mittelschichten wie South Shore, Chatham oder Roseland, die noch weiter südlich liegen, zwischen 20 und 25 Prozent betrugen.[21]

Keiner der Befragten aus der Kategorie Mittelschicht in den Wohngebieten mit niedriger Armutsrate lebte zum Zeitpunkt des Interviews von Sozialhilfe, und nur einer von fünf hatte in der Vergangenheit staatliche Fürsorge in Anspruch nehmen müssen. In der Kategorie Arbeiterschicht waren es 7 Prozent beziehungsweise etwas über die Hälfte der Befragten. Dasselbe Verhältnis zwischen Klassenherkunft und Sozialhilfeabhängigkeit findet man in Quartieren mit extrem hoher Armutsrate, nur daß hier in allen

Tab. 3: Bezug von Sozialhilfe und Lebensmittelmarken unter der schwarzen Bevölkerung in Chicagos Wohngebieten mit niedriger und extremer Armut, Angaben in Prozent

	Alle Befragten		Männer		Frauen	
	niedrige Armut	extreme Armut	niedrige Armut	extreme Armut	niedrige Armut	extreme Armut
Sozialhilfebezug während der Kindheit	30,5	41,4	26,3	36,4	33,5	43,8
gegenwärtig im Sozialhilfebezug	25,2	57,6	13,4	31,8	32,4	68,9
niemals selbst Sozialhilfe bezogen*	45,9	22,0	68,8	44,5	31,3	11,9
Erwartungen hinsichtlich der Dauer des Sozialhilfebezugs:						
weniger als ein Jahr	52,9	29,5	75,0	56,6	46,1	25,0
mehr als fünf Jahre	9,4	21,1	5,0	13,0	10,8	22,0
Bezug von Lebensmittelmarken	33,5	60,2	22,2	39,1	40,4	70,0
Inanspruchnahme von mindestens einer von fünf Formen der Ernährungsbeihilfe**	51,1	71,1	37,8	45,0	59,6	85,2

Quelle: Urban Poverty and Family Structure Survey, University of Chicago, Chicago
  * Es wurden nur diejenigen befragt, die aktuell Sozialhilfe beziehen.
** Hierzu gezählt werden Suppenküchen, staatliche Ernährungsprogramme, Lebensmittelmarken, Special Supplemental Food Program for Women, Infants and Children und kostenlose Schulspeisungen.

Klassenkategorien die Angewiesenheit auf Sozialhilfe signifikant höher ist: 12 Prozent der Erwachsenen in Arbeiterhaushalten erhalten derzeit staatliche Transferleistungen, 39 Prozent gaben an, schon einmal Sozialhilfe bezogen zu haben; selbst 9 Prozent der dort lebenden Bewohner, die der Mittelschicht zuzurechnen sind, erhalten aktuell staatliche Unterstützung; nur ein Drittel von ihnen erklärte, noch nie Sozialhilfe bezogen zu haben, im Unterschied zu drei Viertel der Interviewten in Gebieten mit niedriger Armutsrate. Die größte Differenz zwischen Ghetto und anderen Wohnquartieren zeigt sich in der Gruppe der Erwerbslosen: Im Ghetto leben 86 Prozent dieser Gruppe gegenwärtig von Sozialhilfe, und nur 7 Prozent gaben an, noch nie staatliche Hilfe bezogen zu haben. In den Gebieten außerhalb des Ghettos waren es in der Gruppe der Arbeitlosen 62 beziehungsweise 20 Prozent.

Diese auffälligen Unterschiede bei den Sozialhilfemustern zwischen den Quartieren bleiben erhalten, wenn Frauen gesondert betrachtet werden: In beiden Nachbarschaftstypen sind Frauen in allen Klassenkategorien eindeutig stärker von Sozialhilfeabhängigkeit betroffen. Selbst in der kleinen Gruppe der im Ghetto wohnenden Mittelschichtangehörigen waren es mehr Frauen als Männer, die zugeben mußten, schon einmal in ihrem Leben Sozialhilfe erhalten zu haben (30 gegenüber 10 Prozent). In der Kategorie Arbeiterschicht sind die Unterschiede beim aktuellen Sozialhilfebezug zwischen den Geschlechtern dagegen kleiner (5 gegenüber 8,5 Prozent), während die größere Unsicherheit von Frauen auf dem Arbeitsmarkt daran abzulesen ist, daß unter den weiblichen Befragten jede zweite und unter den männlichen Befragten nur jeder fünfte erklärte, in der Vergangenheit schon einmal Fürsorgeleistungen beantragt zu haben. Dieser Geschlechterunterschied verliert jedoch in Gebieten mit extremer Armut an Bedeutung, wenn man bedenkt, daß hier Sozialhilfe für die überwiegende Mehrheit der Bewohner – für zwei Drittel aller arbeitslosen Männer und 90 Prozent aller arbeitslosen Frauen – gegenwärtig die Lebensgrundlage bildet. Die weit verbreitete und anhaltende Erwerbslosigkeit und Abhängigkeit von Transferleistungen in den Ghetto-Nachbarschaften aufgrund fehlender stabiler Beschäftigungsmöglichkeiten fordern einen hohen Tribut, indem sie die Aussichten der Betroffenen mindern, jemals ohne staatliche Hilfe leben zu können. Während die Mehrzahl der Sozialhilfeempfänger in Gebieten mit niedriger Armutsrate davon ausgeht, innerhalb eines Jahres wieder eine Arbeit zu finden, und nur bei einer kleinen Minderheit aus ihrer Sicht eine langfristige Abhängigkeit (fünf Jahre und länger) von Sozialleistungen droht, ist die Situation in den Ghetto-Gebieten wesentlich schlechter: Weniger als ein Drittel aller Sozialhilfeempfänger erwartet hier, innerhalb eines Jahres wieder auf eigenen Füßen zu stehen, und gar ein Fünftel der Befragten geht davon aus, daß sie fünf Jahre oder länger auf Sozialhilfe angewiesen sein werden. Dieser Unterschied bei den Einschätzungen der eigenen Beschäftigungsaussichten wird noch größer, wenn wir die Gruppe der aktuell Erwerbslosen beiderlei Geschlechts betrachten. So gaben beispielsweise arbeitslose Frauen im Ghetto doppelt so häufig wie arbeitslose Frauen in Gebieten mit niedriger Armutsquote an, daß sie erwarteten, länger als fünf Jahre von Sozialhilfe leben zu müssen. Befragt nach ihren Chancen, innerhalb eines Jahres wieder ökonomisch unabhängig zu werden, lag der Anteil von positiven Einschätzungen bei Frauen außerhalb des Ghettos doppelt so hoch wie bei den Befragten in extremen Armutsquartieren.

Ungeachtet der in beiden Nachbarschaftstypen zu beobachtenden Differenzen bei Sozialhilfemustern zwischen Beschäftigten und Erwerblosen bleibt als Befund, daß in extremen Armutsgebieten auf allen Stufen der Klassenleiter Sozialhilfeabhängigkeit deutlich häufiger anzutreffen ist, insbesondere unter Erwerbslosen und Frauen. Erhebungen zur Inanspruchnahme von Lebensmittelhilfen (vgl. Tabelle 3) bestätigen dieses Muster und legen nahe, daß in Gebieten mit niedriger Armutsquote den von Erwerbslosigkeit Betroffenen zur Vermeidung von Sozialhilfeabhängigkeit andere soziale und ökonomische Mittel zur Verfügung stehen als in den Ghettos. An erster Stelle sind die individuellen Einkommens- und Vermögensverhältnisse zu nennen.

3. Unterschiede bei den Einkommens- und Vermögensverhältnissen

Bereits eine oberflächliche Schätzung der Einkommens- und Vermögenswerte in den armen schwarzen Chicagoer Wohngebieten (Tabelle 4) enthüllt ein erschreckendes Ausmaß an materieller Not, Unsicherheit und Deprivation, mit dem die Bewohner in ihrem Alltag zurechtkommen müssen.[22] Die Ergebnisse für Quartiere mit niedriger Armutsquote zeichnen ein düsteres Bild, die für das Ghetto das Bild einer kaum vorstellbaren Not.

1986 wurde das mittlere Jahreseinkommen einer schwarzen Familie in den USA auf 18.000 Dollar geschätzt, das einer weißen Familie auf 31.000 Dollar. Die Werte für schwarze Haushalte in Chicagos Wohngebieten mit niedriger Armut entsprechen in etwa dem Bundesdurchschnitt; etwa 52 Prozent gaben ein Jahreseinkommen von über 20.000 Dollar an. Anders sieht es bei den Ghetto-Bewohnern aus, die lediglich über einen Bruchteil dieses Betrages verfügen: Die Hälfte aller Ghetto-Bewohner lebt in Haushalten mit einem Jahreseinkommen von weniger als 7.500 Dollar, in Gebieten mit niedriger Armutsquote sind es 25 Prozent der Bevölkerung. In beiden Nachbarschaftstypen liegen die Einkommen von Familien mit

Tab. 4: Einkommens- und Vermögensverhältnisse schwarzer Einwohnern in Chicagos Wohngebieten mit niedriger und extremer Armut, Angaben in Prozent

	Alle Befragten		Männer		Frauen	
	niedrige Armut	extreme Armut	niedrige Armut	extreme Armut	niedrige Armut	extreme Armut
Jährliches Haushaltseinkommen:						
unter 7.500 Dollar	27,2	51,1	16,1	33,6	34,5	59,0
über 25.000 Dollar	34,1	14,3	41,4	22,7	29,8	10,5
Verbesserung der finanziellen Situation	32,4	21,1	35,7	23,4	30,4	20,1
finanzielle Aktiva:						
- Geld auf Girokonto	34,8	12,2	33,3	17,6	36,4	9,9
- Geld auf Sparkonten	35,4	17,8	40,4	26,6	33,1	14,1
- verfügt über keine von sechs genannten Aktiva	48,2	73,6	40,7	63,1	52,6	78,3
- verfügt über mindestens drei der sechs genannten Aktiva*	23,3	8,3	26,8	13,5	21,3	5,8
ohne Grundbesitz						
(Haus, Geschäft oder Land)	78,8	96,6	75,6	93,7	80,5	98,0
Haushalt verfügt über:						
- Eigenheim	44,7	11,5	49,7	19,8	41,5	7,8
- Auto	64,8	33,9	75,9	51,4	57,7	25,7

Quelle: Urban Poverty and Family Structure Survey, University of Chicago, Chicago
* Zu den sechs Aktiva, nach denen die Bewohner befragt wurden, gehören: ein privates Girokonto, Sparkonten, individuelle Rentenansprüche und -pläne, Aktien und Wertpapiere und eine vorfinanzierte Beerdigung.

einer Frau als Haushaltsvorstand deutlich unter den Durchschnittswerten: Lediglich eine von drei Frauen außerhalb und eine von zehn Frauen innerhalb der Ghetto-Gebiete erklärte, im Jahr mehr als 25.000 Dollar zur Verfügung zu haben. Selbst bei Erwerbstätigen im Ghetto fällt das Einkommen im Vergleich niedriger aus: In der South und West Side liegt der Anteil der Arbeiter- und Mittelschichthaushalte, die ein Jahreseinkommen unter 7.500 Dollar angaben, mit 12,5 beziehungsweise 6,5 Prozent doppelt so hoch wie in anderen schwarzen Wohnquartieren. Unter den Erwerbslosen in extremen Armutsgebieten antwortete sage und schreibe die Hälfte aller Befragten, mit 5.000 Dollar und weniger im Jahr auskommen zu müssen. Es überrascht daher auch nicht, wenn Ghetto-Bewohner deutlich seltener eine Verbesserung ihrer finanziellen Haushaltssituation über die Jahre verzeichnen können, wobei sich Frauen wiederum in der schwächsten Ausgangsposition befinden. Dies reflektiert das Vorhandensein drastischer Klassenunterschiede: 42 Prozent aller Befragten aus der Kategorie Mittelschicht und 36 Prozent der Befragten aus der Kategorie Arbeiterschicht gaben – im Unterschied zu 13 Prozent aller Erwerbslosen – Einkommenssteigerungen an.

Aufgrund ihrer niedrigen und unregelmäßigen Einkünfte hat die schwarze Armutsbevölkerung in der Regel auch keinen Zugang zu Dienstleistungen, die der Rest der Gesellschaft als völlig selbstverständlich erachtet, wie etwa ein Bankkonto. Knapp ein Drittel der Bewohner von Gebieten mit niedriger Armutsquote verfügt über ein persönliches Girokonto, im Ghetto ist es ein Neuntel der Bevölkerung. Befragt nach unterschiedlichen finanziellen Aktivposten (vorgegeben war eine Liste mit sechs Möglichkeiten), gaben fast drei Viertel aller Interviewten an, keinerlei Zugang zu haben; lediglich 8 Prozent verfügten über mindestens drei der genannten Aktiva (vgl. Tabelle 4). Auch hier zeigen sich scharfe Trennlinien entlang von Klassenzugehörigkeit und Wohnort: In Quartieren mit mäßiger Armutsquote haben 10 Prozent der Erwerbslosen und 48 Prozent der Befragten aus der Arbeiterklasse ein Bankkonto, im Unterschied zu 3 beziehungsweise 37 Prozent im Ghetto; das Ergebnis für Angehörige der Mittelschicht ist in beiden Wohngebietstypen in etwa gleich (63 Prozent). Der amerikanische Traum vom Eigenheim bleibt für die große Mehrheit der Befragten unerreichbar, insbesondere für die Menschen im Ghetto, wo gerade einmal eine von zehn Personen nicht zur Miete wohnt, im Unterschied zu vier von zehn Personen in Gebieten mit niedriger Armutsrate – auch hier gibt es auffällige Differenzen zwischen den Geschlechtern. Selbst den etwas bescheideneren Traum von einem eigenen Auto können sich die meisten Ghetto-Bewohner nicht erfüllen. Im Ghetto gab nur ein Drittel der Befragten an, in einem Haushalt zu leben, der über einen funktionierenden Pkw verfügt. Kulminierende Benachteiligungen, die mit Klassenzugehörigkeit und Wohnort zusammenhängen, lassen sich auch hier nachweisen: 79 Prozent der befragten Haushalte aus der Kategorie Mittelschicht und 62 Prozent aus der Kategorie Arbeiterschicht besitzen ein Auto, unter den Erwerbslosenhaushalten sind es nur 28 Prozent. Im

Ghetto verfügten lediglich 18 Prozent aller befragten Arbeitslosen über den Zugang zu einem Pkw (unter den Männern waren es 34 und unter den Frauen 13 Prozent). Die sozialen Auswirkungen dieser prekären Einkommens- und Vermögenslage, unter der die schwarze Ghetto-Bevölkerung zu leiden hat, dürfen nicht unterschätzt werden. Für alle, die auf Niedriglohn- und Gelegenheitsjobs angewiesen sind, bedeuten mangelnde finanzielle und materielle Ressourcen in Fällen von Arbeitsverlust automatisch den Gang zum Sozialamt, während das Fehlen eines Pkw die Beschäftigungsmöglichkeiten erheblich einschränkt, wenn es um Arbeitsstellen geht, die nicht im ummittelbaren Wohnumfeld liegen oder nicht mit öffentlichen Verkehrsmitteln zu erreichen sind.

4. Soziales Kapital und Armutskonzentration

Gelegenheiten, Strategien des sozialen Aufstiegs wahrzunehmen, beruhen nicht zuletzt auf Ressourcen, die von Partnern, Verwandten und Freunden sowie über soziale Kontakte und Mitgliedschaften in Vereinen und Organisationen bereitgestellt werden können; entscheidend für individuelle Mobilitätschancen ist also der Grad der sozialen Integration und Verankerung in Gruppen, Netzwerken und Organisationen, die auf solidarischen Prinzipien basieren – das, was Bourdieu „soziales Kapital" nennt.[23] Aus unseren Untersuchungsergebnissen läßt sich nicht nur schließen, daß Bewohner von extremen Armutsquartieren auf weniger soziale Verbindungen zurückgreifen können, sondern auch, daß ihre sozialen Kontakte und Beziehungen – gemessen etwa an der sozialen Position ihrer Partner, Eltern, Verwandten und besten Freunde – tendenziell gesellschaftlich weniger wert sind. Kurzum, sie verfügen nur über einen begrenzten Umfang an sozialem Kapital.

Das Leben im Ghetto ist gleichbedeutend mit größerer sozialer Isolation: Fast die Hälfte der erwachsenen Bevölkerung in extremen Armutsquartieren lebt ohne festen Partner (definiert als Ehe- oder unverheirateter Lebenspartner, mit dem man zusammenwohnt, oder als eine längerfristige Liebesbeziehung), und ein Fünftel der Befragten gab zu, keinen ‚besten Freund' oder keine ‚beste Freundin' zu haben, im Unterschied zu 32 beziehungsweise 12 Prozent der Interviewten in Wohngebieten mit niedriger Armutsrate. Intakte Ehen sind im Ghetto ebenfalls weniger verbreitet (Tabelle 5). In beiden Nachbarschaftstypen leben arbeitslose im Vergleich

Tab. 5: Soziales Kapital von schwarzen Einwohnern in Chicagos Wohngebieten mit niedriger und extremer Armut, Angaben in Prozent

	Alle Befragten		Männer		Frauen	
	niedrige Armut	extreme Armut	niedrige Armut	extreme Armut	niedrige Armut	extreme Armut
Gegenwärtige Partnerschaften:						
ohne festen Partner	32,4	42,0	23,3	39,1	38,0	43,1
verheiratet und nicht getrennt lebend	35,2	18,6	40,9	27,0	31,2	14,9
Partner hat High-School-Abschluß	80,9	72,1	83,8	83,0	88,4	71,5
Partner arbeitet regelmäßig	69,0	54,3	50,0	34,8	83,8	62,2
Partner lebt von Sozialhilfe	20,4	34,2	38,6	45,5	16,2	28,6
Beste Freunde:						
keine(n) beste(n) Freund(in)	12,2	19,0	14,3	21,1	10,7	18,1
beste(r) Freund(in) hat High-School-Abschluß	87,4	76,4	83,7	76,3	87,2	76,3
beste(r) Freund(in) arbeitet regelmäßig	72,3	60,4	77,2	72,8	65,6	54,8
beste(r) Freund(in) lebt von Sozialhilfe	14,0	28,6	3,0	13,6	20,5	35,3

Quelle: Urban Poverty and Family Structure Survey, University of Chicago, Chicago

zu erwerbstätigen Männern häufiger alleine (62 Prozent der arbeitslosen Männer in Quartieren mit niedriger Armut und 44 Prozent in extremen Armutsgebieten). Die Wahrscheinlichkeit einer festen Beziehung ist für schwarze Frauen in Wohngebieten mit niedriger Armut ein wenig höher, ebenso die Wahrscheinlichkeit, daß ihr Partner über einen Schulabschluß verfügt und regelmäßig einer Arbeit nachgeht. Denn aufgrund der schlechteren Beschäftigungsaussichten im Ghetto haben die Lebenspartner der dort befragten Frauen seltener ein stabiles Arbeitsverhältnis als die Partner von Frauen außerhalb der Ghetto-Strukturen (im Ghetto gehen 62 Prozent der männlichen Partner kontinuierlich einer Arbeit nach, im Unterschied zu 84 Prozent in Gebieten mit mäßiger Armut).

Auch Freundschaften spielen im Leben eine zentrale Rolle, weil sie emotionale und materielle Unterstützung bieten, den Menschen bei der Selbstfindung behilflich sind und oftmals Möglichkeiten eröffnen, die man ohne sie nicht hätte – dies gilt vor allem für Beschäftigungschancen. Wie bereits erwähnt, pflegen Ghetto-Bewohner seltener als die schwarzen Bewohner anderer Stadtteile sehr enge Freundschaften. Selbst wenn sie einen ‚besten Freund‘ oder eine ‚beste Freundin‘ hätten, wäre davon auszugehen, daß diese mit hoher Wahrscheinlichkeit auch ohne Arbeit wären, nur über geringe Bildung verfügten oder von Sozialhilfe lebten. Für Frauen, die in wesentlich größerem Umfang vom Arbeitsmarktausschluß betroffen sind und deren besten Freunde in der Regel andere Frauen sind, bedeutet dies, daß sie häufiger besonders engen Umgang mit Menschen haben, die nicht erwerbstätig sind und Sozialhilfe beziehen. Beide Merkmale treten häufiger unter der weiblichen Ghetto-Bevölkerung auf.

Solche Unterschiede beim sozialen Kapital lassen sich auch nachweisen, wenn man Umfang und Muster der Beteiligung an außerfamiliären Aktivitäten berücksichtigt. Die Mitgliedschaft in einer formalen Organisation (wie einer Bürger- oder Nachbarschaftsinitiative, einer politischen Partei, einem Elternverband in der Schule, einem Sportverein oder irgendeiner anderen sozialen Organisation zur Förderung gemeinsamer Interessen) ist insgesamt eher selten geworden – mit der bemerkenswerten Ausnahme der schwarzen Mittelschicht, wo zwei Drittel der Frauen mindestens in einer der genannten Gruppe aktiv sind. Mehr Menschen im Ghetto als in Stadtteilen mit niedriger Armutsquote (64 gegenüber 50 Prozent) gehören allerdings gar keiner Organisation an, unter der weiblichen Bevölkerung sind es 64 beziehungsweise 46 Prozent. Was die Mitgliedschaft in einer Kirchengemeinde angeht, so ist die kleine Minderheit, die zugibt, „religiös unmusikalisch" zu sein, um Webers schönen Ausdruck zu benutzen, im Ghetto doppelt so groß wie außerhalb (12 gegenüber 5 Prozent). Bei denjenigen, die sich einer Religionsgemeinschaft zuordnen lassen, scheint der Wohnort den regelmäßigen Gottesdienstbesuch etwas abzuschwächen (29 beziehungsweise 37 Prozent besuchen mindestens einmal in der Woche den Gottesdienst), wobei Frauen in beiden Nachbarschaftstypen die beständigeren Kirchgänger sind. Schließlich geben schwarze Frauen, die im Ghetto leben, auch seltener an, die Mehrheit ihrer Nachbarn zu kennen, verglichen mit der weiblichen Bevölkerung in anderen schwarzen Wohngebieten. Insgesamt ist die Armutskonzentration im Ghetto unmittelbar mit der Entwertung des sozialen Kapitals seiner Bewohner verbunden.

Schlußfolgerung: Die soziale Strukturierung der Ghetto-Armut

Die Plage außerordentlichen wirtschaftlichen Elends, von der Chicagos Innenstadt in den 1970er Jahren heimgesucht wurde, wütet immer noch, und der allgemeine ökonomische Boom der vergangenen fünf Jahre scheint spurlos am Ghetto vorbeigezogen zu sein. Es hat sogar eine Verschlimmerung der dortigen Lebensbedingungen stattgefunden, was auf eine asymmetrische Kausalbeziehung zwischen Wirtschaftsentwicklung und Ghetto-Armut[24] verweist und auf die dringende Notwendigkeit, die *dieses Verhältnis vermittelnden sozialen Strukturen* genauer zu untersuchen. Die signifikanten Unterschiede zwischen Gebieten mit niedriger Armut und solchen mit extremen Armutsquoten in Chicago, die wir in unserer Studie aufgedeckt haben, bringen im wesentlichen deren unterschiedliche Klassenzusammensetzung und die anhaltende ökonomische Ausgrenzung im Ghetto zum Ausdruck.

Wir ziehen daraus den Schluß, daß Sozialwissenschaftler dem von uns aufgezeigten extremen Ausmaß wirtschaftlicher Deprivation und sozialer Marginalisierung mehr Beachtung schenken müssen, bevor sie damit fortfahren, „Theorien"[25] über die Macht der Armutskultur im Ghetto, die überdies nach einer sorgfältigeren empirischen Untersuchung und Interpretation verlangt, zu vertreten und zu verbreiten. Die für die Durchsetzung von moralisch-kulturalistischen oder individualistisch-behavioristischen Ansätzen zur Erklärung sozialer Verwerfungen in den Innenstadtgebieten Verantwortlichen haben einer fiktiven Spaltung der schwarzen städtischen Bewohnerschaft entlang von Werten und Verhaltensnormen das Wort geredet, die – unabhängig von ihrem Realitätsgehalt (der noch zu ermitteln wäre)[26] –, spätestens dann an Bedeutung verlöre, wenn man sie mit den objektiven strukturellen Barrieren, die Ghetto-Bewohner vom Rest der Gesellschaft trennen, und mit den sie belastenden kollektiven materiellen Zwängen vergleicht.[27] Nicht ein abweichendes ‚Sozialethos' kann die Misere des heutigen schwarzen Ghettos erklären, sondern nur der Gesamtzusammenhang von *strukturellem Gefangensein*, erzwungener sozioökonomischer Marginalisierung – resultierend aus dem historisch bedingten Zusammenspiel von auf Klasse, Rasse und Geschlecht basierenden Herrschaftsverhältnissen –, tiefgreifenden organisatorischen Veränderungen des US-amerikanischen Kapitalismus und gescheiterten Programmen der Stadtentwicklungs- und Sozialpolitik. Daher muß dem Konzept der ‚underclass', wenn es denn überhaupt zur Anwendung kommen soll, ein *strukturelles Verständnis* zugrunde liegen:

Es muß die neuen sozialräumlichen Herrschaftsmuster thematisieren, die sich in der bislang einmaligen Konzentration der sozial und ökonomisch am stärksten ausgegrenzten Mitglieder der untersten Bevölkerungsgruppe in der Klassen- und Rassenhierarchie abzeichnen –, und darf nicht einfach nur ein Label bereitstellen, mit dem eine neuer Menschentypus – frei geformt von der mythischen und allmächtigen ‚Kultur der Armut' – gekennzeichnet wird.

Anhang

Die in diesem Beitrag verwendeten Daten stammen aus einer Befragung von 2.490 Bewohnern innerstädtischer Gebiete in Chicago, die vom National Opinion Research Center in den Jahren 1986/1987 für das ‚Urban Poverty and Family Structure Project' an der University of Chicago durchgeführt wurde. Das Sample der schwarzen Bewohner setzt sich aus einer per Zufallsstichprobe ausgewählten Gruppe von Bewohnern aus 377 Quartieren mit einer Armutsquote von mindestens 20 Prozent zusammen (diese Quote entspricht nach den letzten Zensusdaten dem städtischen Durchschnitt). Das Sample war geschichtet nach dem Kriterium Elternstatus und umfaßte 1.184 Personen (415 Männer und 769 Frauen). Die Komplettierungsquote lag in der Gruppe der schwarzen Eltern bei 83 Prozent und in der Gruppe der alleinstehenden Schwarzen bei 78 Prozent. Von den 1.116 befragten schwarzen Bewohnern, die zum Zeitpunkt der Interviews noch in der Stadt lebten, wohnten 405 Personen oder 34,8 Prozent in Gebieten mit niedriger Armutsrate (Quartiere mit Armutsraten zwischen 20 und 29,9 Prozent, hinzu kamen 41 Befragte oder 3,5 Prozent, die inzwischen in Gebiete mit Armutsraten unter 20 Prozent gezogen waren); 364 Personen oder 31,2 Prozent lebten in Gebieten mit hoher Armut (Armutsquote: 30 bis 39,9 Prozent) und wurden in der oben vorgenommenen Auswertung nicht berücksichtigt; 356 Personen oder 30,5 Prozent wohnten in extremen Armutsgebieten, darunter 9,6 Prozent in Quartieren mit einer Armutsquote über 50 Prozent. In der zuletzt genannten Gruppe befanden sich 63 Personen (das entspricht 17 Prozent aller Befragten in extremen Armutsquartieren), die in Gebieten mit einer Armutsquote über 70 Prozent lebten (in den meisten Fällen waren dies Projekte des sozialen Wohnungsbaus). Alle im Beitrag präsentierten Untersuchungsergebnisse stützen sich auf ungewichtete Daten (gewichtete Daten zeigen jedoch grundsätzlich dieselben Muster).

Anmerkungen

1 Vgl. z.b. Danzinger/Weinberg 1987, Kornblum 1984, Wilson 1987, Brewer 1998, Harris/Wilkins 1988 und Gephart/Pearson 1988 (Auswertung von Umfragen)
2 Wilson 1988 liefert eine kritische Analyse dieser Berichte.
3 Statistische Gebietseinheiten, in denen mindestens 40 Prozent der Bevölkerung arm sind
4 Von der Kategorie ,weiße Arme' (im Orig.: „non-Hispanic whites") werden Einwohner latein- oder südamerikanischer Herkunft nicht erfaßt (Anm. d. Ü.).
5 Eine detaillierte Analyse der Veränderungen der Bevölkerung sowie der Armut und Armutskonzentration in diesen zehn Städten findet sich in Wacquant/Wilson 1989.
6 Vgl. hierzu Squires u.a. 1987
7 Eine zusammenfassende Beschreibung des Aufbaus der Stichprobenerhebung und der Merkmale der in das Sample Einbezogenen befindet sich im Anhang (S. 57 der vorliegenden Veröffentlichung).
8 Wilson u.a. 1988 liefern eine detaillierteren Überblick zu den sozialen Veränderungen in Chicagos South Side.
9 Aus Gründen des Platzmangels können wir an dieser Stelle nur oberflächlich auf die Transformationen der US-amerikanischen Ökonomie und ihre Auswirkungen auf das Ghetto eingehen. Anregende Analysen der systematischen Desorganisation fortgeschrittener kapitalistischer Ökonomien und Politiken sowie des sichtbaren und potentiellen Einflusses von ,post-industriellen' Entwicklungen und ,Flexibilisierungs- und Spezialisierungstrends' auf Städte und ihre Arbeitsmärkte bieten Lash/Urry 1988, Offe 1985, Block 1987, Hicks 1985, Bluestone/Harrison 1988 und Piore/Sabel 1984.
10 Vgl. z.B. Fainstein 1986 u. 1987, Wintermute 1983 und Williams 1987
11 1950 gingen in Chicago noch 60 Prozent aller erwerbstätigen schwarzen Männer sowie 43 Prozent aller erwerbstätigen schwarzen Frauen einer Beschäftigung in der Industrie (Facharbeiter und Angelernte zusammengerechnet) nach. Unter den weißen Bevölkerung waren es 48 beziehungsweise 28 Prozent. Vgl. Drake/Cayton 1962, Anhang Black Metropolis 1961
12 Die Erwerbslosigkeit in den Ghettos ist wesentlich schneller gestiegen als die Erwerbslosigkeit unter Schwarzen, die nicht in extremen Armutsquartieren leben. Vgl. Farley/Allen 1987 und Bradbury/Brown 1986 zu komparativen Daten über den langfristigen Rückgang der Arbeitsmarktpartizipation von Schwarzen, insbesondere von Männern
13 Duncan 1987: 18ff
14 Zit. in Duncan 1987: 21, Hervorh. L.W.
15 Zit. in Duncan 1987: 28
16 Vgl. Orfield 1985 zu Prozessen der Ghettoisierung. In Waquant/Wilson 1988 findet sich eine erste ausführlichere Auseinandersetzung mit einigen der Faktoren, die der Hyperghettoisierung zugrunde liegen.
17 Wir möchten an dieser Stelle betonen, daß unsere Kontrastierung zwischen dem traditionellen und dem ,Hyperghetto' nicht als nostalgische Verherrlichung des Ghettos vergangener Jahre mißverstanden werden soll. Die stärkere organisatorische und soziale Integration des früheren Ghettos war nicht das Ergebnis einer freien Entscheidung, sondern geht auf das Joch der totalen Unterwerfung der schwarzen Bevölkerung und der ständig im Hintergrund lauernden Bedrohung rassistischer Angriffe zurück (vgl. Hirsch 1983 zu den Unruhen und dem gewalttätigen Widerstand der Weißen in Chicago gegen

die staatlichen Anti-Segregations-Maßnahmen im Wohnungswesen in den beiden ersten Nachkriegsjahrzehnten). Das organisierte Ghetto entstand aus einer *Notwendigkeit* heraus und war eine beschränkte, wenn auch überaus kreative Reaktion auf die unerbittlichen Feindseligkeiten der weißen Bevölkerung. Der Separatismus der Schwarzen war niemals freiwillig, sondern vielmehr der Versuch, sich vor den unnachgiebigen Angriffen und Zwängen der Außenwelt zu schützen (wie Spear 1968 gezeigt hat).

18 Ein Ergebnis des Designs der Stichprobenerhebung war der Ausschluß beziehungsweise eine Unterrepräsentation von schwarzen Wohngebieten mit stärker abweichenden Armutsquoten. Dies betrifft sowohl Gegenden mit einer Armutsrate von unter 20 Prozent als auch Gebiete mit einem extrem hohen Armutsniveau, die in der Regel eher unterbevölkert sind.

19 Die Zuordnung zu spezifischen Klassen erfolgte auf der Grundlage der angegebenen aktuellen Beschäftigungsverhältnisse: Zur Mittelschicht zählen wir Manager, Verwaltungsangestellte, leitende Angestellte, hochqualifizierte Fachkräfte und Techniker; zur Arbeiterschicht rechnen wir sowohl Handwerker und Facharbeiter in der Industrie, angelernte und unqualifizierte Arbeiter als auch niedrig bezahlte und unqualifizierte Büro- und Hilfskräfte im Handel und Dienstleistungssektor; in die Kategorie ‚erwerbslos‘ fallen alle, die zum Zeitpunkt der Interviews keiner Erwerbstätigkeit nachgingen. Die von uns gezogene Trennungslinie zwischen Mittel- und Arbeiterschicht, wonach Bürotätigkeiten entsprechend der jeweiligen Qualifikationsanforderungen und Verdienstmöglichkeiten in beide Kategorien fallen, richtet sich an aktuellen Forschungs- und Theorieansätzen zu Klassenstrukturen aus (vgl. z.B. Wright 1985 u. Abercrombie/ Urry 1983) und korrespondiert auch mit der Wahrnehmung von Klassenzugehörigkeiten innerhalb der schwarzen Community (Vanneman/Cannon Weber 1987: Kap. 1). Die Kategorie ‚erwerbslos‘ umfaßt natürlich eine überaus heterogene Gruppe, weil die Identität derjenigen ohne ein Beschäftigungsverhältnis auch in der Realität widersprüchlich und schwierig zu definieren ist. In diese Kategorie fallen u.a. Arbeitsuchende (die Hälfte aller Männer, 10 Prozent der Frauen), Erwachsene, die sich um Familie und Haushalt kümmern (13 Prozent der Männer, 61 Prozent der Frauen), und eine kleine Gruppe von Interviewten, die ganz- oder halbtags eine Ausbildung absolvieren (16 Prozent der Männer, 3 Prozent der Frauen). In weiteren Untersuchungen wird es darum gehen, diese Typologie noch zu verfeinern, indem die gegenwärtige Position in (oder außerhalb) der Ausbeutungshierarchie ökonomischer Beziehungen und die Beschäftigungsbiographien der Befragten berücksichtigt werden.

20 Hinsichtlich des Bildungsniveaus der Väter zeigt sich folgendes Bild: Lediglich bei 36 Prozent aller Ghetto-Bewohner hatte der Vater eine High-School- oder weiterführende Ausbildung, im Gegensatz zu 43 Prozent außerhalb der Ghetto-Gebiete. Mit Unterschieden in der Klassenherkunft und in den Familienbiographien von Schwarzen im und außerhalb des Ghettos befassen wir uns in einem anderen Beitrag.

21 Vgl. Abb. 2 in Waquant/Wilson 1988

22 Wir müssen an dieser Stelle erneut daran erinnern, daß Wohngebiete der schwarzen Mittel- und Oberschicht, die sich im Zuge der Liberalisierung der ‚Rassenbeziehungen‘ in den 1960er Jahren auch in Chicago ausgebreitet haben, *ex definitione* in unserem Vergleich nicht berücksichtigt werden. Bart Landry 1987 gibt einen guten Überblick zur Entwicklung dieser ‚neuen schwarzen Mittelschichten‘.

23 Vgl. Bourdieu 1986. Carol Stack (1974) hat die entscheidende Bedeutung der Unterstützung von Verwandten, Freunden und Partnern im Überlebenskampf in den schwar-

zen Communities ausführlich dokumentiert. Zur Aufrechterhaltung von persönlichen Beziehungsgeflechten und der Rolle von Freundschaften im Ghetto vgl. Liebow 1967, Hannerz 1969, Anderson 1978 und Williams/Kornblum 1985

24 Hiermit ist der Umstand gemeint, daß ein wirtschaftlicher Abschwung zwar die Bedingungen in den Ghettos wesentlich verschlechtert, diese aber nicht wieder automatisch den *status quo ante* erreichen, wenn sich die makroökonomischen Rahmenbedingungen verbessern. Wir können also behaupten, daß zyklische ökonomische Fluktuationen schrittweise die sozialen Dislokationen verstärken.

25 Die Anführungszeichen sind notwendig, weil in den meisten Fällen die von Wissenschaftlern diesbezüglich geäußerten Ansichten nicht mehr sind als eine oberflächliche Formalisierung der in den USA dominanten Ideologie oder des Alltagsverstandes, welche die Ursachen von Armut in den moralischen oder psychologischen Defiziten der einzelnen Armen verorten. Castel 1978 liefert eine scharfsinnige kritische historische Analyse von Armutskonzeptionen im amerikanischen Denken und in der amerikanischen Wohlfahrtspolitik.

26 Erste Auswertungen unserer Untersuchungsergebnisse für Chicago lassen den Schluß zu, daß Sozialhilfeempfänger in den Ghettos grundsätzlich hinsichtlich des Wohlfahrtsstaates, Erwerbstätigkeit und Familie dieselben Werte und Ansichten vertreten wie andere Teil der schwarzen Bevölkerung, die Mittelschichten eingeschlossen.

27 Am Ende dieses Beitrages soll klargestellt werden, daß wir nicht behaupten, daß Unterschiede zwischen armen Ghetto- und armen Nicht-Ghetto-Bewohnern durch ihren jeweiligen Wohnort *erklärt werden können*. Da räumliche Verteilungsprozesse von Individuen und Familien äußerst komplex und selektiv verlaufen, kann die Identifizierung von ‚Nachbarschaftseffekten' (ihre spezifischen Einflüsse auf die Ghetto-Bewohner) in Abgrenzung zu den allgemeinen sozialen Kräften, die gleichzeitig wirksam sind, nicht über die Einsetzung und Untersuchung von Kontrollgruppen (wie wir sie hier für deskriptive Zwecke gebildet haben) erfolgen. Vgl. Lieberson 1985: 14–43 u. passim zu den komplizierten methodologischen und theoretischen Problemen, die durch diese sozial selektiven Effekte erzeugt werden.

Aus dem amerikanischen Englisch von Britta Grell

3 Entzivilisieren und Dämonisieren.
Die soziale und symbolische Transformation des schwarzen Ghettos

Um sich der umstrittenen Realität zu nähern, zu der das schwarze amerikanische Ghetto ein Vierteljahrhundert nach der in dem berühmten Bericht der Kerner-Kommission von 1968[1] festgehaltenen Welle von Rassenunruhen geworden ist, sollen im folgenden zwei miteinander verbundene Prozesse beleuchtet werden. Der eine ist materieller und relationaler, der andere symbolischer und diskursiver Natur, und beide zusammen haben eine für das Amerika unserer Jahrhundertwende spezifische urbane und ethnische Mutation bewirkt.

Den ersten dieser Prozesse werde ich in Anlehnung an Norbert Elias als *Entzivilisierung* der segregierten Innenstadtbereiche der amerikanischen Metropolen bezeichnen. Er betrifft jene regelrechten Bantustans, zu denen sich die Ghettos der alten Industriezentren der „Rostgürtel"-Staaten – also zum Beispiel New York, Chicago, Detroit, Philadelphia, Pittsburgh, Baltimore und Cleveland – entwickelt haben, nachdem sich der Staat in seinen verschiedenen Funktionen zurückgezogen und der öffentliche Raum daraufhin zunehmend aufgelöst hat.

Der zweite, mit dem ersten in einer komplexen funktionalen Beziehung verknüpfte Prozeß besteht in einer Dämonisierung des schwarzen amerikanischen Subproletariats durch die öffentliche Debatte, das heißt im erstaunlichen Wuchern von Diskursen über die sogenannte „Unterklasse", das nun seit etwas über einem Jahrzehnt an der Westküste des Atlantiks zu beobachten ist – und am besten beließe man diesen Ausdruck in der Originalsprache, da er auf einen vermeintlichen Ort im sozialen Raum der USA zielt und einen spezifisch amerikanischen Beiklang hat. Wie wir sehen werden, führt diese halb journalistische, halb akademische Metapher, die einer fiktiven Gruppe zur „Geburt" verhalf, indem sie jahrhundertealte Vorurteile über angebliche kulturelle Eigenheiten der schwarzen Gemeinschaft für den zeitgenössischen Geschmack aufpolierte, zu einer regelrechten „symbolischen Versklavung" der Ghettobewohner.[2] Diese symbolische Gefangenschaft dient ihrerseits zur Rechtfertigung einer

61

South Side von Chicago, 67. Straße
© Michel Deschamps

staatlichen Politik, die dieses Segment der Gesellschaft aufgibt – einer Politik, der die Theorie der „Unterklasse" ihre große und weiterhin steigende soziale Plausibilität verdankt.

Weil sich die vorliegende Analyse mit einem Aspekt der US-amerikanischen Gesellschaft befaßt, der selbst dortigen Sozialwissenschaftlern relativ unbekannt ist und den ein – von Bürgern und Wissenschaftlern geteilter – nationaler Common Sense gerne ausblendet, könnte sie als antiamerikanische Polemik mißverstanden werden. Um dieser Gefahr zu begegnen, mag der Hinweis genügen, daß man den Niedergang der Arbeitersiedlungen rings um die französischen Großstädte und die augenblickliche Explosion apokalyptischer Diskurse über die „cités-ghettos" in Medien und Politik *mutatis mutandis* auf ganz ähnliche Weise analysieren könnte. In vielerlei Hinsicht handelt es sich hierbei um ein strukturelles Äquivalent zur amerikanischen Debatte über die „Unterklasse".[3]

I. Die Entzivilisierung des Ghettos

In seinem Meisterwerk *Über den Prozeß der Zivilisation* beschreibt Norbert Elias den von ihm so genannten „Zivilisationsprozeß".[4] Mit diesem Begriff bezeichnet der deutsche Soziologe keine wie auch immer geartete viktorianische Vorstellung eines moralischen oder kulturellen Fortschritts, dessen Fackelträger und Fanal der Westen wäre, sondern die langfristige Transformation interpersonaler Beziehungen, Geschmäcker, Umgangsformen und Wissensbestände, die mit der Bildung eines ungeteilten Staates einhergehen, welcher die physische Gewalt auf dem Ganzen seines Territoriums monopolisieren und so die Gesellschaft nach und nach befrieden kann.

Dieser Prozeß läßt sich deutlicher fassen, wenn man analytisch vier Ebenen unterscheidet: Die erste betrifft die strukturelle Modifikation der gesellschaftlichen Beziehungen, der Form und Dichte gesellschaftlicher „Figurationen", die sich in einer zunehmenden Arbeitsteilung und einer Ausweitung und Multiplikation der Verflechtungs- und Interaktionsmechanismen zwischen Individuen und Gruppen manifestiert. An zweiter Stelle zeichnet sich der Zivilisationsprozeß für Elias durch eine Reihe von Veränderungen in den Moden und Lebensstilen aus: die Unterdrückung und Privatisierung der Körperfunktionen, die Institutionalisierung und Ausbreitung von Höflichkeitsformen (*Courtoisie*) sowie die Zunahme gegenseitiger Identifikation, was zu einem Rückgang zwischenmenschlicher Gewalt führt. Eine dritte Kategorie von Transformationen berührt die Struktur des Habitus, also der sozial konstituierten Schemata, die individuelles Verhalten generieren. Auf dieser Ebene läßt sich ebenso ein wachsender Druck zur Rationalisierung des Verhaltens (vor allem durch das Anheben der Scham- und Peinlichkeitsschwellen) feststellen wie eine soziokulturelle Distanz zwischen Eltern und Kindern. Im Zuge der Domestikation der Aggression wird die Selbstkontrolle automatischer, gleichförmiger und kontinuierlicher. Sie wird immer mehr durch Selbstzensur als durch äußere Zwänge ausgeübt. Die vierte und letzte Transformation betrifft die Wissensformen, deren phantasmagorische Inhalte in dem Maße schwinden, wie die Prinzipien der kognitiven Neutralität und der Übereinstimmung mit der Realität anerkannt werden. Elias' Originalität liegt nicht nur darin, diese diversen Veränderungen miteinander zu verknüpfen. Er zeigt vor allem, daß sie eng mit dem wachsenden Zugriff des Staates auf die Gesellschaft verbunden sind.

Folgt man seinem Schema, so läßt sich die Entwicklung des schwarzen Ghettos in Amerika seit den sechziger Jahren zum Teil als Resultat einer *Umkehrung* dieser Trends, also als Prozeß der *Ent*zivilisierung interpretieren.[5] Hauptursache hierfür ist weder der Amoklauf plötzlich aufkommender, abweichender Werte (wie es die Vertreter der „Kultur der Armut"-These, einer alten Theorieleiche, die regelmäßig wieder ausgegraben wird, gerne hätten) noch die übertriebene Großzügigkeit des einmal treffend so bezeichneten „amerikanischen Halbwohlfahrtsstaats" (wie es die konservativen Ideologen Charles Murray und Lawrence Mead behaupten), noch allein der Umstand, daß eine verdichtete Industriewirtschaft in eine dezentralisierte Dienstleistungsökonomie übergegangen ist (wie die Verfechter der „Diskongruenz"-Hypothese, etwa William Julius Wilson und John Kasarda, meinen).[6] Dieser Prozeß ist vielmehr die Folge eines vielseitigen staatlichen Rückzugs auf allen (bundes-, einzelstaatlichen und kommunalen) Ebenen, der in Amerika zur Auflösung jener öffentlichen Institutionen geführt hat, aus denen die organisatorische Infrastruktur jeder hochentwickelten urbanen Gesellschaft besteht. Die aktuelle Zwangslage des Ghettos und ihre unaufhaltsame Verschlechterung verdankt sich mit anderen Worten keinesfalls wirtschaftlicher Notwendigkeit. Sie gehorcht auch keiner etwaigen kulturellen Eigenart der schwarzen amerikanischen „Unterschicht". Vielmehr ist sie im wesentlichen dem politischen System staatlicher Institutionen und Eingriffe (beziehungsweise deren Abwesenheit) geschuldet.[7]

Ich möchte nun drei Trends, die eine solche Entzivilisierung des Ghettos veranschaulichen, kurz der Reihe nach beleuchten: die Entpazifizierung der Gesellschaft und die Erosion des öffentlichen Raums; die organisatorische Verödung und die Politik eines konzertierten Rückzugs der öffentlichen Dienste aus jenen Stadtgebieten, in denen sich die arme schwarze Bevölkerung konzentriert; und schließlich die zunehmende soziale Entdifferenzierung und den immer informelleren Charakter der Wirtschaft im „rassifizierten" Zentrum der amerikanischen Metropole. Im Verlauf meiner Darstellung möchte ich eine grobe statistische und ethnographische Skizze dieses KZ-ähnlichen Raums entwerfen, zu dem sich das schwarze amerikanische Ghetto entwickelt hat. Hauptsächlich werde ich mich dabei auf Chicago beziehen, weil ich mehrere Jahre dort gelebt und auch theoretisch viel über diese Stadt gearbeitet habe.

1. Die Entpazifizierung des Alltags und die Erosion des öffentlichen Raums

Der auffälligste Aspekt im Alltag des schwarzen amerikanischen Ghettos ist ohne Zweifel seine extreme Gefährlichkeit und die historisch beispiellose Menge von Gewaltverbrechen, denen seine Bewohner ausgesetzt sind. Im Lauf des Jahres 1990 wurden in Chicago 849 Morde registriert, von denen 602 auf den Gebrauch von Schußwaffen zurückzuführen waren. Ihr typisches Opfer war ein schwarzer Mann unter dreißig, der in einem segregierten und maroden Viertel der South Side oder der West Side lebt (den beiden historischen „Schwarzengürteln" der Stadt). In Al Capones ehemaliger Hochburg wird alle zehn Stunden ein Mord begangen; 45 Raubüberfälle geschehen pro Tag, 36 davon unter Einsatz von Schußwaffen. 1984 gab es wegen Gewaltverbrechen bereits 400 Festnahmen pro 100.000 Einwohner; diese Zahl hat sich bis 1992 vervierfacht. Ein unverhältnismäßig hoher Anteil dieser Verbrechen wird von Ghettobewohnern begangen – und zwar an Ghettobewohnern.

Tatsächlich zeigt eine jüngst vom Zentrum für Krankheitskontrolle und -prävention in Atlanta durchgeführte epidemiologische Studie, daß Mord für die männliche schwarze Stadtbevölkerung zur Todesursache Nummer eins geworden ist. Aus der Flut makabrer Statistiken, die in diesem Zusammenhang während der letzten Jahre veröffentlicht wurden, kann man herausgreifen, daß junge schwarze Männer in Harlem einfach aufgrund ihres Wohnortes ein größeres Risiko haben, gewaltsam zu sterben, als sie es auf dem Höhepunkt des Vietnamkriegs an der Front gehabt hätten. Im Stadtteil Wentworth im Herzen von Chicagos South Side liegt die Tötungsrate bei 96 Opfern pro 100.000 Einwohner. Ein in diesem Viertel eingesetzter Polizeibeamter klagte: „Hier finden jeden Tag Morde statt, die nicht mal in die Nachrichten kommen. Keiner weiß davon oder schert sich darum." Und er beschwerte sich, daß die jungen Kriminellen normalerweise an Hochleistungswaffen, automatische Handfeuerwaffen und Uzi-Maschinenpistolen herankommen können: „Früher hatten die Kids Baseballschläger und Messer. Heute haben sie bessere Schußwaffen als wir." Alleine im Jahr 1990 konfiszierte die Polizei bei Routineeinsätzen über 19.000 Handfeuerwaffen.[8] Eine Reihe von Großstädten hat „Waffenaustauschprogramme" eingerichtet und bietet für die Abgabe von Schußwaffen feste Geldbeträge an, in der Hoffnung, dadurch die Anzahl von Pistolen und Gewehren zu verringern, die in Armenvierteln zirkulieren.

Es stimmt, daß in manchen Sozialbaukomplexen des Ghettos so häufig Schüsse fallen, daß schon kleine Kinder lernen, sich bei jedem Schuß auf den Boden zu werfen, um den Kugeln auszuweichen; und kleinen Mädchen bringt man bei, vor Vergewaltigern auf der Hut zu sein. Tausende von Jugendlichen brechen jedes Jahr die High-School ab, weil Chicagos öffentliche Schulen nicht sicher sind. Daß Familien ihren Nachwuchs zu Verwandten in die Vorstädte oder in die Südstaaten schicken, damit sie in den Genuß einer normalen Schulbildung kommen können, ohne ihr Leben aufs Spiel zu setzen, ist in der Tat nicht unüblich. Eine neuere Untersuchung über einen großen Siedlungskomplex in der South Side vergleicht die Gegend um die Sozialwohnungen mit „einem Kriegsschauplatz, auf dem die Zivilisten vor den Fronten flüchten". Die Gefahren, denen hier lebende Kinder ausgesetzt sind, heißen in absteigender Reihenfolge: Schießereien, Erpressungen durch Gangs und eine Dunkelheit, die jede Art von Gewalt begünstigt – während eine zufällige Auswahl von Müttern aus Vorstädten Entführungen, Autounfälle und Drogen als Hauptgefahren für ihre Kinder angibt. Eine Mutter beschreibt eine typische Szene wie folgt: „Manchmal sieht man Jungen aus zwei Richtungen herbeirennen; sie fangen an, sich zu beschimpfen; dann schießen sie."[9] Eine andere fügt hinzu: „Die Leute fangen an zu schießen – und im nächsten Augenblick bist du mitten im Krieg." In den Sozialsiedlungen der West Side wenden Familien, die von Sozialhilfe leben, einen Teil ihres mageren Einkommens auf, um Bestattungsversicherungen für ihre halbwüchsigen Kinder zu bezahlen.

In dieser von allumfassender Gewalt geprägten Umwelt gilt schon die Tatsache des Überlebens – der bloße Umstand, daß jemand volljährig und damit „alt" geworden ist – als Leistung, die öffentliche Anerkennung verdient. Im North Kenwood-Viertel, einem der ärmsten der South Side, wurde in den späten achtziger Jahren so viel gemordet, daß die jungen Leute „ernsthaft darüber diskutierten, ob es möglich sei, vierzig zu werden". Einige Großstadtsoziologen gehen so weit, junge schwarze Männer offen als „gefährdete Spezies" zu bezeichnen.[10] Da sowohl der gewaltsame Tod als auch Haftstrafen zu überaus normalen Ereignissen geworden sind, betrachtet man letztere heute oft als eine natürliche Verlängerung des Ghettolebens:

„Für 'ne Menge *armer Schwarzer ist Amerika ein Gefängnis.* […] Knast, Knast ist nur 'ne Fortsetzung von Amerika, für Schwarze jedenfalls. Selbst im Knast haben die Weißen die besseren Jobs, ehrlich! Den Weißen geben sie die *gutbezahlten Jobs*, den Schwarzen geben sie die *miesesten Jobs im Knast*: Keller saubermachen, allen möglichen anstrengenden und blöden Kram."

So sagte mir einer meiner Informanten, ein ehemaliger Anführer der „Black Gangster Disciples" – jener Gang, die Anfang der achtziger Jahre die South Side beherrschte –, nachdem er sieben Jahre im Gefängnis verbracht hatte. Tatsächlich ist heute die Zahl schwarzer Männer zwischen 19 und 25 Jahren, die vom Strafvollzugssystem erfaßt sind (in vorbeugendem Gewahrsam, in Haft, auf Bewährung oder unter bedingter Strafaussetzung bei weiterer Polizeiaufsicht), größer als die Zahl derjenigen, die in vierjährigen [zum Bachelor-Abschluß führenden] Colleges eingeschrieben sind.[11]

Spontan fliehen Ghettobewohner vor der Gewalt, wenn sie die Möglichkeit haben. Sie verbarrikadieren sich in ihren Wohnungen und ziehen sich in den Schoß der Familie zurück, sofern sie nicht auf Rache sinnen. Denn der Reflex, die Polizei zu rufen, verliert sich rasch, wenn nicht weniger Angst vor der allgegenwärtigen Polizeigewalt herrscht (wie sie der Prozeß gegen Angehörige des Los Angeles Police Department an den Tag brachte, die den schwarzen Motorradfahrer Rodney King brutal zusammengeschlagen hatten und dabei von einem Amateurfilmer auf Video festgehalten worden waren) und die stark überlasteten und unterfinanzierten Behörden nicht in der Lage sind, für Sicherheit zu sorgen und die Opfer auch nur im mindesten vor möglichen Vergeltungsmaßnahmen zu schützen. Alex Kotlowitz hat die fruchtlosen Versuche einer Familie aus der South Side beschrieben, die Polizei oder sozialen Dienste der Stadt dazu zu bewegen, ihren elfjährigen Sohn aus den Händen eines Drogendealers zu befreien, der den Jungen de facto gekidnappt hatte, um ihn als Drogenkurier einzusetzen.[12] Ein Paradox, das Bände spricht: Aus den gefährlichsten Vierteln des Ghettos kommen die wenigsten Anrufe bei der Notrufnummer 911 …

2. Die organisatorische Verödung des Ghettos

Der Niedergang lokaler Institutionen wie Betriebe, Kirchen, Nachbarschaftsvereinigungen und öffentlicher Dienste, der zugleich Ursache und Folge der Erosion des öffentlichen Raums ist, hat ein Ausmaß erreicht, das einer institutionellen Verödung gleichkommt. Einmal mehr muß man den Ursprung der spektakulären Auflösung des Gefüges aus Institutionen und Zweckverbänden im Ghetto im plötzlichen Rückzug des Wohlfahrtstaats suchen. Dieser Rückzug hat die Infrastruktur untergraben, die es öffentlichen und privaten Organisationen ermöglichte, sich in diesen stigmatisierten und marginalisierten Vierteln zu entwickeln bzw. zu behaupten.

Es ist unbestritten, daß die Vereinigten Staaten unmittelbar nach Richard Nixons Wiederwahl eine Kehrtwende in der Stadtplanung einleiteten. Im Laufe der siebziger Jahre wurde das Gerüst staatlicher Programme aus der Zeit von Johnsons „Great Society" nach und nach demontiert und schließlich ganz niedergerissen. Den großen Städten fehlten nun die Mittel, um die Bedürfnisse ihrer ärmsten Bewohner zu befriedigen. Seinen Höhepunkt erreichte der immer rasantere Rückzug des Staates aus den Metropolen unter der achtjährigen Präsidentschaft von Ronald Reagan: Zwischen 1980 und 1988 wurden die Mittel für Stadtplanung um 68 Prozent gekürzt, die für staatliche Sozialwohnungen um 70 Prozent. Nicht anders sah es bei der Sozialhilfe aus: Im Bundesstaat Illinois etwa sank die Kaufkraft der „Grundversorgung" (Beihilfe für eine alleinerziehende Mutter im Rahmen der „Unterstützung für Familien mit abhängigen Kindern" plus Lebensmittelmarken) zwischen 1977 und 1988 um die Hälfte. Die Summe, die eine dreiköpfige Familie heute in Chicago höchstens beantragen kann, reicht kaum noch an die durchschnittliche Miete für eine Ein-Zimmer-Wohnung heran. Und nur 55 Prozent der Anspruchsberechtigten erhalten überhaupt staatliche Hilfe.

Auf städtischer Ebene wurde der Etat für öffentliche Dienstleistungen, auf die insbesondere Schwarze in armen Wohnvierteln angewiesen sind, ganz gezielt und massiv gekürzt. Davon betroffen waren öffentlicher Nahverkehr, sozialer Wohnungsbau, soziale und medizinische Dienste, Schulen sowie etwa die kommunalen Aufgaben Müllabfuhr und Bauaufsicht. Infolgedessen gibt es heute in Chicagos South Side weder ein öffentliches Krankenhaus noch ein funktionierendes Programm für Drogenabhängige, das mittellose Patienten aufnehmen würde. Und nachdem eine ganze Reihe von Feuerwehrstationen geschlossen wurde, kann sich die Stadt der meisten Todesopfer durch Brände im ganzen Land rühmen. Graswurzel-

Institutionen, die bis Mitte der sechziger Jahre blühten, kämpfen heute mit letzter Kraft ums Überleben. Selbst die beiden traditionellen Säulen der schwarzen Gemeinschaft, Presse und Kanzel – die von St. Clair Drake und Horace Cayton in ihrem meisterhaften Buch *Black Metropolis* beschriebenen Scharniere und Sprachrohre des klassischen Ghettos[13] –, haben kaum noch Einfluß auf das städtische Leben. Der Exodus des schwarzen Kleinbürgertums und stabiler schwarzer Arbeiterfamilien, die in den umliegenden, von stadtflüchtigen Weißen verlassenen Vierteln Zuflucht fanden, hat sie um ihre wichtigste Klientel und Unterstützung gebracht.

Am deutlichsten jedoch zeigt sich der institutionelle Niedergang des Ghettos an der immer schnelleren Verwahrlosung seiner Schulen. In den Augen eines ehemaligen Inspektors des Chicagoer Schulamts sind die staatlichen Schulen zu einem „Reservat für Arme" geworden: 84 Prozent ihrer Klientel bestehen aus Schwarzen und Latinos, 70 Prozent kommen aus Familien unterhalb der offiziellen Armutsgrenze. Von 100 Kindern, die 1982 in die 6. Klasse kamen, erreichten sechs Jahre später nur 16 die 12. Klasse, obwohl die Versetzung auf keiner Stufe von Prüfungen abhängt. In den 18 ärmsten Schulen des Distrikts, die sich allesamt im Ghetto befinden, sinkt dieser Anteil auf deprimierende 3,5 Prozent. In drei Vierteln der „weiterführenden" Schulen Chicagos kann man sich nicht für ein Hochschulstudium qualifizieren; in den meisten Schulen herrscht extreme Raumnot, es fehlt an Büchern und allen anderen Grundvoraussetzungen wie etwa Schreibmaschinen, Tischen, Tafeln und vor allem: an Lehrern. Ein Viertel des städtischen Lehrkörpers setzt sich aus permanenten Vertretungslehrern zusammen. Kein einziger Chicagoer Stadtrat schickt seine Kinder auf eine staatliche Schule, und nur sehr wenige Lehrer setzen die ihren diesem Risiko aus. Aus gutem Grund: Chicago gibt im Durchschnitt jährlich 5.000 Dollar für diese Schüler aus, während für die Schüler der reichen Vororte im Norden immerhin pro Jahr 9.000 Dollar zur Verfügung stehen.[14]

Die Verarmung des öffentlichen Dienstes hat Schulen auf das Niveau bloßer *Verwahranstalten* absinken lassen, die zu keiner pädagogischen Arbeit mehr in der Lage sind. Für die Fiske-Grundschule in der 62. Straße – wenige hundert Meter von der schwerreichen University of Chicago Business School entfernt – bestehen die beiden wichtigsten Aufgaben jeden Tag darin, erstens die körperliche Unversehrtheit von Schülern und Lehrern durch eine mit Baseballschlägern bewaffnete Elternmiliz sicherzustellen, die den ganzen Tag über auf dem Schulgelände patrouilliert; und zweitens den Kindern zu essen zu geben, die großteils mit leerem Magen zur Schule kommen und während des Unterrichts vor Erschöpfung einschlafen. Als das Chicagoer Schulamt im Mai 1991 ankündigte, rund 30 Schulen aufgrund eines überraschenden Haushaltsdefizits sofort zu schließen, begaben sich 300 Eltern auf einen Protestmarsch, der in einer heftigen Auseinandersetzung mit Behördenvertretern endete: „Wenn ihr diese Schulen schließt und die Kinder woanders hinschickt, werdet ihr da auch sicherstellen, daß unsere Kinder am Leben bleiben, wenn sie vom Einzugsbereich einer Gang in den einer anderen gehen müssen?" „Wollt ihr das Blut unserer Kinder an Euren Händen kleben haben?"[15] Die lapidare Antwort des Bürgermeisters war in den Abendnachrichten zu hören: „Wir können nicht jedem Schüler einen Polizisten an die Seite stellen."

3. Soziale Entdifferenzierung und Informalisierung der Wirtschaft

Ganz wie es Elias' Modell vorhersagt, läßt sich in Amerikas Schwarzenghettos ein Trend zur *sozialen Entdifferenzierung* beobachten, also zu einem funktionalen und strukturellen Rückgang der Arbeitsteilung sowohl zwischen Bevölkerungsteilen als auch zwischen Institutionen. Diese Abnahme der Differenzierung kann man zunächst an der immer einförmigeren Beschäftigungssituation in den segregierten Innenstädten ablesen, die sich der schwindelerregend hohen Arbeitslosigkeit verdankt: Hatte 1950 die Hälfte der über 16jährigen Ghettobewohner eine Arbeit, so waren 1980 drei Viertel ohne Beschäftigung, und mehr als die Hälfte der Haushalte lebte in erster Linie von staatlicher Unterstützung. Auf institutioneller Ebene setzt sich eine ganz ähnliche Entwicklung hin zu unfreiwilliger Multifunktionalität durch: Organisationen sehen sich gezwungen, Funktionen zu übernehmen, die eigentlich von anderen (vor allem öffentlichen) Einrichtungen zu erfüllen wären, die ihrerseits in einer Krise stecken oder einfach verschwunden sind. So gut sie eben können, bemühen sich folglich die Kirchen, die Defizite der Schulen, des Arbeitsmarktes und eines im Stadium fortgeschrittenen Verfalls befindlichen sozialen, medizinischen und Rechtssystems auszugleichen, indem sie Suppenküchen betreiben und Lebensmittel ausgeben, Rehabilitationsprogramme für Drogensüchtige auflegen, ehrenamtlich Kampagnen gegen Analphabetismus führen oder „Jobbörsen" veranstalten. Doch sie sind ihrerseits von einem Rückgang der finanziellen Mittel und des verfügbaren Personals betroffen und müssen oft einen Großteil ihrer Energie auf das eigene Überleben konzentrieren. Das gilt auch für die „politische Maschine" der Stadt, die nicht mehr in der Lage ist, jene Netzwerke des Klientelismus zu unterhalten, mit denen die Stimmen der Armenviertel ehemals kanalisiert wurden; sie besteht nur noch auf dem Papier. Am Ende des Präsident-schaftswahlkampfs von 1988 konnte die Demokratische Partei Chicagos nur noch eine Gratismahlzeit anbieten, um potentielle Wähler ihres Kan-didaten Michael Dukakis in Woodlawn auf Veranstaltungen zu locken.

Die Entdifferenzierung der Sozialstruktur hängt unmittelbar mit dem Nie-dergang der regulären Wirtschaft und dem Zusammenbruch des Arbeits-markts im Ghetto zusammen. In den Jahrzehnten nach dem Krieg dienten die segregierten Viertel der großen Städte einer boomenden Industrie noch als bequemes Reservoir für billige, ungelernte Arbeitskräfte. Der Umbau des amerikanischen Kapitalismus zwischen 1965 und 1982 setzte dieser Reservoir-Funktion ein Ende und führte dazu, daß bald die Anbindung der Ghettos an das Produktionssystem verlorenging. Das Schicksal des Schwarzenghettos Woodlawn in Chicagos South Side führt diesen Prozeß ökonomischer Marginalisierung lebhaft vor Augen. 1950 gab es in Wood-lawn über 700 Handelsfirmen und Industriebetriebe; heute sind es noch knapp über 100, von denen die überwiegende Mehrheit nicht mehr als zwei oder drei Mitarbeiter beschäftigt. Am verbreitetsten sind in diesem Viertel Spirituosenläden, Friseure und Kosmetiksalons sowie Ladenkir-chen – kleine unabhängige religiöse Einrichtungen, von denen die meisten geschlossen sind und verfallen.

Dieser Zusammenbruch der regulären Wirtschaft geht mit einem schwin-delerregenden Wachstum der Schattenwirtschaft, vor allem des Drogen-handels, einher. Das Geschäft mit Betäubungsmitteln ist in vielen Berei-chen des Ghettos der einzige Wirtschaftszweig mit Zuwachsraten und der Hauptarbeitsmarkt für arbeitslose Jugendliche geworden – sogar das einzige Geschäft, das sie aus erster Hand kennen und in das sie manchmal schon mit sechs oder acht Jahren eingeführt werden. Tatsächlich ist dies der einzige Wirtschaftszweig ohne Rassendiskriminierung…[16] Wie mir ein Informant aus der West Side erklärte, als wir an einer Reihe verlassener Gebäude in der Nähe seiner Wohnung vorbeifuhren:

„Nur das bringt's, in einer *Gang* zu sein, ein *Dealer* zu sein. Und das tun sie halt, auf der Straße rumhängen, Drogen verkaufen, Leute beklauen – so machen sie das. Weil, sie haben ja sonst nichts, also machen sie das."

Neben Drogenwirtschaft und Schwarzarbeit – deren Verbreitung auch in anderen, und zwar selbst den fortgeschrittensten Zweigen der amerika-nischen Wirtschaft unübersehbar ist[17] – haben sich im Herzen des Ghet-tos kleine subproletarische „Geschäftemacher", wie sie eigentlich für die Städte der Dritten Welt typisch sind, ausgebreitet: Straßenhändler, Wiederverkäufer von Zeitungen, Zigaretten und Soft Drink-Paletten, Pförtner, Parkplatzwächter, Tagelöhner und so weiter. Kein Viertel in der South Side, das nicht seine „wilden Taxis" hätte, seine „Hinterhofmechaniker", seine illegalen Clubs und seine Teenager, die für ein paar Münzen Einkäufe nach Hause tragen oder Autos auftanken. Alles läßt sich hier auf der Straße kaufen und verkaufen, von gefälschten Louis-Vuitton-Handtaschen (25 Dollar das Stück) über umlackierte gestohlene Autos bis hin zu Handfeuerwaffen (derzeit 300 Dollar für einen „sauberen" und halb soviel für einen „schmutzigen" Revolver), kaputter Kleidung, selbstgemachtem „Southern-style"-Essen und Schmuck aus Ein-Dollar-Schnäppchenläden. Die Glücksspielökonomie – das „Zahlenspiel", Lotterien, Bingo, illegale Karten- und Würfelspiele – kennt ohnehin keine Rezession.

Die Entwicklung dieser irregulären Parallelwirtschaft ist aufs engste mit der Auflösung des öffentlichen Raums und der Entfriedung der örtlichen Gesellschaft verbunden. In den Worten des Anthropologen Philippe Bourgois sind die Straßen des Ghettos zum Schmelztiegel für eine „Kultur des Terrors" geworden, die in Funktion des Drogenhandels wächst: „Um in der Unterweltökonomie erfolgreich zu sein, muß man immer wieder Gewaltbereitschaft an den Tag legen – besonders, wenn man Drogen auf der Straße verkauft. Gewalt ist entscheidend, um seinen Ruf zu wahren und nicht von Kollegen, Kunden oder Straßenräubern ausgenommen zu werden. Ja, Verhaltensmuster, die einem außenstehenden Angehörigen der Mittelschicht (oder einem Arbeiter) irrational gewalttätig und selbstzerstörerisch erscheinen, lassen sich entsprechend der Logik dieser Ökonomie als umsichtige Werbemaßnahme oder Kontaktpflege interpretieren."[18]

Um diese Skizze des Entzivilisierungsprozesses im Ghetto zu vervollständigen, müßte man die Ausdünnung von Interdependenzbeziehungen ins Feld führen (wie sie Bewohner der South Side erleben, die ihre Verwandten in der West Side aufgrund der extremen Unsicherheit dort nicht mehr besuchen können, aber auch Kinder aus Sozialwohnungen, die sich damit abfinden, keine Freunde zu haben, weil sie befürchten müssen, in gefährliche Situationen verwickelt zu werden)[19]; man müßte die Herausbildung eines strukturell instabilen Habitus erwähnen, der sich der Internalisierung immer unsicherer und widersprüchlicherer sozio-ökonomischer Strukturen verdankt; dazu das Aufkommen politisch-religiöser Phantasien chiliastischer Natur, für welche die wachsende Popularität von Louis Farrakhan, dem Anführer der Nation of Islam, ein Indiz unter mehreren ist; und manches andere: im Grunde alle Praktiken jener „infrazivilen" Gesellschaft, die sich herausgebildet hat, um das organisatorische Vakuum zu füllen, das der Rückzug des Staates und der Zusammenbruch des öffentlichen Raums – und damit der von ihm getragenen sozialen Regeln – erzeugt haben.

II. Die Erfindung der „Unterklasse" oder die Dämonisierung des schwarzen Subproletariats

Symbolisch wurde dieser Entzivilisierungsprozeß von der Erfindung einer Unterklasse begleitet, die in der Debatte um das Ghetto, wie sie seit der Bürgerrechtsrevolution geführt wird, neuerdings als Schlüsselkategorie des politischen und wissenschaftlichen Common Sense fungiert.[20] Wenn wir den Medien, den politischen Kommentatoren, aber auch einer beträchtlichen Zahl von Soziologen glauben dürfen, dann ist im Laufe der letzten drei Jahrzehnte mitten in den städtischen „schwarzen Gürteln" des Landes eine neue „Gruppe" auf den Plan getreten: die „Unterklasse" – ein Begriff, den man mit *quart-monde* (Vierte Welt) zu übersetzen versucht wäre, die Ausgeschlossenen, das Subproletariat könnten damit gemeint sein, würde er nicht ausschließlich eine eingeborene „Realität" ohne wirkliche Entsprechung außerhalb der Vereinigten Staaten bezeichnen (darin dem Begriff des „*cadre*" in der französischen Gesellschaft sehr ähnlich[21]), obgleich sich der Ausdruck vom schwedischen *onderklasse* herleitet, was freilich kaum einer von denen weiß, die ihn im Munde führen. Diese „Gruppe" läßt sich anhand einer Ansammlung angeblich eng verknüpfter Eigenschaften erkennen – ein ziemliches Potpourri: unkontrollierte Sexualität, weibliche Familienoberhäupter, astronomische Schulschwänzer- und Sitzenbleiberquoten, Drogenkonsum, Drogenhandel und eine Neigung zu Gewaltverbrechen, langfristige „Abhängigkeit" von staatlicher Unterstützung, endemische Arbeitslosigkeit (die manchen Theorien zufolge aus einer Haltung der Arbeitsverweigerung und des Unwillens, sich konventionellen Sozialstrukturen anzupassen, herrührt), Absonderung in Wohngebieten mit einer hohen Dichte an „Problemfamilien" und so weiter. Die Definitionskriterien variieren ebenso wie die Schätzungen der Größe besagter Gruppe, die von 500.000 bis zu exorbitanten 8 Millionen Menschen reichen. Einige Kommentatoren sehen in der „Unterklasse" eine Gruppe von riesigem Ausmaß, die erschreckend schnell zunimmt; andere halten sie, ganz im Gegenteil, für überschaubar und glauben, daß sie stagniert oder sogar schrumpft. In einem entscheidenden Punkt aber sind sich alle einig: Die „Unterklasse" ist eine neue, nicht mit der traditionellen „Unterschicht" gleichzusetzende Entität, die vom Rest der Gesellschaft abgesondert ist. Sie soll sich durch eine eigene Kultur, ein eigenes Beziehungsgefüge auszeichnen, das sie auf pathologisch zerstörerische und selbstzerstörische Verhaltensweisen festlegt.

1. Zur Genese eines akademischen Mythos

Woher kommt die „Unterklasse"? Genau genommen entsprang der Begriff jenem trüben Bereich, in dem sich Politik und Sozialwissenschaften überschneiden, wurde dann zunächst in den Medien propagiert, um schließlich mit Macht in der Soziologie zurückzukehren. Nachdem ihn Journalisten von dem schwedischen Ökonomen Gunnar Myrdal[22] übernommen hatten, der damit etwas ganz anderes bezeichnet – jene Teile des Proletariats nämlich, die durch ethnische oder Rassenstigmatisierung und durch technologische Umwälzungen des Produktionssystems an den Rand des Arbeitsmarktes gedrängt werden –, entwickelte er sich praktisch zum Synonym für die „Armen, die es nicht verdienen"[23], und noch spezifischer: für die *schwarzen* Armen, die es nicht verdienen. Interessanterweise scheint es nämlich keine weiße „Unterklasse" zu geben. Und wenn doch, dann ist sie offenbar so unbedeutend, daß sie kaum der Erwähnung wert ist.

Man kann eine knappe Genealogie des brodelnden Diskurses über die „Unterklasse" skizzieren, wenn man seine frühe Karriere in den Medien zurückverfolgt. Denn schließlich waren sie es, die ihn so unwiderstehlich machten. In Amerika tauchte der Begriff erstmals im Sommer 1977 auf, als das *Time Magazine* nach den Plünderungen während des großen Stromausfalls in New York City eine Geschichte über „die Unterklasse" auf die Titelseite hob. Zu sehen war das Bild eines furchteinflößend grimassierenden jungen Schwarzen; mit folgendem Text kündigte das Magazin seine Story an:

„Hinter ihren verfallenden Mauern lebt eine große Gruppe von Menschen, die widerspenstiger, asozialer und feindseliger sind, als die meisten es sich hätten träumen lassen. Sie sind die Unerreichbaren: die amerikanische Unterklasse."

Der dazugehörige Artikel definierte die „Unterklasse" durch atypische Normen und pathologische Praktiken ihrer Mitglieder: „Ihre trostlose Umgebung führt zu Wertorientierungen, die oft auf Kriegsfuß mit denen der Mehrheit stehen – auch der Mehrheit der Armen."[24] Die Journalisten des *Time Magazine* borgten sich den Begriff bei einem neuen Diskurs, den die wichtigsten philanthropischen Organisationen des Landes entwickelt hatten. Deren „Entdeckung" einer neuen Gruppe Enteigneter, die sich dadurch auszeichnete, daß sie „mit keiner Maßnahme mehr zu erreichen" sei (wie es Mitchel Sviridoff, Vizepräsident der *Ford Foundation*, formulierte), bot eine perfekte Entschuldigung sowohl für das Scheitern ihrer bisherigen Programme zur Armutsbekämpfung als auch für neue Pläne zielgerichteter Interventionen.

Im Jahr 1982 veröffentlichte der Journalist Ken Auletta ein Buch mit dem nüchternen Titel *The Underclass*, das einen Riesenwirbel verursachte und den Begriff in der öffentlichen Debatte rasch in Umlauf brachte. Diesem „wegweisenden und mitfühlenden Buch" zufolge tragen die „Millionen neuer Asozialer", die „unsere Gemeinschaften aussaugen", die Hauptschuld an „Straßenkriminalität, dauerhafter Sozialhilfeabhängigkeit, chronischer Arbeitslosigkeit und unsozialem Verhalten im heutigen Amerika". Unbekümmert auf philanthropische Traktate, politische Analysen, sozialwissenschaftliche Studien, Zeitungsartikel und seine eigenen persönlichen Eindrücke zurückgreifend, identifizierte Auletta die vier Hauptgruppen der Unterklasse als „passive Arme", „feindselige Straßendiebe", „Straßenmädchen" und „traumatisierte Alkoholiker, Herumtreiber, obdachlose Stadtstreicherinnen und entlassene Geisteskranke". Und er bedauerte, daß „es weder die traditionellen Programme zur Armutsbekämpfung noch das Strafsystem geschafft haben, diese immer verzweifelteren und oftmals gewalttätigen Mitglieder unserer Gesellschaft sozial zu integrieren."[25]

Mehr oder weniger skandalträchtige Geschichten kamen zunächst vereinzelt an die Öffentlichkeit, bald aber überfluteten sie die Medien; das Bild einer neuen Gruppe, deren Kultur zugleich passiv, feindselig und destruktiv war, verfestigte sich; unterschwellig wurde die Assoziation von schwarzer Hautfarbe und „Unterklasse" zementiert. 1986 konnte *U.S. News and World Report* gravitätisch verkünden, die „Unterklasse" sei eine „separate Nation, eine Kultur der Habenichtse, die immer weiter von den grundlegenden Werten derer, die haben, wegdriftet" und deren „Wachstum das größte Problem für die Innenstädte des Landes bedeutet". Im Jahr darauf erschien ein Artikel mit der besorgten Überschrift „Amerikas Unterklasse: Was können wir tun?" im *Fortune Magazine*, der die „underclass communities", also die Unterklassengemeinschaften (der Ausdruck wurde mittlerweile auch adjektivisch gebraucht), als „urbane Knoten, die zu dauerhaften Enklaven der Armut und Verderbtheit zu werden drohen", beschrieb.[26] Und dazu immer diese Bilder armer Schwarzer, mal bedrohlich, mal mitleiderregend, die nicht den geringsten Zweifel daran ließen, daß ein neues, unzähmbares Gesellschaftstier aufgetreten war und sich ausbreitete.

Im Jahr 1989 schließlich hielt es der Gemeinsame Wirtschaftsausschuß des US-Kongresses für dringend geboten, eine Anhörung abzuhalten, um die Nation vor der „Tragödie der Unterklasse" zu warnen und auf die Misere der „Unterklassenviertel" aufmerksam zu machen, in denen „Armut von Generation zu Generation weitergereicht wird". Bemerkenswert für ein vordergründig mit Wirtschaftsfragen beschäftigtes Forum, waren zwei von drei eingeladenen Experten Afroamerikaner. Der Ökonom Ronald Mincy lieferte kühne statistische Angaben zur Größe, Entwicklung und demographischen Zusammensetzung der mutmaßlichen Gruppe; der Politologe Lawrence Mead führte als Grund ihres Entstehens „einen Komplex aus sozialer Isolation, zu nachgiebig gewährter Sozialhilfe und arbeitsfeindlichen Gesinnungen" an; und der Soziologe Elijah Anderson bestand darauf, daß „ein Großteil des Problems der Unterklasse mittlerweile drogenbedingt ist". Besorgt darüber, daß sich die von der „Unterklasse" ausgehende „Gefahr" „auszubreiten beginnt", beendete der Ausschußvorsitzende Lee Hamilton, Vertreter des Staates Indiana, die Diskussion, indem er sinnierte: „Wir müssen noch erheblich intensiver daran arbeiten, das Phänomen zu verstehen, habe ich recht?"[27]

Er hatte recht. Man kann sich heute kaum noch einen Überblick über all die Bücher, Artikel und Berichte verschaffen, die sich der „Unterklasse" widmen. Regelmäßig werden Konferenzen abgehalten, auf denen sich die bedeutendsten Experten des Landes verbissen über die charakteristischen Merkmale der „Gruppe" streiten, über ihre Größe und ihre räumliche Verteilung, die Gründe ihres Entstehens und die Möglichkeiten, sie in den „Mainstream" der amerikanischen Gesellschaft zu integrieren (mit anderen Worten, sie zu domestizieren). Die meisten der großen privaten und öffentlichen Stiftungen – die Ford und die Rockefeller Foundations, das Social Science Research Council und sogar die National Science Foundation – finanzieren derzeit gigantische Forschungsprogramme über die „Unterklasse", fördern Dissertationen, verbreiten Publikationen und geben politische Empfehlungen zum Thema ab. Einwandfrei wissenschaftliche Bücher wie *The Truly Disadvantaged* von William Julius Wilson, *The Urban Underclass* (herausgegeben von Jencks und Peterson) und *Streetwise* des Ethnographen Elijah Anderson[28] haben das Konzept aufgegriffen, weiterentwickelt und ihm damit (im Nachhinein) akademische Weihen verliehen. Auch wenn diese Autoren bestreiten (einige von ihnen mit gutem Recht), daß sie die offen kulturalistischen Thesen der Verfechter weiterer staatlicher Kürzungen teilen,[29] ändert dies doch nichts daran, daß sie der Idee einer neuen Gruppe, die sich im Ghetto „herauskristallisiert" habe und ganz oder teilweise für die Krise der Städte verantwortlich sei, erst richtig salonfähig gemacht haben. Selbst die fortschrittlichsten dieser Arbeiten weisen in mehr oder weniger verhüllter Form moralische und moralisierende Elemente auf. Die moralisierenden Untertöne sind es offenbar, die ihnen bei jenen Politikern und intellektuellen Bürokraten, die den Bürgern die staatliche Politik einer Preisgabe der Innenstädte erläutern müssen (deren erste Opfer natürlich die angeblichen Mitglieder der „Unterklasse" sind), eine so große Resonanz verschafft.

2. „Gang-Mitglieder" und „Sozialhilfe-Mütter": das Trugbild einer sozialen Bedrohung

Schon bald hatte sich die Ikonographie der „Unterklasse" auf zwei paradigmatische Figuren konzentriert: Auf der einen Seite standen die „Gangs" – junge, arrogante, gewaltbereite schwarze Männer, die sich weigerten, die anspruchslosen, schlecht bezahlten Gelegenheitsarbeiten anzunehmen, die sich ihnen einzig boten, und den für sie vorgesehenen Platz auf der untersten Sprosse der sozialen Leiter einzunehmen; auf der anderen die „Teenager-Mütter", die in großen Sozialwohnungskomplexen, „auf dem Rücken" des Steuerzahlers von Sozialhilfe lebend, typischerweise fotografiert werden, wie sie selbstzufrieden vor dem Fernseher sitzen, während sich kleine Kinder auf ihrem Schoß herumlümmeln. Diese emblematischen Figuren sind in Wirklichkeit nur zwei Gesichter ein und derselben Phantasie, nämlich der angeblichen Gefahr, die „unzivilisierte" Schwarze – jene, die in der neuen Arbeitsteilung zwischen Kasten und Klassen keinen Platz haben – für die Integrität der amerikanischen Werte und der Nation selbst bilden: Die „Gang-Mitglieder" stehen für die moralische Zersetzung und soziale Desintegration des öffentlichen Raums der Straße; die „Sozialhilfe-Mütter" repräsentieren dieselben Gefahren für die private häusliche Sphäre. Der Staat behandelt beide Gruppen nach einer übermäßigen Logik des Strafens, was sich zum einen im astronomischen Anstieg der Inhaftiertenzahlen, zum anderen in den überfüllten Sozialhilfeämtern des Ghettos ausdrückt. Denn nicht so sehr die Armut und Verzweiflung der Betroffenen sind hier das Problem, sondern die durch sie verursachten *sozialen Kosten*, die mit allen Mitteln gesenkt werden müssen.[30]

Einen hyperbolischen Ausdruck findet diese abstoßende Phantasie in einem Artikel von Charles Murray, der (für ein stattliches Honorar) von der *Sunday Times* in England veröffentlicht wurde. Auf diese Weise der im amerikanischen Wissenschaftsbetrieb herrschenden Zensur ein wenig entzogen, konnte der berühmte Verfasser von *Losing Ground*, der sozial-politischen Bibel der Reagan-Jahre, für einen Moment die Regeln der ethnosozialen Etikette außer acht lassen, die sonst den politischen Diskurs in Amerika bestimmt, und offen aussprechen, was die Theoretiker der „Unterklasse" für gewöhnlich nur zwischen den Zeilen anklingen lassen: Unter der fetten Überschrift „DIE UNTERKLASSE: DIE ENTFREM-DETEN ARMEN VERWÜSTEN AMERIKAS INNENSTÄDTE – DROHT UNS DAS GLEICHE SCHICKSAL?"[31] waren folgende Zitate aus dem Text noch einmal gesondert hervorgehoben: „Junge [schwarze] Männer sind im Kern Barbaren, die durch die Ehe zivilisiert werden müssen"; „Alleinstehende junge Frauen werden schwanger, weil sie Sex lieben und Babys süß finden". Murrays Analyse (wenn man sie überhaupt so nennen will) porträtiert die Ghettobewohner als eine Horde Wilder, die ihre eigene Gemeinschaft ausschlachtet. Sie ist nicht so sehr eine *reductio ad absurdum* als eine Wiederkehr des Verdrängten. Ist dies nicht genau die Vorstellung, die von den (italienischen und jüdischen) Angehörigen der weißen Unterschicht aus den angrenzenden Vierteln dreist auf die schwarzen „Innenstädte" New Yorks projiziert wird? Eine Vorstellung, der zufolge „das Ghetto ein von dunkelhäutigen ‚Tieren' heimgesuchter Dschungel [ist], deren animalische Sexualität und kaputte Familien allen zivilisierten Umgangsformen Hohn sprechen"?[32] Von den „Theoretikern" der Rassenfrage des späten 19. Jahrhunderts über Edward Banfield bis zu Charles Murray gibt es eine lange Tradition pseudowissenschaftlicher Analysen, deren Ziel es ist, ein stereotypes Bild der schwarzen Ghettobewohner zu befestigen. Diese werden als faule, anormale, amoralische und instabile Wesen dargestellt, deren Milieu eine pathogene Kultur ist, die radikal mit den Vorstellungen der amerikanischen Mehrheit bricht. Neu an der Terminologie der „Unterklasse" ist nur, daß sie *rassenblind* zu sein beansprucht: Das hat den großen Vorzug, von Afroamerikanern in einer oberflächlich „entrassifizierten" Sprache sprechen zu können. Praktischerweise ist die Theorie der „Unterklasse" darüber hinaus tautologisch, denn beide Elemente, welche die „Gruppe"

definieren – eine abweichende und verschlagene „Kultur der Armut"
sowie eine ganze Skala pathologischer und destruktiver Praktiken –,
bestätigen sich auf zirkuläre Weise wechselseitig: Die Angehörigen der
„Unterklasse" betragen sich „anormal" (auch so ein Ausdruck, mit dem
sie immer wieder beschrieben werden), weil ihre Werte abnorm sind; der
Beweis, daß sie an einer abnormalen Kultur teilhaben, besteht wiederum
in ihrem fehlgeleiteten Verhalten.

Coda: Wozu dient die Unterklasse?

Es sollte deutlich geworden sein, daß der Begriff der „Unterklasse"
nichts anderes ist als das, was Pierre Bourdieu einen „wissenschaftlichen
Mythos"[33] nennt, also eine diskursive Formation, die in wissenschaftlicher
Verkleidung und auf scheinbar neutrale und vernünftige Weise soziale
Phantasien oder verbreitete Vorurteile über Unterschiede zwischen den
sogenannten Rassen reformuliert. Der Historiker Lawrence Levine hat
gezeigt, warum es für die Plantagenbesitzer des Südens von Vorteil war,
den kulturellen Abstand zwischen sich und ihren Sklaven hervorzuheben:
Mit Adjektiven wie „barbarisch", „primitiv" und „kindisch" ließ sich leichter rechtfertigen, daß man sie zu Leibeigenen degradierte.[34] Heute besteht
ein ähnliches „unbewußtes Interesse" daran, die dem schwarzen städtischen Subproletariat zugeschriebene kulturelle Differenz bis zur radikalen
Andersheit zu übertreiben. Einmal dämonisiert, läßt es sich symbolisch
isolieren und fallenlassen – und schafft damit die beste Rechtfertigung für
eine staatliche Politik, die Strafmaßnahmen wie Zwangsarbeitsprogramme
(„workfare"), den „Krieg gegen Drogen" (der vor allem ein Guerillakrieg
gegen Drogenabhängige und Dealer im Ghetto ist) und ein Strafrecht, das
zur Verdoppelung der Häftlingszahlen innerhalb eines Jahrzehnts geführt
hat, mit einem Quasiarrest in verfallenen, maroden Innenstadtbereichen
verbindet.
Der überaus dehnbare Begriff der „Unterklasse" verdankt seinen Erfolg
offenbar seiner *semantischen Unbestimmtheit*. Sie hält ihn für alle möglichen symbolischen Manipulationen offen, mit denen die „Gruppe" je nach
ideologischem Interesse eingeschränkt oder erweitert werden kann. Was
aber ist dann das vereinheitlichende Prinzip dieses in seinem Umfang so
variablen Begriffs? Wie es Bronislaw Geremek für die religiösen Außen-
seiter im Paris des Hochmittelalters beschrieben hat, scheint vor allem
das „Gefühl von Feindseligkeit, Mißtrauen und Verachtung",[35] das die

schwarzen Ghettobewohner beim Rest der amerikanischen Gesellschaft auslösen, diese Kategorie zusammenzuschweißen.

Letztlich gründet der Erfolg des Konzepts der „Unterklasse" also nicht in seinem wissenschaftlichen Ertrag, der bestenfalls gleich null ist,[36] sondern in seinen dreifältigen sozialen Auswirkungen: Der erste Effekt ist eine *Enthistorisierung* (oder Naturalisierung) der Preisgabe des Ghettos: Die Illusion der radikalen Neuheit besagter „Gruppe" läßt einen vergessen, daß es in den Vereinigten Staaten schon immer ein – schwarzes und weißes – Subproletariat gegeben hat und daß das „Hyperghetto" der 1980er Jahre nichts anders war als die soziale und räumliche Verschärfung einer doppelten Logik rassen- und klassenbedingter Exklusion, die tendenziell schon seit den Anfängen des schwarzen Ghettos vor einem Jahrhundert am Werk war. Der zweite Effekt ist eine *Essentialisierung* der Rassen/Großstadt-Problematik: Der schleichende Übergang vom Substantiv zur Substanz erlaubt es, den Individuen, aus deren rein statistischer Verbindung diese fiktive Gruppe besteht, Eigenschaften zuzuschreiben, die in Wirklichkeit entweder die Geistesverfassung des Analytikers oder die großstädtischen Strukturen des Landes widerspiegeln. Zu Unrecht wird damit ein Problem auf das Ghetto projiziert, dessen Wurzeln in der Rassenspaltung der amerikanischen Gesellschaft zu suchen sind, in ihrer Politik, ihren Städten und ihrem Staat. Damit zusammenhängend tendiert die Thematik der „Unterklasse" drittens dazu, das Dilemma zu *entpolitisieren*, das der beschleunigte Niedergang bettelarmer Schwarzenviertel in den amerikanischen Metropolen aufwirft: Denn sollte die „Unterklasse" tatsächlich eine Ansammlung von einzelnen Versagern sein, die sowohl den Keim zu ihrem eigenen Verderben als auch zum Leid, das sie anderen zufügen, in sich tragen, dann kann man weder bei der Ursachenforschung noch bei möglichen Lösungen an kollektive Verantwortung appellieren. Der Diskurs über die „Unterklasse" ist ein Disziplinierungsinstrument im Foucaultschen Sinne, weniger für die Armen selbst als für all diejenigen, die darum kämpfen, nicht in das städtische Fegefeuer abzustürzen, für das der Name steht (also für die Arbeiterklasse in ihren verschiedenen Bestandteilen, insbesondere Schwarze und Latinos) – und damit zugleich die beste Gewähr für die Politik der Herrschenden, das Ghetto de facto sich selbst zu überlassen. Statt den neuen Nexus zwischen Rasse, Klasse und Staat in der amerikanischen Metropole zu erhellen, trägt das Märchen von der „Unterklasse" vielmehr dazu bei, den wichtigsten Grund für die Entzivilisierung des Ghettos im Sinne Elias' zu verschleiern: den politischen Willen, es verrotten zu lassen.

Anmerkungen

1 Das Ergebnis der bemerkenswerten Anstrengungen der Kommission wurde zwanzig Jahre später neu aufgelegt unter dem Titel *The Kerner Report: The 1968 Report of the National Advisory Commission on Civil Disorders*, New York: Pantheon 1989.

2 Zu diesem kulturellen Prozeß vgl. Steve C. Dubin, „Symbolic Slavery: Black Representations in Popular Culture", in: *Social Problems*, Band 34, Heft 2, April 1987, S. 122–140. Der Begriff der „underclass" spielt folglich eine ähnliche Rolle wie die, die in einer früheren Zeit jener Ikone der amerikanischen Rassenideologie zugeteilt wurde, die uns in der vertrauten Figur des „Sambo" vor Augen steht (vgl. Joseph Boskin, *Sambo: The Rise and Demise of An American Jester*, New York: Oxford University Press 1986).

3 Eine vorläufige vergleichende Analyse und Kritik bietet Loïc Wacquant, „Pour en finir avec le mythe des ‚cités-ghettos'", in: *Les Annales de la recherche urbaine* 52, September 1992, S. 20–30.

4 Norbert Elias, *Über den Prozeß der Zivilisation. Soziogenetische und psychogenetische Untersuchungen*. 2 Bde., erw. Neuausgabe 1997, 24. Aufl., Frankfurt am Main: Suhrkamp 2001

5 Der britische Soziologe Stephen Mennell („Decivilising Processes: Theoretical Significance and Some Lines of Research", in: *International Sociology*, Band 5, Heft 2, 1990, S. 205–223) diskutiert vier mögliche Fälle von Entzivilisierung – die Anfänge der „permissiven Gesellschaft" in den fünfziger Jahren, den jüngsten Anstieg der Gewalt in den Vereinigten Staaten, den Holocaust und den Zusammenbruch der großen Reiche –, doch keiner stimmt ganz mit der von ihm vorgeschlagenen Definition des Prozesses überein. Die Entwicklungskurve des schwarzen amerikanischen Ghettos hingegen kommt ihr sehr nah.

6 Eine kompakte und einflußreiche Darstellung jeder dieser Thesen findet sich in entsprechender Reihenfolge bei Nicholas Lehmann, „The Origins of the Underclass", in: *The Atlantic Monthly*, Juni 1986, S. 31–55; Charles Murray, *Losing Ground: American Social Policy, 1950–1980*, New York: Basic Books 1984; sowie Lawrence Mead, *Beyond Entitlement: The Social Obligations of Citizenship*, New York: The Free Press 1985; William Julius Wilson, *The Truly Disadvantaged: The Inner City, the Underclass and Public Policy*, Chicago: The University of Chicago Press 1987; sowie John D. Kasarda, „Jobs, Migration, and Emerging Urban Mismatches", in: M.G.H. McGeary und L.E. Lynn (Hg.), *Urban Change and Poverty*, Washington, D.C.: National Academy Press 1988, S. 148–198.

7 Ausführlicher habe ich dies dargelegt in Loïc Wacquant, „Redrawing the Urban Color Line: The State of the Ghetto in the 1980s", in: Craig Calhoun und George Ritzer (Hg.), *Social Problems*, New York: McGraw-Hill 1993, S. 448–475.

8 „849 Tötungen verhelfen dem Jahr 1990 zu einem traurigen Rekord", in: *Chicago Tribune*, 2. Januar 1991

9 Nancy F. Dubrow und James Garbarino, „Living in the War Zone: Mothers and Young Children in a Public Housing Development", in: *Child Welfare*, Band 68, Heft 1, Januar 1989, S. 8

10 Über die Jugend Kenwoods vgl. Arne Duncan, „Profiles in Poverty: An Ethnographic Report on Inner-City Black Youth", Vortrag im Rahmen des Urban Poverty Workshop, University of Chicago, Oktober 1987; sowie zur Situation junger Schwarzer in den

Stadtzentren allgemein: Jewelle Taylor Gibbs (Hg.), *Young, Black and Male in America: An Endangered Species*, New York: Auburn House Publishing Company 1988.

11 Troy Duster, „Social Implications of the ‚New' Black Underclass", in: *The Black Scholar*, Band 19, Heft 3, Mai/Juni 1988, S. 2–9

12 Alex Kotlowitz, *There Are No Children Here*, New York: Doubleday 1991, S. 84ff

13 St. Clair Drake und Horace Cayton, *Black Metropolis: A Study of Negro Life in a Northern City*, New York: Harper and Row 1962, 2 Bde., neue erw. Ausgabe (Erstausgabe 1945)

14 Jonathan Kozol, *Savage Inequalities: Children in America's Schools*, New York: Crown Books 1991. Bemerkenswert ist auch, daß es keinerlei systematische soziologische Studien über die Ungleichheiten im Schulwesen der amerikanischen Metropolen und ihren Beitrag zur Reproduktion von Rassen- und Klassenunterschieden gibt – obwohl sich das Land so sehr in seinem Loblied auf die „Lebenschancen" gefällt.

15 „Protestierende Eltern wollen ihre Schulen retten", in: *Chicago Tribune*, 22. Mai 1991, S. 1 u. 10

16 Vgl. in diesem Zusammenhang Terry Williams, *The Cocaine Kids: The Inside Story of a Teenage Drug Ring*, Reading, MA: Addison-Wesley 1989; ebenso Philippe Bourgois, „Une nuit dans une ‚shooting gallery': enquête sur le commerce de la drogue à East Harlem", in: *Actes de la recherche en sciences sociales*, 94, Frühjahr 1992, S. 59–78 (englische Übers.: „Just Another Night in a Shooting Gallery", in: *Theory, Culture & Society*, Band 15, Heft 2, Juni 1998, S. 37–66)

17 Die Informalisierung der amerikanischen Wirtschaft ist ein strukturelles, kein konjunkturelles Phänomen und wird von ihren führenden Zweigen angefacht (Saskia Sassen, „New York City's Informal Economy", in: Alejandro Portes, Manuel Castells und Lauren A. Benton (Hg.), *The Informal Economy*, Baltimore: Johns Hopkins University Press 1989, S. 60–77). Die Zunahme des informellen Sektors in der Ghettowirtschaft ist jedoch auch ein „Nachklang" des Dahinsiechens der offiziellen Lohnarbeit und der regulären Wirtschaftstätigkeit.

18 Philippe Bourgois, „In Search of Horatio Alger: Culture and Ideology in the Crack Economy", in: *Contemporary Drug Problems*, Winter 1989, S. 631–632

19 Alex Kotlowiz, *There Are No Children Here*, a.a.O., S. 154

20 Ein nützlicher Überblick über verschiedene „Theorien" der „Unterklasse" findet sich bei Carole Marks, „The Urban Underclass", in: *Annual Review of Sociology*, 17, 1991, S. 445–466; eine vernichtende Kritik der politischen Indienstnahme dieses trügerischen Begriffs bietet Herbert H. Gans, „The Dangers of the Underclass: Its Harmfulness as a Planning Concept", in: *People, Plans and Policies: Essays on Poverty, Racism, and Other National Urban Problems*, New York: Columbia University Press 1991, S. 328–343. Für zwei paradigmatische Versionen der orthodoxen Auffassung siehe Erol R. Ricketts und Isabell V. Sawhill, „Defining and Measuring the Underclass", in: *Journal of Policy Analysis and Management*, 7, Winter 1988, S. 316–325, sowie Chicago Tribune, *The American Millstone: An Examination of the Nation's Permanent Underclass*, Chicago: Contemporary Books 1986. Mühelos läßt sich an den beiden letzten Beispielen ablesen, wie nahezu deckungsgleich die wissenschaftliche und die journalistische Sicht auf die besagte Gruppe sind.

21 Luc Boltanski, *The Making of a Class: Cadres in French Society*, Cambridge: Cambridge University Press 1987 (frz. Orig. 1981)

22 Gunnar Myrdal, *Challenge to Affluence*, New York: Pantheon 1962

23 Entsprechend dem Titel des bemerkenswerten Buches des Historikers Michael Katz, *The Underserving Poor: From the War on Poverty to the War on Welfare*, New York: Pantheon 1989

24 „The Underclass", in: *Time Magazine*, 29. August 1977, S. 14–15

25 Ken Auletta, *The Underclass*, New York: Random House 1982. Aulettas Kraut und Rüben-Aufzählung war die Grundlage, auf der die Stichhaltigkeit einer an ihrem Verhalten orientierten Definition dieser „Gruppe" behauptet wurde, welche nach und nach die Debatte in politischen wie akademischen Kreisen bestimmen sollte – und die ganz in Übereinklang mit Amerikas Nationalethos, dem moralisierenden Individualismus, stand: „Worin auch immer die Ursache besteht – ob es die Schuld der Menschen selbst ist oder die der Gesellschaft, ob die Armut eine Ursache oder eine Folge ist –, so stimmen doch die meisten, die sich mit der Armut befassen, darin überein, daß die Unterklasse nicht nur unter Einkommensdefiziten, sondern auch unter *Verhaltens*defiziten leidet. Die Unterklasse bewegt sich normalerweise außerhalb der allgemein akzeptierten Grenzen der Gesellschaft" (ebd., S. 28).

26 „A Nation Apart", in: *U.S. News and World Report*, 17. März 1986; Myron Magnet, „America's Underclass: What To Do?", in: *Fortune*, 11. Mai 1987, S. 130

27 *The Underclass, Anhörung vor dem Gemeinsamen Wirtschaftsausschuß des 101. Kongresses der Vereinigten Staaten* vom 25. Mai 1989, Washington, D.C.: U.S. Government Printing Office 1989, S. 1, 19, 24, 47, 64–65

28 William Julius Wilson, *The Truly Disadvantaged*, a.a.O.; Christopher Jencks und Paul Peterson (Hg.), *The Urban Underclass*, Washington, D.C.: The Brookings Institution 1991; Elijah Anderson, *Streetwise: Race, Class and Change in an Urban Community*, Chicago: University of Chicago Press 1990

29 Dies trifft auf William Julius Wilson zu, der stärker als jeder andere Autor zu Recht auf den ökonomischen Ursachen für den Niedergang des Ghettos beharrt und sich jüngst dazu bereit erklärte, den Ausdruck „Unterklasse" fallenzulassen, wenn es sich erwiese, daß er die Forschung eher behindert als erleichtert („Studying Inner-City Social Dislocations: The Challenge of Public Agenda Research", *American Sociological Review*, Band 56, Heft 1, Februar 1991, S. 1–14).

30 In dieser Hinsicht spielt die „Unterklasse" dieselbe Rolle wie die (nordafrikanischen) Immigranten in der gegenwärtigen sozialpolitischen Debatte in Frankreich (Abdelmalek Sayad, „,Couts' et ,profits' de l'immigration: les présupposés politiques d'un débat économique", *Actes de la recherche en sciences sociales* 61, März 1986, S. 79–82).

31 Charles Murray, „The Alienated Poor are Devastating America's Inner City. Is the Same Happening Here?", in: *Sunday Times Magazine* (London), 26. November 1989, S. 26, 39, 43

32 Jonathan Rieder, *Canarsie: Italians and Jews of Brooklyn Against Liberalism*, Cambridge: Harvard University Press 1985, S. 25/26 und 58–67

33 Um dieses von Pierre Bourdieu geschätzte Konzept zu benutzen; vgl. seinen Aufsatz „Le Nord et le midi. Contribution à une analyse de l'effet Montesquieu", in: *Actes de la recherche en sciences sociales* 35, November 1980, S. 21–25

34 Lawrence W. Levine, „African Culture and U.S. Slavery", in: Joseph E. Harris (Hg.), *Global Dimensions of the African Diaspora*, Washington, D.C.; Howard University Press 1982, S. 128–129

35 Bronislaw Geremek, *Les marginaux parisiens aux XIVe et XVe siècles*, Paris: Flammarion 1976, S. 361

36 Es ließen sich sehr gute Gründe dafür anführen, daß er in Wirklichkeit negativ ist, da das Schablonenproblem der „Unterklasse" eine systematische Erforschung der sozialen Grundlagen und des Schnittpunkts von Entproletarisierung und Rassenspaltung in der amerikanischen Stadt ebenso verhindert wie die Erforschung von deren Darstellung (und Verschleierung) im öffentlichen Diskurs und der staatlichen Politik.

Aus dem amerikanischen Englisch von Bettina Engels und Michael Adrian

4 Elias im schwarzen Ghetto

Norbert Elias' Theorie vom „Prozeß der Zivilisation" und seine Aufzeichnungen, darunter seine Beobachtungen zu „Entzivilisierungsschüben", bieten ein vielversprechendes Instrument zur Diagnose der Verwandlung des schwarzen amerikanischen Ghettos seit den sechziger Jahren. Eine Adaptation seines theoretischen Grundgerüsts kann uns behilflich sein, einige der bleibenden Schwächen herkömmlicher Ansätze zur Analyse des rätselhaften Zusammenspiels von Rasse und Klasse in den US-amerikanischen Metropolen zu überwinden.[1]

Das Ghetto im Lichte der Figurationssoziologie

Als erstes warnt uns Elias vor der Gefahr der Zustandsreduktion,[2] der „Reduzierung auf das Unwandelbare", eingebaut in die Sprache der Armutsforschung, die sich üblicherweise an die Beschreibung von Eigenschaften benachteiligter Individuen und Bevölkerungsgruppen klammert und von einer positivistischen Wissenschaftsphilosophie beseelt und hervorgebracht wird. Anstatt sich dem Ghetto weiterhin mit statischen und morphologischen Vorstellungen zu nähern, schlägt er vor, es als ein System dynamischer sozialer Kräfte zu begreifen, das Akteure in und außerhalb seines Umkreises zueinander in Beziehung setzt. Unser primärer empirischer Fokus sollte daher auf den Formen und nicht auf dem Grad (der Segregation, der Not, der Arbeitslosigkeit etc.) liegen, weniger auf Bedingungen als auf Zusammenhängen.

Zweitens lädt uns Elias' Verständnis von *Figuration* als einem erweiterten Netz von unabhängigen und zugleich auf mehreren Ebenen miteinander verwobenen Personen und Institutionen dazu ein, die analytische Parzellierung zu überwinden, die von einer an Variablen orientierten Sozialwissenschaft begünstigt wird. „Auch ist es ein Aberglaube, daß man bei der wissenschaftlichen Arbeit notwendigerweise so vorgehen müsse, daß man die Verflechtungsprozesse in einzelne Bestandteile zerlegt." (Elias 1970: 103) Rasse oder Raum, Klasse oder Rasse, Staat oder Wirtschaft: Diese gekünstelten Gegenüberstellungen und Zersplitterungen, von

South Side von Chicago, 63. Straße
© Loïc Wacquant

denen gängige akademische Betrachtungen zu städtischer Armut in den USA geprägt sind, erweisen sich als ungeeignet, um die komplexen Kausalitätsverhältnisse und Prozesse, die das Ghetto als soziales System und gelebte Erfahrung immer wieder neu erschaffen, einfangen und verstehen zu können.

Drittens bietet Elias ein Modell der sozialen Transformation an, das unterschiedliche Analyseebenen umfaßt und *miteinander verknüpft*, angefangen bei Großorganisationen politischer und ökonomischer Macht bis hin zu institutionalisierten sozialen Beziehungen, Interaktionsmustern und Persönlichkeitstypen. Dieses Modell ermahnt uns, die „größten" aller Makrostrukturen und die „kleinsten" aller Mikroformationen konzeptionell zusammenzubinden – bis hinunter zur Ebene der „biologisch-psychologisch-sozialen" Verfaßtheit des Individuums (Mauss 1968). Denn Soziogenese und Psychogenese sind zwei Seiten der menschlichen Existenz, und Veränderungen in dem einen Bereich müssen zwangsläufig Auswirkungen auf den anderen haben.

Viertens, und dieser Punkt ist für den hier verfolgten Zweck am wichtigsten, stellt Elias *Gewalt und Angst* ins Zentrum der Erfahrung der Moderne: Zusammen bilden sie den gordischen Knoten, der die äußersten Funktionen des Staates mit der innersten Natur des Menschen verknüpft. Die Verdrängung der Gewalt aus dem sozialen Leben durch ihre Überantwortung in die Zuständigkeit des Staates ebnete den Weg für die Regulierung des sozialen Austausches, die Ritualisierung des Alltags und die Psychologisierung von Impulsen und Emotionen und somit auch für den ‚höfischen' und von da aus auch für den gepflegten bürgerlichen Umgang. Bezogen auf die Angst stellt dieser Vorgang die zentralen Mechanismen für die Verinnerlichung sozialer Kontrollen und die „Regelung des gesamten Trieb- und Affektlebens durch eine beständige Selbstkontrolle" (Elias 1997: 324) bereit.

Nun sind Angst, Gewalt und der Staat wesentlich für die Formierung und Transformation des schwarzen Ghettos in Amerika. Die Angst vor Kontaminierung und Schwächung durch die Verbindung mit minderwertigen Wesen – den afrikanischen Sklaven – ist die Wurzel tiefgreifender Vorurteile und verantwortlich für die Institutionalisierung unnachgiebiger gesellschaftlicher Trennungslinien, die zusammen mit der Urbanisierung zur Jahrhundertwende das Ghetto hervorbrachten (Jordan 1974; Meier/ Rudwick 1976). Gewalt von unten, in Form von interpersoneller Aggression und interpersonellem Terror, genauso wie Gewalt von oben, in Gestalt von staatlich geförderter Diskriminierung und Segregation, haben sich als herausragende Instrumente erwiesen, um die „Spaltung der Gesellschaft entlang der Hautfarbe" durchzusetzen. Außerdem spielt Gewalt eine wesentliche Rolle bei dem Neuentwurf sozialer und symbolischer Grenzen, deren materieller Ausdruck das heutige Ghetto ist.

Entpazifizierung, soziale Entmischung und Informalisierung

An anderer Stelle habe ich den sozialen Wandel in der South Side von Chicago, dem wichtigsten historischen ‚Black Belt' der Stadt, als eine Verschiebung weg vom ‚kommunalen Ghetto' Mitte des Jahrhunderts hin zum ‚Hyperghetto' am *fin-de-siècle* (Wacquant 1994) charakterisiert, als Entwicklung hin zu einer neuartigen sozialräumlichen Formation, wo der Rückzug des Marktes und die Vernachlässigung von staatlicher Seite für die Verschmelzung von rassistischer und ökonomischer Ausgrenzung sowie die „Enturbanisierung" großer Teile des innerstädtischen Raums sorgen.

Das kommunale Ghetto der unmittelbaren Nachkriegsjahre war das Ergebnis einer allumfassenden gesellschaftlichen Spaltung, die Schwarze dazu zwang, ihre eigene soziale Welt im Schatten oder in den Nischen feindlicher weißer Institutionen aufzubauen. Als kompaktes, eindeutig abgegrenztes sozialräumliches Gebilde bezog das Ghetto alle Klassen der schwarzen Bevölkerung mit ein, deren Zusammenhalt durch ein einheitliches „Rassenbewußtsein", eine weitreichende soziale Spaltung des Arbeitsmarktes sowie durch zivilgesellschaftliche Einrichtungen mit einer breiten Basis gewährleistet wurde, die wichtige Mobilisierungs- und Repräsentationsfunktionen übernahmen. Es bildete sich damals als eine „Stadt innerhalb der Stadt" heraus, die mit der weißen Gesellschaft, deren grundlegende institutionelle Infrastruktur die Ghettobewohner zu kopieren versuchten, durch eine oppositionelle Beziehung verbunden war.

Diese „schwarze Metropolis", um den schönen Titel der 1945 erschienenen klassischen Studie über Chicagos Stadtteil *Bronzeville* von St. Clair Drake und Horace Cayton zu borgen, ist von einer anderen urbanen Form verdrängt worden. Das Hyperghetto der 1980er und 1990er Jahre zeigt zum einen *eine Verschärfung der historisch gewachsenen rassistischen Ausgrenzungen, gefiltert durch ein Klassenprisma*, und zum anderen eine neuartige räumliche und organisatorische Struktur. Da im heutigen Ghetto rassistische Segregation und Klassenspaltung zusammenwirken, fehlen ihm Formen der erweiterten Arbeitsteilung und eine ausgewogene Klassenzusammensetzung. Seine physischen Grenzen sind unschärfer geworden, und seine beherrschenden Institutionen sind nicht länger kollektive Einrichtungen der Community (wie Kirchen, Gemeindezentren oder die schwarze Presse), sondern staatliche Bürokratien (Sozialämter, öffentliche Schulen und die Polizei), die auf marginalisierte „Problemgruppen" der Bevölkerung ausgerichtet sind. Denn das Hyperghetto dient nicht mehr als Sammelbecken für frei verfügbare industrielle Arbeitskräfte, sondern als Abladeplatz für unzählige Kategorien von Menschen, welche für die sie umgebende Gesellschaft keinerlei wirtschaftlichen oder politischen Nutzen mehr haben. Aufgrund der sich gegenseitig verstärkenden Prozesse der Erosion des Arbeitsmarktes für Lohnabhängige und des Abbaus staatlicher Unterstützung ist es zudem von systemischen ökonomischen, sozialen und physischen Unsicherheiten durchdrungen. Während also das Ghetto in seiner klassischen Form früher einmal als Schutzschild gegen brutale rassistische Ausgrenzung fungierte, hat das Hyperghetto seine positive Rolle als kollektiver Puffer verloren und hat sich zu einem tödlichen Mechanismus der nackten sozialen Verbannung entwickelt.

Anhand der strukturierten Interaktion von drei übergeordneten Prozessen läßt sich die Dynamik des Übergangs vom kommunalen Ghetto zum Hyperghetto veranschaulichen. Der erste umfaßt die *Entpazifizierung des Alltags*, das heißt, die Gesamtstruktur des lokalen sozialen Systems ist inzwischen von Gewalt durchtränkt. Zunehmender physischer Zerfall und wachsende Bedrohung, die sich in der Vernachlässigung der nachbarschaftlichen Infrastruktur und astronomischen Kriminalitätsraten, vor allem im Anstieg von gegen Personen gerichteten Delikten (Mord, Vergewaltigung, Raubüberfall und Körperverletzungen), zeigen, haben eine grundlegende Umstellung der Alltagsroutinen erzwungen und eine erstickende Atmosphäre des allgegenwärtigen Mißtrauens und der Angst geschaffen (Freidenberg 1995).

Der zweite Prozeß bringt eine *soziale Entmischung* mit sich und läßt die organisatorischen Strukturen der Ghetto-Nachbarschaften verkümmern. Das allmähliche Verschwinden stabiler Familien- und Haushaltsstrukturen der afroamerikanischen Mittel- und Arbeiterschicht, die Konzentration von menschenunwürdigen Projekten des sozialen Wohnungsbaus in schwarzen Slumgebieten sowie die Entproletarisierung der verbliebenen Bewohner haben zu einer Unterhöhlung der kommerziellen, zivilgesellschaftlichen und religiösen Institutionen beigetragen. Anhaltende Erwerbslosigkeit und akute materielle Deprivation haben eine Auflösung der sozialen Netzwerke in Gang gesetzt, während der drastische Zerfall der öffentlichen Einrichtungen ein Ergebnis der weitgehenden politischen ‚Entbehrlichkeit‘ der schwarzen Armen ist. Letzten Endes arbeiten Schul-, Wohnungs-, Gesundheits- und Polizeibehörden sowie die Justiz- und Wohlfahrtsysteme an der weiteren Stigmatisierung und Isolierung der Ghettobewohner (Wacquant 1997b).

Ein dritter Prozeß ist die *ökonomische Informalisierung*. Eine Kombination aus unzureichender Nachfrage auf dem regulären Arbeitsmarkt, geschwächten organisatorischen Nachbarschaftsstrukturen und dem Scheitern des staatlichen Wohlfahrtssystems hat das Wachstum einer unregulierten Ökonomie befördert, die vor allem auf dem Großhandel mit Drogen und den mit ihm verbundenen illegalen Aktivitäten basiert. Ein Großteil der Bevölkerung der Chicagoer South Side lebt heute vom Straßenhandel oder von staatlichen Fürsorgeleistungen. Lohnarbeit ist zu selten und zu unsicher geworden, um im Zentrum der Überlebensstrategien der Bewohner zu stehen (Wilson 1996).

Sozialstaatlicher Rückzug und Hyperghettoisierung

Die Ursachen der Hyperghettoisierung des städtischen Kerns gründen in einer komplexen und dynamischen Konstellation von ökonomischen und politischen Einflüssen, die sich nicht erst im Laufe der Nachkriegsperiode entfaltet haben, sondern zum Teil auf die Ära der ‚Großen Migration‘ (1916–1930) zurückgehen, durch die das Ghetto seine ursprüngliche Konsolidierung erfuhr – was die These von einer in den 1970er Jahren neu entstandenen ‚underclass‘ als ahistorisch entlarvt. Ich wende mich gegen monokausale Erklärungsversuche und behaupte, daß es *nicht eine Ursache, sondern zwei wesentliche Wurzeln* der Hyperghettoisierung gibt: erstens den Strukturwandel der städtischen Ökonomie und zweitens die Strukturen und Politiken des amerikanischen Bundes- und Lokalstaates. Des weiteren behaupte ich, daß rigide räumliche Segregation – gestützt durch staatliche Inaktivität und fragmentierte Verwaltungsstrukturen (Massey/Denton 1993; Weiher 1991) – das Verbindungsglied zwischen diesen beiden Einflußfaktoren bildet und eine sich selbst aufrechterhaltende Konstellation schafft, die sich gegenüber konventionellen Formen der sozialen Mobilisierung und Sozialpolitik als äußerst widerstandsfähig erweist. Dementsprechend stellt sich *der Zusammenbruch öffentlicher Institutionen* – verstanden als Ergebnis einer staatlichen Politik der Vernachlässigung und der Bestrafung durch den räumlichen Einschluß der Ärmsten der Armen – als wirkungsmächtigste und markanteste Ursache der fest verwurzelten Marginalität in den amerikanischen Großstädten heraus. Die theoretische Bestimmung der Rolle des Staates im Prozeß der Hyperghettoisierung, bei der uns Elias' Modell ungeachtet seiner Besonderheiten behilflich ist, kann daher folgendermaßen umrissen werden. Die Erosion und abnehmende Präsenz, Reichweite und Effizienz öffentlicher Institutionen und staatlicher Programme, die für die Bereitstellung grundlegender sozialer Güter in den mehrheitlich von ethnischen Minderheiten bewohnten Stadtzentren zuständig sind, sendet eine Reihe von Schockwellen aus, welche die bereits geschwächte organisatorische Matrix des Ghettos noch weiter destabilisieren. Diese Schockwellen sind zunächst unabhängig von denen, die von der postfordistischen Restrukturierung der Ökonomie und der auf sie folgenden Dualisierung der Stadt ausgehen (Sassen 1990; Mollenkopf/Castells 1991); allerdings gibt es zeitliche Korrelationen und Verstärkungseffekte.

Der massive *Rückgang sozialer Investitionen*, der in der Kürzung von staatlichen Leistungen zum Ausdruck kommt, beschleunigt, erstens, die Auflösung der eigenen institutionellen Infrastruktur des Ghettos; befördert, zweitens, die epidemische Ausbreitung von Gewalt und schürt ein allgemeines Klima der Angst; und schafft, drittens, Raum und Impulse für das Aufblühen einer informellen Ökonomie, die vom Drogenhandel dominiert wird. Diese drei Prozesse verstärken sich wiederum gegenseitig und werden Teil einer scheinbar autarken Konstellation, die von außen so wahrgenommen wird, als sei sie von innen heraus kreiert (oder ‚für das Ghetto spezifisch‘), während sie tatsächlich (über)determiniert ist und von außen durch die brutalen und wechselhaften Rückzugsbewegungen des Semi-Wohlfahrtsstaates bestimmt wird.

Die Vorstellung von einer involutiven Entwicklung des Ghettos, die von selbsterzeugten und endogenen Prozessen getrieben wird, ist zentral für die politisch-ideologische Umdeutung des Verhältnisses von Rasse und Armut in den 1980er Jahren, weil sie es zuläßt, die Schuld auf die Opfer abzuwälzen. Hierfür ist der Diskurs über die „verhaltensgestörte Unterschicht" (Gans 1995) symptomatisch, der weitere Kürzungen staatlicher Programme rechtfertigt und der Ansicht, daß sich das Ghetto aufgrund der anhaltenden inneren Verfallsprozesse über politische Interventionen von außen nicht mehr sanieren läßt, einen wissenschaftlichen Anstrich verleiht.

Demnach führt die Schwächung der organisatorischen Ökologie des Ghettos zu rückläufigen kollektiven Kapazitäten, die zur formalen und informellen Kontrolle von interpersoneller Gewalt zur Verfügung stehen, was wiederum im Kontext allgemeiner materieller Deprivation eine Zunahme von Kriminalität und Gewalt nach sich zieht (Bursick/Grasmick 1993). Hat das Ausmaß von gewalttätigen Verbrechen erst einmal eine bestimmte Schwelle überschritten, wird es unmöglich, ein Geschäft im Ghetto zu betreiben. Auch dies trägt zum allmählichen Verschwinden jeglicher Erwerbsmöglichkeiten bei. Informalisierung und Entproletarisierung wiederum verringern die Kaufkraft und die Stabilität der Lebensumstände der Ghetto-Bewohner, was die Lebensfähigkeit lokaler Institutionen unterminiert und schließlich auch die Lebenschancen all derjenigen, die auf diese Institutionen angewiesen sind. Diese Prozesse fördern darüber hinaus die Ausbreitung von Gewalt, weil Gewalt das wichtigste Instrument zur Regulierung der Straßenökonomie ist, und diese Gewalt beschleunigt ihrerseits den institutionellen Niedergang und treibt die Informalisierung der Wirtschaft voran, wie in Abbildung 1 gezeigt.

Vom sozialen Sicherheits- zum Schleppnetz

Sozialstaatliche Einsparungen sind nicht gleichbedeutend mit dem *totalen* Rückzug und Verschwinden des Staates aus den städtischen Relegationsräumen Amerikas. Zur Eindämmung der ‚Gefahren für die öffentliche Ordnung und Sicherheit‘ – die mit einer durch Kürzungen oder der Einstellung von ökonomischen Hilfen sowie Wohnungs- und Sozialprogrammen verursachten akuten Marginalisierung einhergehen – sieht sich der (Lokal)Staat gezwungen, sein Überwachungs- und Repressionsinstrumentarium im Ghetto auszubauen (Davis 1990: Kap. 5).
Tatsächlich haben wir in den vergangenen zwei Jahrzehnten ein explosionsartiges Wachstum der Straffunktionen des amerikanischen Staates in Form von mehr Haftanstalten und dem Ausbau anderer mit der Gefängnisindustrie verbundener Instrumente und Programme (bedingte Haftentlassung, Ausweitung von Bewährungsauflagen, elektronische Überwachung, Umerziehungslager und Ausgangssperren) erlebt – als Antwort auf die Konsequenzen wie zunehmende Armut und Verzweiflung, die mit schwindender wohlfahrtsstaatlicher Unterstützung verbunden sind. Die Vereinigten Staaten geben heute für den Strafverfolgungskomplex über 200 Milliarden Dollar pro Jahr aus, und zu den staatlichen ‚Gesichtern‘, die jungen Ghetto-Bewohnern am besten vertraut sind, gehören die von Polizeibeamten, Bewährungshelfern und Gefängniswärtern (Miller 1996).

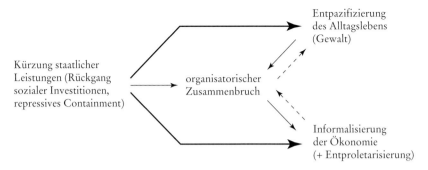

Abb. 1: Vereinfachtes Modell des Verhältnisses von sozialstaatlichem Rückzug und Hyperghettoisierung

Die Verdreifachung der Gefängnispopulation in nur fünfzehn Jahren – von 494.000 auf 1,5 Millionen zwischen 1980 und 1994 – hat die armen Afroamerikaner in den Städten mit besonderer Brutalität getroffen: Jeder zehnte schwarze Mann im Alter zwischen 18 und 34 Jahren ist derzeit inhaftiert (1:128 ist das Verhältnis unter Erwachsenen in den USA), und sage und schreibe jeder Dritte hat im Laufe eines Jahres irgendwann einmal mit dem Gefängnissystem zu tun, das heißt, er steht unter staatlicher Überwachung oder wird eingesperrt.

Trotzdem hat die Ablösung sozialstaatlicher Aufgaben und Leistungen durch Disziplinarmaßnahmen des Polizei-, Strafverfolgungs-, Justiz- und Gefängnissystems eine Lücke hinterlassen, so daß diese „simultane Festigung und Schwächung des Staates" (Poulantzas 1978: 226) am Ende in einer merklich in Umfang und Reichweite geminderten staatlichen Regulation in den innerstädtischen Zentren resultiert. Dies zeigt sich auch im Bereich der öffentlichen Ordnung, ungeachtet des polizeilichen und justitiellen Guerillakrieges gegen die städtische Armutsbevölkerung, der unter dem Deckmantel der ‚Drogenbekämpfung' geführt wird. Selbst in Ghetto-Gegenden mit unübersehbarer Polizeipräsenz ist das ‚Schleppnetz' kein hinreichender Ersatz für das sich auflösende ‚soziale Sicherheitsnetz'. Um ein Beispiel zu nennen: Obwohl sich mitten im Gebiet der ‚Robert Taylor Homes', einem der berüchtigtsten Projekte des sozialen Wohnungsbaus dieses Landes mit entsprechender Konzentration sozialen Elends, eine Polizeistation befindet, hielt es die Chicagoer Wohnungsbehörde für notwendig, dort einen eigenen privaten Sicherheitsdienst einzusetzen, der durch das Wohngebiet patrouilliert. Damit gelingt es ihr aber immer noch nicht, ein Minimum an physischer Sicherheit für die Anwohner zu gewährleisten (zu Beginn der 1990er Jahre überstieg die Mordrate in diesem Teil der South Side 100 pro 100.000 Einwohner und war somit die höchste in der Stadt), von einer wirksamen Kontrolle des ‚abweichenden Verhaltens der underclass‘ ganz zu schweigen, um das sich politische Eliten und Politikexperten so sehr sorgen.

Dies rührt daher, weil der Rückzug des Sozialstaates nicht nur für eine Beschneidung der Investitionen und Einkommensströme, die ins Ghetto fließen, verantwortlich ist, sondern darüber hinaus – und dies ist entscheidender – auch für die Zerstörung des gesamten Netzes „indirekter sozialer Beziehungen" (Calhoun 1991), die von öffentlichen Institutionen und den von ihnen gestützten privaten Organisationen aufrechterhalten werden. Die Ablösung des Semi-Wohlfahrtstaates durch den repressiven Staat muß zwangsläufig dazu führen, die sozioökonomische Instabilität und interpersonelle Gewalt, die letzterer eigentlich kontrollieren und mindern soll, zu intensivieren (Wacquant 1996).

Daher hilft uns Elias dabei, „den Staat wieder zurückzubringen" in die Analyse des Zusammenhangs von Kastengesellschaft, Klasse und Raum im amerikanischen Hyperghetto. Eine Untersuchung der Rolle des Staates sollte, erstens, alle Ebenen des Regierungsapparats (Bund, Einzelstaat, Landkreis und Kommune) sowie die Strategien und Praktiken der Ghetto-Bewohner ihnen gegenüber berücksichtigen; zweitens, neben den sozialstaatlichen und ‚Anti-Armuts‘-Strategien die ganze Skala von staatlichen Aktivitäten, die Einfluß auf die sozialräumliche Strukturierung von Ungleichheit nehmen, umfassen , das heißt, auch die Maßnahmen der Kriminalitätsbekämpfung und die Ordnungspolitik; und, drittens, auch die Unterlassungen staatlicher Autoritäten miteinbeziehen, da der Staat Ausgrenzung in den Städten nicht nur über seine Handlungen steuert, sondern – vor allem im Fall der Vereinigten Staaten – über seine Passivität, wenn es um spezifische soziale und ethnische Gruppen geht.

Sich mit Elias dem schwarzen Ghetto zu nähern, heißt auch zu erkennen, daß theoretische Modelle zur Erklärung seiner Transformation (und darüber hinaus der Umgestaltung der großstädtischen Ordnung), die den Staat, seine organisatorischen Kapazitäten, Politiken, Diskurse und die Art seiner aktuellen Interventionsversuche in den Armutsquartieren ausblenden, nicht in der Lage sind, die *unverkennbaren politischen Wurzeln der rassistischen und ökonomischen Ausgrenzungsmuster* zu erfassen, deren konkrete Materialisierung das heutige Ghetto ist. Außerdem riskieren Vertreter solcher Modelle, sich unfreiwillig zu Fürsprechern von Maßnahmen zu machen, die nur dazu taugen, die Politik der staatlichen Vernachlässigung und des räumlichen Einschlusses des schwarzen (Sub-)Proletariats, welche die zentralen Ursachen der sich verschärfenden Misere der Ausgestoßenen in den amerikanischen Städten sind, *ex post facto* zu legitimieren.

Anmerkungen

1   Vgl. hierzu Wacquant 1997b
2   Deutsch im Orig. (A.d.Ü.)

Aus dem amerikanischen Englisch von Britta Grell

5 „Eine schwarze Stadt innerhalb der weißen Stadt". Eine neue Betrachtung des schwarzen Ghettos Amerikas

In den USA gibt es sowohl bei Weißen als auch bei Schwarzen fest verankerte Widerstände gegen das Negerproblem, was sich sogar sprachlich in aller Häßlichkeit und im vollen Umfang seiner Bedeutung zeigt.
Richard Wright, aus dem Vorwort zu *Black Metropolis* 1945

Die im Laufe der Zeit in der amerikanischen Gesellschaft und in den Sozialwissenschaften vollzogene Bedeutungsveränderung des Begriffs ‚Ghetto' gibt Auskunft darüber, wie politische und intellektuelle Eliten des Landes die eng miteinander verflochtenen Probleme von Ethnizität und Armut in den Metropolen (Ward 1989) – vor dem Hintergrund einer stark anti-urban geprägten nationalen Kultur, in der die Großstadt als Hort der Zersetzung und Gefahren gilt (White 1977; Boyer 1987) – jeweils wahrgenommen haben. Es lassen sich schematisch drei Etappen in der semantischen Entwicklungsgeschichte unterscheiden, die schließlich zur paradoxen „Entrassifizierung" eines Begriffs führten, der seit seiner Entstehung traditionell zur Kennzeichnung eines Instruments ethnisch-rassisch begründeter Herrschaft gedient hatte.

Das Ausweiden des Ghettos

Von der Präsidentschaft Andrew Jacksons bis zur Ära von Theodore Roosevelt (1830–1890) fand der aus Europa importierte Begriff *Ghetto* lediglich Anwendung in bezug auf (reale oder imaginierte) räumliche Konzentrationen von osteuropäischen Juden, die sich rund um die Häfen entlang der Atlantikküste niedergelassen hatten. Während dieser Gründungsphase der USA wurden physisch verfallene und sozial degradierte Wohngebiete, die als Hindernis für den individuellen und kollektiven gesellschaftlichen Aufstieg galten, als *Slums* bezeichnet – ein politisch und moralisch aufgeladener Begriff, der vorrangig die gesellschaftlichen Ängste ausdrückte, die Urbanisierung, Industrialisierung und die das Land verändernden neuen Einwanderungswellen hervorgebracht hatten (Lubove 1962). Die

South Side von Chicago, 69. Straße
© Michel Deschamps

‚Entdeckung' des Slum trug daher maßgeblich zur Ausbreitung der Philanthropie – einer Bewegung von Moralreformern und Aktivisten, die städtische Sozialstudien betrieben – bei, wie sich an der 1865 gegründeten American Social Science Association und später an der Entwicklung der „settlement houses"[1], vor allem in den Großstädten des Nordens und Ostens, zeigen läßt.

Während und nach der Progressiven Ära (1890–1913) kam es zu einer Ausweitung des Ghetto-Begriffs, der nun auch die sozialräumliche Konzentration von exotischen Neuankömmlingen in der Stadt umfaßte – darunter vor allem armen Einwanderer aus Süd-, Ost- und Zentraleuropa, aber auch Afroamerikaner, die dem repressiven Regime des agrarischen Südens entflohen waren und sich nun im „gelobten Land" des industrialisierten Nordens sammelten (Marks 1989; Wacquant 1993). Damals bezog sich der weit gefaßte Begriff lange Zeit eher unspezifisch auf die *sich überschneidenden Bereiche* ethnischer Nachbarschaften und Slums; also auf solche Orte, wo Segregation zusammen mit miserablen Wohnbedingungen, Überbevölkerung und Armut (verursacht durch Arbeitslosigkeit und instabile Beschäftigung) urbane Mißstände verschärften und eine Teilnahme am gesellschaftlichen Leben erschwerten. Wissenschaftlich legitimiert wurde dieses Konzept durch die Soziologen der Chicago School, die während der Zwischenkriegsjahre das sogenannte humanökologische Paradigma entworfen hatten, welches die Herausbildung von ethnischen Enklaven als „natürliches Phänomen" begreift. „Wettbewerb um Raum" finde sowohl zwischen Menschen als auch Pflanzen statt und lasse ähnliche strukturelle und funktionale Prinzipien erkennen. Daher wurden unter dem Begriff Ghetto sowohl die „Kolonien" der neu eingewanderten Europäer (Iren, Italiener, Polen, Deutsche, Juden etc.) gefasst als auch der „Black Belt", wo sich die aus dem Süden geflohenen Afroamerikaner konzentrierten, und sogar die sogenannten „Lasterzonen" (Park u.a. 1928; Wirth 1928: 6).

Erst nach dem Zweiten Weltkrieg zeichnete sich wieder eine Verengung der semantischen Bedeutung des Ghetto-Begriffs ab. Von nun an kennzeichnete er fast ausschließlich die *gewaltsame Verbannung von Afroamerikanern* in abgeschlossene und baufällige innerstädtische Wohngebiete. Zwei Faktoren waren hierfür verantwortlich: Die Ausbreitung der Bürgerrechtsbewegung, die zu einer kollektiven Ablehnung des Kastenregimes auf seiten der Schwarzen führte, und der wachsende Gegensatz zwischen der weitgehend reibungslos verlaufenen Verteilung von weißen ethnischen Gruppen über die Stadt und der fortdauernden Separierung der Sklavennachkommen vom Rest der Gesellschaft, der in aller Deutlichkeit die strukturellen und Erfahrungsunterschiede zwischen europäischer Kolonie und Black Belt zeigte. Die Welle gewalttätiger Unruhen, welche die schwarzen Gebiete der US-Metropolen Mitte der 1960er Jahre erschütterten, zementierte schließlich die Gleichsetzung von „Ghetto = schwarzes Ghetto" in der Politik und in den Sozialwissenschaften (Kerner Commission 1968). Bis weit in die 1970er Jahre hinein lassen sich immer noch vereinzelte Bezüge auf „weiße Ghettos" finden (Forman 1971; Goldfield/Land 1973). Allerdings wurde die „Immigranten-Analogie" – wonach die anhaltende Marginalität der Afroamerikaner darauf zurückgeht, daß sie, zeitlich betrachtet, die „letzte Gruppe war, die sich in den Städten niederließ" – schließlich als das entlarvt, was sie immer schon gewesen war: ein historischer Trugschluß und die „größte Fehlkalkulation" (Wade 1990: 6) all derjenigen, die gehofft hatten, daß der Prozeß der Urbanisierung irgendwann einmal Amerikas Spaltung entlang der Hauptfarbe abmildern oder ganz aufheben würde.

In allen drei historisch geprägten Begriffen vom Ghetto in Amerika finden sich zwei eng miteinander verbundene Vorstellungen: die von *ethnisch-rassischer Spaltung* und Homogenität sowie die von *räumlichem Einschluß und sozialer Abschottung*.[2] Jüngste Untersuchungen und Erklärungsansätze zum Verhältnis von Rasse und Armut in den US-amerikanischen Metropolen, die unter dem Label ‚underclass' firmieren, weichen erheblich von dieser semantischen Abstammungslinie ab, indem sie dazu tendieren, das Ghetto mit Gebieten konzentrierter Armut gleichzusetzen, unabhängig von Bevölkerungszusammensetzung und organisatorischem Aufbau.[3] Auf den ersten Blick sieht es so aus, als liege einer solchen Neudefinition des Ghettos nur eine technische Anpassung zugrunde, um in den Städten neu sich abzeichnende Ausgrenzungsstrukturen, die vorhandene Spaltungslinien entlang der Hautfarbe aufweichen oder quer dazu liegen, besser erfassen zu können. Bei näherer Betrachtung stellt sich jedoch heraus, daß dieser Bedeutungsverschiebung ein konzeptioneller, von taktischen ‚politischen' Überlegungen getriebener *coup de force* zugrunde liegt: Er entsorgt – mit folgenschweren Konsequenzen – die Kategorie Rasse aus der kausalen Gleichung und *macht das Ghetto zum Slum*, obwohl alles darauf hinweist, daß die Schwarz-Weiß-Spaltung weiterhin die Enteignung in den städtischen Zentren determiniert.

Dies geschieht, weil Wissenschaftler und politische Entscheidungsträger die Variable Einkommen ‚sympathischer' finden: Sie ist zunächst weniger kontrovers, ideologisch unverdächtiger und dem Anschein nach einfacher zu messen und zu manipulieren – also das genaue Gegenteil von der Kategorie Rasse. Im Ergebnis ist die Konzeption des ‚Ghettos' das erste Mal in ihrer langen Geschichte in Amerika von ihrer ethnisch-rassischen Referenz und dem Zusammenhang von Macht und Unterdrückung befreit worden. Ein multidimensionaler institutioneller Ein- und Ausschlußprozeß ist zu einem eindimensionalen demographischen Deskriptor umgedeutet worden, der die Geschichte und fortdauernde Realität der Rassentrennung in den USA verschleiert.

In den Arbeiten führender akademischer Vertreter der ‚underclass'-Konzeption und ihrer Epigonen ist die Eliminierung der Kategorie Rasse offensichtlich. So beschreibt William Julius Wilson in seinem Buch *When Work Disappears: The World of the New Urban Poor* (1996: 12, Hervorh. im Orig.) zustimmend die heutige Praxis von Sozialwissenschaftlern, „die bei ihren Versuchen, das Problem der Armut in den Ghetto-Gebieten im Land empirisch zu erfassen, Ghetto-Nachbarschaften in der Regel anhand ihrer Lage in statistischen Gebietseinheiten mit *Ghetto-Armutsraten* definieren, das heißt, als Gebiete, in denen mindestens 40 Prozent der Bevölkerung arm sind". Die wichtigste Autorität in diesem Forschungsfeld befürwortet diesen konzeptionellen Wandel in den Sozialwissenschaften und rechtfertigt ihn mit einem Verweis auf die Studien zweier Politik- und Verwaltungsexperten der Harvard Kennedy School, Paul Jargowsky und Mary-Jo Bane. Jargwosky und Bane (1991) wiederum erklären unter Hinweis auf die „aktuell weit verbreitete Anwendung" dieser auf Einkommen basierenden Definition, warum sie ethnisch-rassisch bedingte Restriktionen in ihrer Operationalisierung des Ghettos nicht berücksichtigen.[4]

Eine neue Betrachtung der schwarzen Metropolis

Ein Blick in die Geschichte reicht allerdings aus, um zu erkennen, daß das Ghetto nicht einfach nur eine Ansammlung von armen Familien oder eine räumliche Akkumulation von unerwünschten sozialen Bedingungen wie fehlendes Einkommen, Wohnungsnot, endemische Kriminalität oder andere Formen disruptiven Verhaltens ist, sondern ihre *institutionelle Form*. Involviert sind auf ethnischen und rassischen Kategorien basierende Formen der *Schließung und Macht*[5], um Max Webers Vokabular zu nutzen, wobei Bevölkerungsgruppen, die als verrucht und gefährlich gelten, sofort der Ausgrenzung und Kontrolle unterworfen werden.

Das ‚kommunale Ghetto' der fordistischen Phase – herausgebildet im Laufe eines halben Jahrhunderts, das zwischen dem Ersten Weltkrieg und der Hochphase der Bürgerrechtsbewegung lag, und genauestens untersucht von Vertretern der historiographischen Schule der ‚Ghetto-Entstehung'[6] – war das Produkt mehrerer, gleichzeitig stattfindender Prozesse. Dazu zählen die Migration in die Städte des Nordens, die Einbeziehung der afroamerikanischen Landbevölkerung der Südstaaten in den Prozeß der Industrialisierung und die darauf folgende Proletarisierung der Schwarzen im Kontext einer rigiden Kastenordnung, eingewoben in die materielle und die symbolische Struktur der Großstädte und durchgesetzt über eine Mischung aus Gesetz, Gewohnheit und kruder Gewalt. New Yorks Harlem, Chicagos South Side und Detroits Paradise Valley waren niemals einfach nur trostlose Territorien ökologischen Verfalls und sozialen Elends. Sie waren und sind immer noch Manifestationen eines ungleichen Machtverhältnisses zwischen der dominanten weißen Gesellschaft und der ihr untergeordneten schwarzen Bevölkerung. Vergleichbar mit der unfreiwilligen räumlichen Einschließung von Juden in den mittelalterlichen Städten, die durch die Herauskristallisierung eines separaten institutionellen Gefüges gestützt wurde (Sennett 1994: 212–253), resultierte die von Weißen erzwungene Durchsetzung einer starren Rassenschranke als Bollwerk gegen die schwarze Bevölkerung im Aufbau einer „künstlichen Stadt" mit ihren eigenen „Schulen, Krankenhäusern und anderen Institutionen nur für Schwarze" (Myrdal 1945: 618) – mitten im Herzen der amerikanischen Metropole, aber vollständig von ihr abgeschnitten. In beiden Fällen war die Funktion der sich daraus ergebenden sozialräumlichen Konstellation dieselbe: Die beherrschenden Gruppen – in den europäischen Stadtstaaten der Renaissance die Nichtjuden, in den fordistischen Metropolen der modernen USA die Weißen – konnten ihren unmittelbaren ökonomischen Nutzen aus der Unterwerfung einer ethnisch-rassischen Gruppe maximieren, während sie gleichzeitig ihre unmittelbaren sozialen Kontakte mit dieser auf ein Minimum reduzieren und somit dem Risiko einer symbolischen Kontaminierung und Abwertung ihrer eigenen Gruppe entgehen konnten. Es ist diese Mischung aus institutionellem Separatismus und institutioneller Parallelität, struktureller Verbundenheit und erfahrungsbedingter Abschottung – und nicht die Verbreitung, Intensität oder Fortdauer von Armut –, welche die Urbanisierungsmuster der Schwarzen von denen aller anderen Gruppen in der Geschichte der USA unterscheidet.[7] Nun ist diese zwangsweise erfolgte institutionelle Einschließung, die auf räumlicher Einsperrung gründet, von jedem wichtigen afroamerikanischen Autor dieses Jahrhunderts, der sich mit der Misere der Schwarzen in den Städten beschäftigt hat, gebührend hervorgehoben, wenn auch nicht unbedingt als solche problematisiert worden. Unmittelbar nach seinem wegweisenden Buch *The Philadelphia Negro* führte W.E.B. Du Bois eine Sozialstudie des schwarzen Nordens (*The Black North in 1901*) durch. In ihr läßt er seiner Beobachtung, daß „das Negerproblem nicht das alleinige Besitztum des Südens ist", eine Beschreibung des schwarzen New York als „einer Welt für sich" folgen, „abgeschlossen von der Außenwelt und dieser fast völlig unbekannt, mit Kirchen, Clubs, Hotels, Salons and Wohlfahrtseinrichtungen; mit ihren eigenen sozialen Distinktionen, Vergnügungen und Ambitionen" (Du Bois 1978: 152).

Hintergrund dieses „eigentümlichen und ungewöhnlichen sozialen Milieus, das bis zu einem gewissen Grad Auswirkungen auf alle anderen sozialen Kräfte hat" (Du Bois 1978: 75), ist die systematische Ausgrenzung von seiten der Weißen, die auf unverhüllten gesellschaftlichen Vorurteilen basiert. In einer Diskussion über ‚The Negro Race in the United States of America' auf dem ‚First Universal Races Congress' in London kommt Du Bois (1978: 107) auf diesen Punkt zurück: Aufgrund der Ablehnung der Weißen habe sich „in Amerika eine eigene Welt der Neger mit eigenem wirtschaftlichen und sozialen Leben, eigenen Kirchen, Schulen und Zeitungen, eigener Literatur, öffentlicher Meinung und eigenen Idealen herausgebildet". Hinzu komme, daß „dieses Leben selbst in Amerika weitgehend unbekannt ist oder unbeachtet" bleibe.

James Weldon Johnson (1930: 3–4) teilt zu Beginn seiner klassischen Schilderung des schwarzen Manhattan diese Anschauung: „Das also ist Harlem – nicht nur eine bloße Kolonie, eine Gemeinschaft oder Ansiedlung von Menschen – weit davon entfernt, ein ‚Stadtteil', ein Slum oder eine Randzone zu sein, sondern eine schwarze Stadt mitten im Herzen des weißen Manhattan, wo mehr Neger pro Quadratmeile wohnen als auf irgendeinem anderen Flecken dieser Erde."

Abermals findet sich für diese „scheinbare Inkongruenz und das Wunder der schwarzen Metropole im Herzen der großen weißen westlichen Metropole" sehr schnell eine Erklärung, sobald man die *longue durée* der antipathischen Beziehungen zwischen Weißen und afrikanischen Sklaven und deren Nachkommen mit in Betracht zieht.

Wenn es eine Arbeit gibt, für die das Schema der ‚schwarzen in der weißen Stadt' zentral ist, dann ist es die von St. Clair Drake und Horace Cayton. Bereits der Titel ihres Meisterwerks *Black Metropolis* thematisiert die miteinander verbundenen Vorstellungen von Segmentierung, Einkapselung und institutioneller Parallelität. Im einleitenden Kapitel ihres Buches berichten Drake und Cayton, daß sich 1940 über 90 Prozent der 337.000

schwarzen Bewohner Chicagos „auf einer schmalen Landzunge von sieben Meilen Länge und anderthalb Meilen Breite drängten" und die sozialräumliche Konzentration noch zunahm, „als sich die Communities der im Ausland geborenen Immigranten aufzulösen begannen" und sich rasch über die urbane Landschaft verteilten. Das Wachstum, der interne Aufbau und das auf Erfahrungen basierende Gewebe der schwarzen Metropole „im Mutterleib der weißen" ist der Fokus ihrer Forschung. Deren Ziel ist „die Erklärung der Lebens-, Gedanken-, Meinungs- und Gewohnheitsmuster, welche die schwarze Metropolis zu einer einzigartigen und unverkennbaren Stadt innerhalb der Stadt machen. Wenn wir Chicagos Black Belt verstehen, begreifen wir auch die Black Belts in einem Dutzend anderer amerikanischer Großstädte" (Drake/Cayton 1945: 12).

Das Bewußtsein der braunen Chicagoer – wie sich Afroamerikaner damals selbst nannten –, in ihrer eigenen, unverkennbaren und von der Umgebung klar abgegrenzten Stadt zu leben, war so stark, daß sie sogar den Posten des ‚Bürgermeisters von Bronzeville' erfanden. Die 1930 zum ersten Mal durchgeführte symbolische Bürgermeisterwahl, die zunächst der schwarzen Zeitung *Chicago Bee* als Publicitytrick zur Steigerung ihrer Auflagenzahl diente und später vom Konkurrenzblatt *Defender* unterstützt wurde, entwickelte sich zu einem jährlich stattfindenden Wettbewerb, bei dem Mitte des Jahrhunderts Zehntausende ihre Stimmen abgaben. Üblicherweise war der Gewinner ein Geschäftsmann, der wie ein offizieller Vertreter und als Sprachrohr der „schwarzen innerhalb der weißen Stadt" zu handeln hatte: „Während seiner Amtszeit erwartet man von ihm, die Sehnsüchte und Hoffnungen der Community symbolisch zu vertreten. Er besucht Kirchen, richtet Protestschreiben an den Bürgermeister der Stadt und übernimmt Repräsentationsfunktionen gegenüber Besuchern von Bronzeville" (Drake/Cayton 1945: 383). Die Institution des Pseudo-Bürgermeisters von Bronzeville war daher der Inbegriff der kommunalen Einschließung und der untergeordneten Position der Afroamerikaner in der fordistischen Großstadt. Er verkörperte die kollektiven Bestrebungen der Ghetto-Bewohner nach Autonomie und Würde und zugleich deren unerbittliche Verweigerung von seiten der Mehrheitsgesellschaft.[8]

In seinem Überblick über die Geschichte der schwarzen Urbanisierung im 20. Jahrhundert bestätigt E. Franklin Frazier (1957: 262) den Befund, daß im Rahmen der „Expansion der Neger-Community die Muster einer in sich geschlossenen Stadt übernommen worden sind", die ausgestattet war mit fast allen Einrichtungen und Diensten, die ihre Bevölkerung zur Organisierung ihres sozialen und kulturellen Lebens in größtmöglicher

Unabhängigkeit von der ihr feindlich gesonnenen weißen Gesellschaft brauchte: Krankenhäuser, Kirchen, Läden, Vergnügungs- und selbst Wohltätigkeits- und Wohlfahrtseinrichtungen. Sicherlich ist Fraziers Schilderung der sozialräumlichen Verteilung und Strukturen der städtischen schwarzen Bevölkerung nicht aus einem Guß, was mit der unauflösbaren Spannung zwischen dem von ihm vertretenen humanökologischen Paradigma und der empirischen Realität, die er anhand dieses Paradigmas überprüfen wollte, zusammenhängt.

Da Frazier sehr stark dem radialen Modell großstädtischer Zonen und ihrer Erweiterungen, das von Ernest Burgess in *The City* (1948: 232 u. 234) entworfen wurde, verpflichtet ist, kommt er zunächst zu der Feststellung, daß der „allgemeine Charakter dieser Neger-Communities von denselben ökonomischen und kulturellen Kräften geprägt ist, welche die Gesamtheit der städtischen Gemeinschaft geformt haben". Obwohl Weiße sich vehement der „Invasion" ihrer Nachbarschaften durch Afroamerikaner widersetzten, behauptet Frazier, daß „weder Gewalt noch der Zusammenschluß von Grund- und Eigenheimbesitzern dazu in der Lage waren, die Ausweitung der Neger-Community im Einklang mit dem Wachstum der Gesamtstadt zu verhindern".[9] Auf der anderen Seite ist er ein zu kritischer und zu gewissenhafter Beobachter des städtischen Lebens, um nicht auch zu erkennen, daß die „Aussiebung und Sortierung der Bevölkerung, der Klassen und Institutionen" im Fall der Afroamerikaner eine besondere Entwicklung nahm, da diese fast vollständig *innerhalb der Grenzen des Black Belt* stattfand. In einem für die Chicago School paradigmatischen Artikel mit der Überschrift *Negro Harlem: An Ecological Study*, der auf seiner Arbeit als Direktor einer Untersuchungskommission des Bürgermeisters zur Aufklärung der Aufstände in Harlem 1935 beruhte, schlägt Frazier die folgende Korrektur an der klassischen humanökologischen Hypothese zur räumlichen Verteilung menschlicher Aktivitäten über die Stadt vor: „Gelingt es strikt segregierten kulturellen oder ethnischen Gruppen ein mehr oder minder unabhängiges Gemeinschaftsleben herauszubilden, können diese lokalen Communities auch dieselben Zonierungsmuster wie die der übergeordneten städtischen Gemeinschaft entwickeln" (Frazier 1937: 88). Allerdings könnten sie dies nur innerhalb des separaten Territoriums, in das sie eingeschlossen sind, und nicht im großstädtischen Gesamtraum. Mit dieser konzeptionellen Pirouette rettet Frazier das humanökologische Modell, läßt aber ein bedenkenswertes und hartnäckiges Faktum unerklärt: Von allen damals in der amerikanischen Großstadt präsenten ethnisch-rassischen Gruppen lebten nur die Schwarzen in einem eigenen, in sich geschlossenen urbanen Gefüge, dessen Aufbau und Organisation die Strukturen der es umgebenden Stadt spiegelten. Auch August Meier und Elliott Rudwick haben die Besonderheit dieses Urbanisierungsmusters in ihrem mitreißendem Porträt der afroamerikanischen Reise *From Plantation to Ghetto* betont. In ihm schildern sie, wie die „institutionellen Strukturen der schwarzen Community – die Kirchen, Clubs und auf Solidarität basierenden Ordnungsstrukturen – auf das Ghetto ausgerichtet waren" und wie sie als wirkmächtige Mechanismen der internen Anziehung und Kohäsion fungierten (Meier/Rudwick 1976: 237). Allerdings – und dies bedarf der Hervorhebung – *war die starke Affinität zu ihrer Gemeinschaft ein Ergebnis der Feindseligkeiten von außen*: „Rassistische Vorbehalte und Haltungen, die einen Ausschluß von Schwarzen aus weißen Wohngebieten forderten, waren für die Herausbildung und Ausbreitung des Ghettos entscheidend." Die Ghettos beförderten ihrerseits die Entstehung einer schwarzen Führungselite, die eine Reihe von neuen organisatorischen Verbindungen und Strukturen zur Verteidigung der Interessen der Community hervorbrachten. Dabei spielten die ‚Urban League', die ‚National Association for the Advancement of People of Color' und die ‚Brotherhood of Sleeping Car Porters' eine wichtige Rolle; hinzu kamen weitere Zusammenschlüsse von schwarzen Selbsthilfe- und Solidaritätsgruppen wie z.B. Marcus Garveys ‚Universal Negro Improvement Association'. Aber es ist kein Zufall, daß Kenneth Clarks gefeiertes Werk *Dark Ghetto*, das Mitte der 1960er Jahre erschien, den Untertitel *Dilemmas of Social Power* trägt. In ihm findet sich die wahrscheinlich überzeugendste Darlegung der These, daß das Ghetto im wesentlichen die organisatorische Materialisierung des asymmetrischen Machtverhältnisses zwischen partikularen und gegensätzlichen ethnisch-rassischen Gruppen ist. Diese These wird bereits in der Einleitung des Buches mit Verve vorgetragen: „Amerikas Beitrag zum heutigen Verständnis des Ghettos ist die Einschränkung der Niederlassungs- und Entscheidungsfreiheit von Bevölkerungsgruppen und deren Konzentration in spezifischen Wohngebieten auf der Grundlage ihrer Hautfarbe. Die unsichtbaren Mauern des schwarzen Ghettos sind von der weißen Bevölkerung errichtet worden, von denen, die Macht haben" (Clark 1965: 11).

Die doppelte „Zurückweisung auf der Basis von Klasse und Rasse" durch die weiße Mittelstandsgesellschaft wird als Hauptursache der Wohnungsmisere, der grassierenden Arbeitslosigkeit, der Instabilität der Familien und der endemischen ökonomischen und physischen Unsicherheiten ausgemacht, die das Ghetto durchdringen und es als soziales System und psycho-emotionales Verhältnis veranschaulichen.[10] Zur Charakterisierung des letzteren greift Clark auf die stark aufgeladenen Idiome des Kolonialismus und der Sklaverei zurück, zwei der brutalsten Ausprägungen sozialer Gewalt, und nicht auf das neutrale Kriterium des Einkommensmangels: „Die schwarzen Ghettos sind soziale, politische, schulische – und vor allem – ökonomische Kolonien." Dementsprechend sind ihre Bewohner *unterworfene Völker*, Opfer von Gier, Grausamkeit, Unempfindsamkeit, Schuld und der Furcht vor ihren Herrschern" (Clark 1965: 11, Hervorh. L.W.). Schließlich unterstreicht Oliver Cromwell Cox (1976: 144) in seinen Reflexionen über die Gründe der anhaltenden rigiden ethnisch-rassischen Ab- und Einkapselungen, daß „der Kern des Ghettos dazu neigt, eine externe, rassisch gekennzeichnete Gesellschaft zu erzeugen", und er erklärt dies mit der „bereits auf die Zeit vor dem Bürgerkrieg zurückgehenden Tendenz, Neger von den dominanten sozialen Prozessen auszuschließen". Die soziale Ächtung von seiten der Weißen ist dem in Jamaika geborenen Soziologen zufolge die treibende Kraft hinter den deformierten sozialen Beziehungen und Werten, die unter Schwarzen in der Stadt vorherrschen: „Die kulturellen Pathologien des Ghettos könnten daher auch als ein beabsichtigtes Ergebnis der weißen Machtgruppen interpretiert werden. […] Ohne inhärenten gesellschaftlichen Druck gäbe es kein rassisches Ghetto. Und wir sollten auch nicht vergessen, daß dieser strukturelle Zusammenhang beileibe noch nicht überwunden ist. Es gibt überall im Land mächtige Interessen, die sich kontinuierlich seiner Aufrechterhaltung widmen" (Cox 1976: 143).

Aus einer politischen Notwendigkeit eine konzeptionelle Tugend machen

Die einzigartige Kombination aus kollektiver Ächtung, institutioneller Verdoppelung und kultureller Homogenität, aufgebaut und „eingeschlossen" während der Zwischenkriegsjahre, war entscheidend für die Geburt des „New Negro" (Huggins 1976). Zudem hat sie die besondere Form und den einzigartigen Verlauf der „Rassenbeziehungen" und der Stadtentwicklung in den Vereinigten Staaten bestimmt. Denn die erzwungene territoriale Abgeschlossenheit und organisatorische Abkapselung der Afroamerikaner in den Städten beschleunigten den Zusammenschluß der farbigen Elite mit den dunkleren Massen. Sie erzeugten eine einheitliches ethnisch-rassisches Bewußtsein genauso wie eine unverkennbar eigenständige Kultur, gestützt von gruppenübergreifenden Institutionen, die später als Matrix des organisierten Protestes gegen die weiße Vorherrschaft dienen sollten (Abraham 1970; Morris 1984). Das schwarze Ghetto ist seitdem Wiege und Gefängnis der schwarzen amerikanischen Kultur geblieben. Es bestimmt nicht nur das Schicksal von Millionen schwarzer Armer in den Städten, die heute in den Überresten des Ghettos wohnen. Seine vage, aber zugleich bedrohliche Präsenz beeinflußt darüber hinaus in ganz unterschiedlicher und tiefgreifender Weise selbst die Biographien und Erfahrungen von Angehörigen der afroamerikanischen Mittelschicht, die dem Hexenkessel der rassifizierten Armut der 'Innenstadt' entflohen und innerhalb der Klassen- und städtischen Hierarchie aufgestiegen sind. Auch sie leben im weitreichenden düsteren Schatten des schwarzen Ghettos, selbst wenn sie nicht mehr länger in seinem historischen Kern wohnen.

Abschließend muß allerdings betont werden, daß die Ausblendung der ethnisch-rassischen Dimension des Ausgrenzungsprozesses in den Städten in der Erzählung der 'ghetto underclass' weder zufällig noch naiv ist. Sie ist bezeichnend für die *zunehmende Verdrängung der Kategorie Rasse aus der an Politikberatung orientierten Forschung*, die im Laufe der letzten beiden Jahrzehnte erfolgte, seitdem der von Lyndon Johnson initiierte 'War on Poverty' vom 'War on Welfare' abgelöst wurde, den Ronald Reagan lanciert hatte und den seine Nachfolger fortsetzen (Handler 1995; Waquant 1997). Im Zuge des scharfen Rechtsrucks innerhalb der amerikanischen Politik, der als Reaktion auf die von sozialen Bewegungen der 1960er Jahre ausgelösten gesellschaftlichen Transformationen verstanden werden muß, sind politische Programme zur Bekämpfung von rassischen und ethnischen Ungleichheiten disqualifiziert worden und ins Abseits geraten – ausgenommen kosmetische Maßnahmen wie z.B. 'Affirmative Action', die der Beschwichtigung der politisch aktiven und privilegierten Teile der untergeordneten Gruppen und der Besänftigung des schlechten Gewissens weißer Liberaler dienen. Mit der Aufgabe des „integrationistischen Traumes" (Orfield 1987) ist die Kategorie Rasse von der nationalen Agenda verschwunden und Segregation zum Tabuthema öffentlicher Diskussionen und Interventionen geworden.[11] Staatliche Programme haben sich vom Anspruch, ethnisch-rassische und klassenbedingte Disparitäten zu bekämpfen, verabschiedet und versuchen nun, ihren Konsequenzen im Rahmen einer Doppelstrategie der „freundlichen Vernachlässigung" in den oberen Sektoren der Sozialstruktur und einer „unheilvollen Vernachlässigung" an deren unterem Ende Rechnung zu tragen (Waquant 1996).

Der konzeptionelle Rückzug von der Kategorie Rasse in den ‚underclass‘-Debatten hat seine Ursache nicht darin, daß Rasse inzwischen ein weniger machtvoller Faktor in der Determinierung der Lebenschancen in den unteren Regionen des sozialen Raums ist, sondern darin, daß Rasse für Wissenschaftler, die beabsichtigen, für die gegenwärtigen Anliegen der staatlichen Eliten ‚relevant‘ zu sein und deren Entscheidungen ‚zu beeinflussen‘, kein angemessenes Thema mehr ist. Die Gründe hierfür sind nicht intellektueller, sondern taktischer Natur; sie spiegeln nicht kognitive Beschränkungen, sondern politische Selbstzensur wider, die in dem Maße zunimmt, wie sich die öffentliche Debatte immer weiter nach rechts verschiebt. So wie ‚Gruppen‘, ‚Steuern‘, ‚zu viel Regierung‘, der ‚Krieg gegen die Drogen‘ und ‚Sozialhilfereform‘ als kodierte Idiome gedient haben, mit denen Politiker Rassen- und Klassenressentiments im politischen Feld mobilisieren und reaktionäre Kräfte zur Mitarbeit gewinnen konnten (Edsall/Edsall 1991), ermöglichen ‚underclass‘ und andere vermeintlich entrassifizierte Begriffe, die aus auf Einkommen basierenden Konzeptionen des ‚Ghettos‘ abgeleitet werden, sich auf die unwürdigen und renitenten Schwarzen zu beziehen, ohne eine eindeutig ‚farbige‘ Sprache zu benutzen.[12] Diejenigen Wissenschaftler, die geholfen haben, das Ghetto auf einen Slum zu reduzieren, *haben aus einer politischen Notwendigkeit eine konzeptionelle Tugend gemacht*: Sie haben emsig an der Auslöschung des einzigen kausalen Nexus aus ihrem theoretischen Gerüst gearbeitet, dessen Anerkennung, Bearbeitung und Entschärfung der amerikanische Staat hartnäckig verweigert, wenn er sich mit Ungleichheiten und materieller Not befaßt: Rassenzugehörigkeit. Die Gleichsetzung des Ghettos mit extremer Armut *ohne* Erwähnung seiner ethnisch-rassischen Untermauerungen ist Teil einer *Wissenschaft*, die vor den existierenden hypersegregierten Strukturen der amerikanischen Stadt und Gesellschaft *kapituliert* hat oder diese *billigend in Kauf nimmt*, wenn nicht sogar Teil einer reaktionären Wissenschaft.

Anmerkungen

1   Die Bewegung der „settlement houses" begann 1889 mit dem „Hull House" in Chicago, wo engagierte Sozialarbeiterinnen neu angekommene und mittellose Immigranten unterbrachten und versuchten, diese auf ein selbstständiges Leben in der Neuen Welt vorzubereiten. 1895 gab es in den US-amerikanischen Großstädten bereits 50 solcher Einrichtungen. (A.d.Ü.)

2   Wir sollten uns daran erinnern, daß um die Zeit, als der Begriff Ghetto zuerst zur Bezeichnung von jüdischen und später von anderen Immigrantennachbarschaften geprägt wurde, alle Neuankömmlinge in den USA, die nicht englischer Herkunft waren,

in der Regel rassifziert wurden: Deutsche, Italiener, Polen und Iren wurden als klar voneinander unterscheidbare Gruppen mit spezifischen kulturellen und biologischen Eigenschaften sowie Abstammungsmerkmalen wahrgenommen.

3 Vgl. z.b. Hughes 1990, Wilson 1991, Jencks/Peterson 1991 und Devine/Wright 1993

4 Vgl. Wacquant 1997b und spätere ‚Kommentare' für eine ausführlichere Diskussion der analytischen Kosten und Fallstricke für die konkrete Politik, die entstehen, wenn die institutionelle Dimension des ‚Ghettos' in Untersuchungen nicht berücksichtigt wird

5 Deutsch im Orig. (A. d. Ü.)

6 Zu dieser locker miteinander verbundenen Gruppe von historischen Arbeiten, die alle von der Bürgerrechtsbewegung beeinflußt waren, gehören als die bekanntesten die Monographie von Gilbert Osofsky über Harlem, das Buch von Allen Spear über Chicago, das von David Katzman über Detroit und das von Kenneth Kusmer über Cleveland. Trotter (1985: 264–282) bietet einen kritischen Überblick dieser ‚Denkschule'.

7 Zusammenfassende Darstellungen der afroamerikanischen Urbanisierung, die diesen Punkt indirekt bestätigen, finden sich bei Trotter 1995 und Kusmer 1995.

8 Der Bürgermeister von Bronzeville ist daher teilweise die moderne Entsprechung des Leiter des Rathauses (deutsch im Orig., A.d.Ü.) in jüdischen Ghettos des 18. Jahrhunderts in Frankfurt oder Prag, mit dem Unterschied, daß diese Position damals gesetzlich verankert war.

9 Hier zeigt sich bei Frazier (1948: 232f.) eine direkte Übertragung des von Park und Burgess entwickelten theoretischen Rahmens der humanen Ökologie, wenn er davon spricht, daß urbane sozialräumliche Muster entstehen, „weil es im Zuge der wachsenden Bevölkerung und der Ausweitung der Stadt einen Wettbewerb um Land gibt", und die „Lage der Neger-Community [in Städten des Nordens] wie jede andere Niederlassung von spezifischen ethnischen und kulturellen Gruppen in das Muster der größeren Gemeinschaft paßt". Diese Ansichten entsprechen der unverfälschten Orthodoxie der Chicago School: Park und Wirth „waren davon überzeugt und brachten dies auch ihren Studenten bei, daß alle ethnischen Nachbarschaften einmal Ghettos waren, wie heute der Black Belt. Sie betrachteten Neger einfach nur als eine ethnische Gruppe unter vielen, deren Segregation zum größten Teil freiwillig geschah und sich früher oder später auflösen würde" (Philpot 1978: 136).

10 Die These, daß die weiße Vorherrschaft die Hauptursache des Ghettos ist, wurde anschließend von der ‚Kerner Commission on Civil Disorders' verbreitet, wie die folgende häufig zitierte Stelle ihres zu Recht berühmt gewordenen Berichts belegt: „Was weiße Amerikaner niemals völlig verstanden haben – und was die Neger niemals vergessen können –, ist die Tatsache, daß die weiße Gesellschaft in engem Zusammenhang mit dem Ghetto steht. Weiße Institutionen haben es erschaffen, weiße Institutionen erhalten es, und die weiße Gesellschaft duldet es stillschweigend" (Kerner Commission 1989: 2).

11 Jerome Miller (1996) hat in der jüngsten Forschung über die Strafjustiz eine ähnliche Verdrängung der Kategorie Rasse festgestellt, die mit der Ausbreitung des ‚underclass'-Ansatzes zusammenfällt.

12 „Begrifflichkeiten wie ‚Armut', ‚Innenstadt' und die ‚wirklich Benachteiligten' verschleiern vorsätzlich die eigentlichen Absichten. Daher haben wir das Spektakel einer nationalen Debatte über Rasse, die von jeder Äußerung zum Thema Rasse gesäubert worden ist" (Steinberg 1995: 214).

Aus dem amerikanischen Englisch von Britta Grell

6 Schluß mit der Legende von den „Cité-Ghettos"

Die Zwischenfälle in den Vororten ebenso wie die Gesetzesvorhaben zur Stadtentwicklung verleiten seit Sommer 1990, und in den letzten Monaten immer häufiger, politisch Verantwortliche jeder Couleur, die Medien und sogar manche Sozialwissenschaftler dazu, für die kaputten Sozialwohnungskomplexe am Stadtrand den Begriff „Ghetto" zu verwenden und ihn auf den seither berüchtigten Raum der „Banlieue" überhaupt auszudehnen. Warum ist es plötzlich en vogue, bei jeder Nichtigkeit, beim kleinsten Gerangel zwischen Jugendlichen und Polizisten oder Raufereien unter den Bewohnern irgendeines Vororts, Chicago und die Bronx, Harlem und das Gespenst des „amerikanischen Syndroms" heraufzubeschwören?[1] Ermöglicht es die Einführung des Begriffs Ghetto – allein oder an das Wort Vorort angehängt, um den Zeitungs-Neologismus „Vorort-Ghetto" zu bilden –, der dem politischen Vokabular Frankreichs und der französischen Ideen-Tradition fremd ist, ein neues Phänomen zu erhellen, das auch den informiertesten Beobachtern der Stadtszene bisher entgangen wäre, oder droht er im Gegenteil, die Spuren zu verwischen und klare Analysen zu verhindern? Und woher kommt der so plötzliche wie mächtige Reiz, den solche wilden Vergleiche vernachlässigter französischer Arbeiterviertel mit dem jahrhundertelangen rassistischen Ausschluß der amerikanischen Schwarzen – der, wie wir noch sehen werden, einer ganz anderen Geschichte und institutionellen Logik folgt – für die Medien haben?

Erinnern wir zunächst daran, daß der Begriff Ghetto, 1516 in Venedig aufgetaucht und vom italienischen *giudeica* oder *gietto* abgeleitet, an seinem historischen Ursprung, in den mittelalterlichen Gesellschaften Europas, die erzwungene Umsiedlung von Juden in bestimmte Viertel bezeichnete, wodurch die Kirche die Christen vor der Ansteckung schützen wollte, der sie sonst angeblich ausgesetzt waren (*ad scandala evitanda*). Zu der räumlichen Trennung, die im 13. bis 16. Jahrhundert immer strenger reglementiert wurde und zu Überbevölkerung, drangvoller Enge und Elend führte, kamen nach und nach ein Bündel von Maßnahmen zur Diskriminierung und Drangsalierung und dann auch ökonomische Beschränkungen hinzu, was dazu führte, daß sich die Bewohner spezielle Institutionen zur gegenseitigen Hilfe schufen, Quellen der Solidarität untereinander,

Sozialwohnungen in Lorient, Morbilhan
© Olivier Aubert/1D-photo

die als Schutzwall gegen die durch die Raumstruktur an sich hervorgerufene Entfremdung wirkten. So etwa die *Judenstadt* in Prag mit ihren zehntausend in oft kaum noch erträglichen hygienischen Verhältnissen zusammengepferchten Einwohnern, die im 18. Jahrhundert als das größte Ghetto Europas galt. Trotz allem gab es dort ein dichtes Netz von Unternehmungen, Vereinen, Märkten, Kultstätten und Innungshäusern, sogar ein eigenes Rathaus, Symbol der relativen Autonomie und des starken Zusammenhalts ihrer Einwohner.

Das schwarze amerikanische Ghetto, das einzige, das je in Übersee das Licht der Welt erblickt hat (die Weißen verschiedenster Herkunft, einschließlich der Juden, haben dort immer nur *ethnische Viertel* erlebt, deren Bevölkerung im wesentlichen freiwillig dort wohnte und heterogen war, und die, selbst wenn sie verelendeten, immer nach außen offen geblieben sind, Schleusen zu einer weißen, gemischten amerikanischen Gesellschaft)[2], ist die auf die Spitze getriebene Realisierung dieser Logik ethnisch-rassischen, von einer äußeren Macht aufgezwungenen Ausschlusses. In den ersten Jahrzehnten des Jahrhunderts unter dem Druck der großen Migrationswellen von Schwarzen aus den Südstaaten, Nachkommen befreiter Sklaven, entstanden, ist das Ghetto eine spezifische Stadtform geworden, die alle vier von Michel Wieviorka jüngst definierten Elemente des Rassismus – Vorurteil, Gewalt, Trennung, Diskriminierung[3] – in sich vereint und zu einer unfehlbaren Ausschlußmaschinerie verkettet. Unter dem erbarmungslosen Druck der Feindseligkeit der Weißen, die vom Staat belohnt, ja angeregt wird und sich im alltäglichen Einsatz unmittelbarer physischer Gewalt und dann und wann in mörderischen Rassenunruhen äußert,[4] bildete sich in diesem gedrängten Raum eine echte schwarze Stadt in der Stadt heraus, mit ihren eigenen Geschäften, Presseorganen, Kirchen, Hilfsvereinen, Erholungsstätten, ihrem eigenen kulturellen und politischen Leben. Das spiegelt sich im Titel des klassischen Werks von St. Clair Drake und Horace Cayton: *Black Metropolis*.[5] Diese schwarze Stadt, die wie ein Dolch mitten im Herzen Chicagos steckt (oder Harlem in New York, Brewster in Detroit und das Roxbury-Viertel in Boston), enthielt fast das gesamte Leben der afro-amerikanischen Community und war für die farbige Bourgeoisie, die innerhalb der Ghettosymbiose gedieh, eine Startrampe. Schwarze Politiker, Freiberufler und Kleinunternehmer fanden hier eine Basis von Wählern und Kunden, die Gefangene waren wie sie und sie ebenso brauchten, wie sie sie brauchten.[6]

Aus diesem Blickwinkel betrachtet, haben die französischen Vorstädte ganz offenbar nichts mit einem Ghetto gemein: Sie sind keine institutionalisierten Komplexe, die auf staatlichen, ethnisch oder rassisch begründeten Zwang hin topographisch getrennt sind. Nirgendwo in Frankreich existiert eine „arabische Stadt" (oder eine portugiesische usw.) in der Stadt mit Arbeitsteilung, eigener Ökonomie und ausgeprägter sozialer Differenzierung. Selbst die kleine Konzentration von Asiaten im Pariser Dreieck von Choisy hat nichts von einem amerikanischen *Chinatown*, weil Wohnorte und Geschäfte der Community räumlich getrennt liegen: Diese Ballung ist strikt konsumbezogen, nicht im eigentlichen Sinne ethnisch.[7] Aber auch das amerikanische Ghetto hat sich seit dem Zweiten Weltkrieg drastisch verändert. Infolge des Zusammenwirkens ökonomischer und politischer Faktoren, glänzend analysiert von William Julius Wilson in seinem heftig diskutierten Werk *The Declining Significance of Race*, ist die schwarze Mittelklasse daraus verschwunden, und mit ihr die ökonomischen und gesellschaftlichen Institutionen und Aktivitäten, die ihm seine relative Autonomie und gemeinschaftliche Stärke verliehen.[8] Das Ghetto hat auch seine ökonomische Funktion als Reservoir billiger Arbeitskräfte verloren, aus dem sich die Industrie in den Wachstumsphasen bedienen konnte, die der amerikanische Kapitalismus zur Hochzeit des Fordismus in den Jahren 1940 bis 1965 erlebte. Heute kann man ihm kaum noch eine Rolle für die billige Reproduktion der rücksichtslos ausgebeuteten Arbeitskraft der Schwarzen[9] zuschreiben, denn die meisten seiner heutigen Einwohner sind während des größten Teils ihres Lebens vom Arbeitsmarkt ganz ausgeschlossen. Aber nähert sich deshalb das us-amerikanische Ghetto den französischen Vorstädten an?

Wenn man durch die New Yorker Bronx, durch North Philadelphia oder das Hough-Viertel in Cleveland geht, verschlägt einem der Anblick dieser Mondlandschaft, kilometerlanger Straßen mit verlassenen Häusern, zerstörten Geschäften mit verkohlten Schaufenstern, Brachflächen voller Geröll und Unkraut oder mit Abfällen und Glassplittern übersät, fast die Sprache. Die Bewohner dieser Viertel selbst reden von Bombenverwüstungen, wenn sie ihre Umgebung beschreiben wollen. Der letzte weiße Ladenbesitzer in Woodlawn im Süden Chicagos beschreibt die 63. Straße, in den fünfziger Jahren eines der Schmuckstücke der Stadt, wie folgt: „Sieht hier aus wie Berlin nach dem Krieg, das ist traurig. Die Straße ist wie ausgebombt, verlassen. Drei Viertel leer. Es ist schlimm, aber das einzige, was hier floriert, sind Spirituosen-Läden." Tatsächlich hat sich die Zahl der Läden und Geschäfte im Viertel im Zeitraum von dreißig Jahren von 700 auf weniger als 100 verringert, und die Zahl der Einwohner ist in derselben Zeit um zwei Drittel gesunken.[10] In manchen Zonen ist seit den Rassenunruhen von 1964 bis 1967 mehr als die Hälfte der Wohnhäuser zerstört oder aufgegeben worden und vergammelt in der allgemeinen Gleichgültigkeit. Dennoch setzen die „abwesenden" Besitzer die Abschreibung für ihre leerstehenden Gebäude jahrelang weiter von der Steuer ab, oft finden sie sogar noch Mieter unter den armen Familien, die zu allem bereits sind, um nicht in die Hölle der Riesentürme des *public housing* zu geraten. Eine Untersuchung, die 1980 in North Lawndale, einem Ghetto im Westen Chicagos mit fast 50.000 Einwohnern, das 40 Prozent seines Wohnungs-bestands verloren hatte, durchgeführt wurde, kam zu dem Schluß, daß 8 Prozent der Wohnhäuser in gutem Zustand, 10 Prozent fast abbruchreif und 40 Prozent stark reparaturbedürftig waren.[11] In den französischen Banlieues ist nichts dergleichen zu beobachten. Sicher finden sich dort Wohnhäuser, die stark beschädigt, mancherorts sogar fast unbewohnbar sind, besonders in den großen Komplexen, in die die ärmsten Familien verbannt werden, aber es gibt dort auch sorgfältig geplante und instand gehaltene Gebäude, ganz zu schweigen von denen, die seit Jahren saniert werden. Vor allem aber verbietet der politische und administrative Rah-men dort eine bewußte Leerstandspolitik in der gleichen Größenordnung wie in den amerikanischen Großstädten.

Trotzdem erregt sich eine französische Tageszeitung über das „Ghetto" in Troyes: sechs Häuser, 350 Personen, die in Not und Abhängigkeit leben (ein Phänomen, das, nebenbei gesagt, weder neu noch ein Extrem-fall ist, wenn man etwa an die Slums in Nanterre und Champigny vor dreißig Jahren denkt), eine Insel des Elends mitten im Stadtzentrum, hochsymbolisch eingefaßt von Arbeitsamt und Spielcasino.[12] Darüber vergißt man, daß ein amerikanisches Ghetto, eine Enklave städtischer und menschlicher Verlassenheit, oft ein größeres Gebiet umfaßt als eine französische Provinzstadt. Man braucht über fünfundzwanzig Minuten, um das Ghetto im Westen Chicagos zu durchqueren, das für sich allein 300.000 Einwohner hat und wo die Phänomene des Rassenausschlusses in extremer Vergrößerung zu beobachten sind. Denn die Verbannung ins amerikanische Ghetto resultiert nicht, wie in den Vorstädten Frankreichs, aus dem Mangel an ökonomischem, kulturellem und gesellschaftlichem Kapital. Der erste und ausschlaggebende Faktor ist die *Hautfarbe*.[13] Das Ghetto besteht zu 96 bis 99 Prozent aus Schwarzen (oder, in den Städ-ten des Südens und Kaliforniens, mehr und mehr Latinos). Und seine Grenzen, auch wenn sie in dem Maß beweglich sind, wie das Ghetto sich ausbreitet, sind deutlich markiert: Zu allermeist kommt man unvermit-telt von einem ausschließlich weißen in ein völlig schwarzes Viertel, ohne irgendeine Abstufung – außer hie und da „Hispano"-Vierteln, die immer öfter als Pufferzone zwischen beiden dienen. Die wenigen „integrierten" Viertel sind meist Übergangszonen, die bald erneut entmischt werden, oder kleine Enklaven, wo das Zusammenleben der Rassen deshalb toleriert wird, weil die Bewohner sich aus den Eliten rekrutieren. Tatsächlich findet sich selbst die farbige (Klein-) Bourgeoisie, der es gelungen ist, den Stadtzentren zu entkommen, wider Willen in völlig schwarzen Außenbezirken zusammengefaßt wieder. New York, Los Angeles, Chicago, Detroit haben heute eine Mehrheit von rassischen „Minderheiten", die in Farbigenvierteln zusammengedrängt sind, und entleeren sich immer weiter ihrer weißen Bevölkerung. Die Volkszählung von 1990 zeigt, daß die Rassentrennung in den großen us-amerikanischen Metropolen seit den fünfziger Jahren keinen Deut zurückgegangen ist: in Chicago wohnen zwei Drittel der Schwarzen immer noch in zu mehr als 95 Prozent schwarzen Gebieten, und 99,5 Prozent der Sozialwohnungen liegen innerhalb der schwarzen Elendsviertel. Tatsächlich ist die Segregation der Schwarzen so intensiv und total, in allen nur denkbaren Bereichen der Raumaufteilung und Kontaktmöglichkeiten zwischen den Rassen, daß Demographen den Begriff „Hypersegregation" haben schaffen müssen, um sie von der Segregation anderer Gruppen zu unterscheiden.[14] Das hat nichts mit der Situation in den französischen Vorstädten zu tun, wo zwanzig bis dreißig Nationalitäten nebeneinander leben und wo, mit einigen wenigen Ausnahmen (die von den Medien häufig als typisch dargestellt werden, weil sie sich gut dafür eignen, die Phantasie des breiten Publikums zu fesseln), die Mehrheit der Einwohner weiße Franzosen französischer Herkunft sind: zu 70 Prozent in Quatre Mille in La Courneuve, zu 60 Prozent in Les Minguettes bei Lyon, zu 63 Prozent in der Siedlung Balzac in Vitry-sur-Seine usw. Eine detaillierte Analyse der 28 „heiklen Inseln" in der Region Ile-de-France zeigt, daß die Zahl der Haushalte maghrebininischer Herkunft durchschnittlich zwischen 10 und 20 Prozent liegt, mit ein paar Spitzenwerten von 30 bis 45 Prozent in manchen Zonen wie etwa in „Petit Nanterre".[15] Das Vorhandensein einiger Enklaven mit relativ hoher Ausländerkonzentration verdeckt die Tatsache, daß die immigrierte Bevölkerung geographisch weit verstreut in Frankreich lebt. Weshalb ein „Immigrantenghetto" weit eher auf den Seiten einer Zeitung als in der Realität zu finden ist.

Aber denkt man nicht zu Recht an Chicago, wenn es um Straffälligkeit, Drogen und die Unsicherheit geht, die heute in den Vorstädten zu herrschen scheinen? Nennen nicht die Bewohner dieser Vorstädte selbst

– oder ihre verschreckten Nachbarn – im Zusammenhang mit der dort herrschenden Kriminalität die Stadt Al Capones?[16] Auch hier rückt ein informierter Vergleich die Dinge wieder an ihren richtigen Platz. In Kürze: In Chicago gab es allein im Jahr 1990 850 vorsätzliche Tötungen (in der Hauptsache mit Handfeuerwaffen), die Betroffenen waren mehrheitlich schwarze Jugendliche; 19.600 Revolver sind von der Polizei beschlagnahmt worden (die zudem einräumt, daß dies „nur ein Tropfen" im Meer der in der Stadt zirkulierenden Handfeuerwaffen ist); Schwerverbrechens-Quoten, die in manchen Vierteln, wo 5 Prozent der Jugendlichen im Zeitraum eines Jahres vor Gericht landen, bis zu einem Prozent der Bevölkerung betreffen. In manchen großen Gebäudekomplexen lernen die Kinder im Alter von vier bis fünf Jahren, sich auf den Boden zu werfen, sobald sie Kugeln pfeifen hören, was jeden Tag vorkommt. Eine erhebliche Zahl von Heranwachsenden aus diesen Vierteln bricht die Schule ab, weil in bestimmte Mittel- oder Höhere Schulen zu gehen bedeutet, buchstäblich sein Leben zu riskieren. In Chicago, New York und Detroit sind die öffentlichen Schulen mit Metalldetektoren an den Türen ausgerüstet, um die Zahl der Waffen innerhalb der Gebäude zu beschränken, und beim Wechsel von einem Gebäude zum anderen werden Leibesvisitationen durchgeführt. Eine neuere Untersuchung an 31 Schulen in Illinois hat ergeben, daß fast ein Drittel der Schüler eine Waffe in die Schule mitbringt (davon 5 Prozent Handfeuerwaffen), um sich schützen zu können. Der Medienrummel um die Ermordung zweier Schüler (16 und 17 Jahre alt) durch einen 15jährigen Schulkameraden an der Jefferson-Schule, der sie während des Besuchs des New Yorker Bürgermeisters an dieser Schule erschoß, sollte nicht darüber hinwegtäuschen, daß dieser Vorfall nur die Spitze eines Eisbergs alltäglicher Gewalt ist, die das Ghetto, wie seine Bewohner gelegentlich sagen, zum virtuellen „Kriegsgebiet" macht.[17]

In der Tat hat eine im *New England Journal of Medicine* publizierte epidemiologische Studie gezeigt, daß vorsätzliche Tötung unter den Ursachen für die „Übersterblichkeit" (überdurchschnittlich hohe Sterblichkeitsrate) der männlichen Ghettobevölkerung an erster Stelle steht: Heute haben die jungen Schwarzen mehr Aussichten, mitten in New York eines gewaltsamen Todes zu sterben, als während des Vietnamkriegs an der Front.[18] Diese endemische Unsicherheit ist im wesentlichen auf die Kämpfe zwischen den Gangs (die keinerlei Gemeinsamkeiten mit den Banden der Pariser Banlieue haben, trotz deren Bemühungen, jene zu kopieren) und die Explosion der illegalen Ökonomie, vor allem des Drogenhandels, zurückzuführen.[19] In East Harlem oder South Central Los Angeles ist der Handel mit Kokain (hauptsächlich in Form der „Crackpillen", die für weniger als hundert alte Francs verkauft werden, wodurch sie für jeden Geldbeutel erschwinglich sind) und anderen Rauschgiften (*angel dust*, Karachi, Marihuana, Amphetaminen) für junge Farbige der einzige Arbeitgeber und der Hauptgrund für ihre astronomischen Inhaftierungsquoten: Bis heute finden sich mehr junge Schwarze im Alter zwischen 19 und 25 Jahren im Gefängnis oder unter Aufsicht der Justizbehörden als solche, die an den Universitäten ein Diplom absolvieren, das vier Jahre Studium erfordert.[20] Die Spitznamen, die die Einwohner der heruntergekommenen, das Zentrum Chicagos wie Lepra entstellenden schwarzen Viertel ihren „Siedlungen" geben, sagen mehr als jede Statistik über den Gefährlichkeitsgrad des amerikanischen Ghettos: unter anderem *Wild West* (Far West), *Murdertown* (Mörderstadt), *The Killing Fields* (Schlachtfeld), *The Graveyard* (Friedhof).

Das amerikanische Ghetto, ohnehin ein rassisch uniformer Raum und als solcher stigmatisiert, wird überdies auch sozial immer homogener – ein Schuttabladeplatz, auf den die Allerärmsten verbannt werden, diejenigen, die zu wenig finanzielle und gesellschaftliche Ressourcen haben, um sich dem entziehen zu können. So (über-) lebt fast die Hälfte der Familien im schwarzen Stadtzentrum Chicagos nur von Sozialhilfe, Raub und Schwarzarbeit, drei von vier Erwachsenen sind arbeitslos. Sechs von zehn Haushalten sind offiziell vaterlos und erhalten eine Nahrungsmittelbeihilfe in Form von Essensgutscheinen oder Gratismahlzeiten von der Heilsarmee oder einer der Kirchen des Viertels.[21] Insgesamt lebt ein Drittel der 1,2 Millionen Schwarzen der Stadt unter der offiziellen (schon sehr niedrigen) Schwelle zur Armut. Ein Ausschluß dieser Größenordnung ist in Frankreich und den anderen entwickelten Ländern Kontinentaleuropas unbekannt. In die Sozialwohnungsgebiete in der Banlieue und anderen Vorstädten werden stark unterprivilegierte Teile der Bevölkerung verwiesen, die jedoch insgesamt gesehen relativ heterogen bleiben.[22] Viele Indizien deuten im übrigen darauf hin, daß diese Heterogenität sogar einer der Haupterklärungsfaktoren für die sozialen Spannungen und Zwischenfälle dort sind, weil sie Bevölkerungsgruppen in Kontakt und Konkurrenz bringt, die sich nicht so sehr „ethnisch" und kulturell unterscheiden, sondern sehr viel stärker hinsichtlich ihrer gesellschaftlichen Laufbahn (auf- oder absteigend, schnell oder stockend), darin, wie sie sich den Raum und die kollektiven Ressourcen (die selbst oft im Abnehmen sind) aneignen, und in ihrer Mobilisierungsfähigkeit.[23]

Der Graben zwischen der französischen Vorstadt und dem amerikanischen Ghetto wird noch ein wenig tiefer, wenn man die Haltung des Staats und der öffentlichen Dienstleistungen betrachtet. Wir haben schon gesehen, daß die Rassentrennung der amerikanischen Schwarzen an Wohnort und Schule, bis zum Zweiten Weltkrieg ganz legal, ja gefördert von der Bundesregierung, ihren lokalen Vertretern und der Verwaltung (die staatlichen Wohnungsbeihilfen mußten sich damals an die sakrosankte „Gemeinde-Regel" halten, die den Bau von Wohnungen verbietet, die zur Mischung von Schwarzen und Weißen führen könnten), seither nicht etwa verschwunden ist, sondern sich infolge der Untätigkeit der staatlichen Behörden sogar noch verstärkt hat.[24] Dazu kommt die bewußte Politik des „Rückzugs aus der Stadt", die Washington seit anderthalb Jahrzehnten praktiziert. So hat die Reagan-Regierung zwischen 1980 und 1988 die Subventionen für die Stadtentwicklung um 68 Prozent und die Fonds für sozialen Wohnungsbau um 70 Prozent gekürzt. Brutaler Rückzug auch auf der sozialen Ebene: Zwischen 1975 und 1985 ist der Kaufwert der Sozialhilfemindestleistungen (Wohngeld für alleinstehende Mütter mit Kindern und Essensgutscheine) um die Hälfte gesunken. Im selben Zeitraum ist die Absicherung durch Arbeitslosenhilfe, im besten Fall auf 40 Prozent des letzten Gehalts für 26 Monate begrenzt, um 50 Prozent auf weniger als 25 Prozent der Entlassenen gesunken. Und um den Nagel des Elends noch etwas tiefer einzuschlagen, kommt eine außerordentlich regressive lokale Steuerpolitik hinzu: Im Staat Illinois bezahlen die 20 Prozent der ärmsten Familien mehr als ein Zehntel ihrer mageren Einkünfte an lokalen Steuern, das ist doppelt soviel wie das eine Prozent der reichsten Familien.[25] In Chicago ist die öffentliche Schule, ständig in Finanznöten, weil sie sich aus der örtlichen Wohnungssteuer finanzieren muß, ein gesondertes Erziehungssystem und de facto Schwarzen, Latinos und Armen vorbehalten: 87 Prozent der Schüler stammen aus afroamerikanischen oder hispanischen Familien und aus 70 Prozent der Haushalte, die unter der bundesweit gültigen Armutsgrenze leben. Nur einer von vierzehn Drittklässlern erreicht dort in der Abschlußklasse ein Schulniveau, das im oder gar über dem landesweiten Durchschnitt liegt. Das öffentliche Gesundheitssystem in dieser Stadt ist, wie dessen Leiter selbst eingesteht, „ein Un-System, das kurz vor dem Zusammenbruch steht".[26] In den Ghettovierteln, wo die Kindersterblichkeit seit Mitte der siebziger Jahre regelmäßig gestiegen ist und mancherorts 30 Promille übersteigt (das sind dreimal mehr als der Durchschnitt bei den Weißen in Illinois), fehlt es an Pflegepersonal, an so elementaren Impfstoffen wie gegen Polio und Tetanus, an Bluthochdruck- und Diabetes-Tests. Viele Frauen (zudem viele minderjährige) bringen ihre Kinder ohne irgendwelche medizinische Betreuung während der Schwangerschaft zur Welt.

Was man auch von ihm halten mag, man kann dem französischen Staat schwerlich vorwerfen, sich in den letzten zehn Jahren dermaßen wenig um die schwierigen Viertel gekümmert zu haben. Vom Dudebout-Bericht „Mieux vivre en ville" (Besser leben in der Stadt) 1982 bis zum Programm zur sozialen Quartiersentwicklung, das zunächst in 23 Gebieten erprobt, dann auf 148 und schließlich 400 sogenannte „heikle" Viertel im ganzen Land ausgeweitet wurde – die staatlichen Behörden haben den Problemen der Städte nicht den Rücken gekehrt, obwohl sie deren Ausmaß und strukturelle Ursachen bei weitem unterschätzt haben.[27] Auch wenn der soziale Wohnungsbau nach der großen Wende in der staatlichen Wohnungsbauförderungspolitik, die 1975 von der Barre-Kommission empfohlen wurde,[28] nicht die notwendige finanzielle Ausstattung und politische Unterstützung erhalten hat, bleibt doch die Tatsache, daß eine von fünf Familien in Frankreich in einer staatlich geförderten Wohnung lebt, während der Anteil subventionierter Wohnungen in den Vereinigten Staaten unter 2 Prozent liegt und ständig weiter abnimmt. Der amerikanische Sozialwohnungsbestand ist nicht nur ein verhaßter, mit der ganzen Kraft der Verzweiflung geflohener Ort, sondern auch so schlecht instandgehalten, in einem derartigen Verfallszustand, daß die Zahl der Obdachlosen ständig steigt, besonders wegen des allgemeinen Zusammenbruchs der öffentlichen Dienste in den schwarzen Vierteln im Zentrum der Großstädte.[29] Die Politik geplanter Schrumpfung – bekannt unter dem Namen *planned shrinkage* – der Armenviertel in den us-amerikanischen Metropolen erscheint so als eine der Hauptursachen für den kontinuierlichen Verfall des schwarzen amerikanischen Ghettos. Man kann den Rahmen des Programms zur sozialen Quartiersentwicklung, dazu das Übergangsgeld zur Eingliederung ins Berufsleben, ganz zu schweigen von der ganzen Batterie von Beschäftigungsprogrammen (vor allem für Jugendliche), für unzureichend, ungeeignet, wirkungslos halten – er ist es in vielerlei Hinsicht, besonders was den Zugang zu Schulbildung und bezahlter Arbeit angeht. Aber zumindest hat er das Verdienst zu existieren und zu bezeugen, daß es einen politischen Willen gibt, nach kollektiven Lösungen zu suchen, und sei es tastend, eine Haltung, die das schiere Gegenteil derjenigen des us-amerikanischen Staates ist.

Von seiner Geschichte, seiner Größenordnung, seiner Struktur und seiner Funktionsweise her hat das schwarze amerikanische Ghetto also nicht viel mit den vierhundert „heiklen Zonen" gemein, denen der französische Wohlfahrtsstaat zu helfen versucht, wenn auch mit der sattsam bekannten Langsamkeit und Schlamperei jeder Verwaltung. Gewiß gibt es in beiden Ländern offenbar übereinstimmende Faktoren. Bevölkerungsrückgang, Konzentration ethnischer beziehungsweise eingewanderter „Minderheiten", schulischer Mißerfolg, überdurchschnittliche Arbeitslosigkeit vor allem unter den jungen Leuten, Verbannung in die untersten Sektoren des Arbeitsmarkts und des Bildungssystems, wachsende Zahl von Einelternfamilien, Verzerrung der demographischen Struktur, Stigmatisierung durch den Wohnort, Verlassenheit und Delinquenz: All diese Phänomene neigen diesseits und jenseits des Atlantiks (oder des Ärmelkanals) dazu, sich in denselben Vierteln zu häufen, die ohnehin schon unter fortgeschrittener Betonitis und beschleunigtem Verfall der Gebäude und des Geschäftsnetzes leiden. Aber damit hören die Gemeinsamkeiten auf. Intensität und Umfang des städtischen Ausschlusses, sein rassistischer Charakter, seine historische Verwurzelung und vor allem eine vollkommen unterschiedliche institutionelle Logik, Ideologie und Politik verbieten die übereilte Gleichsetzung der französischen Vorstädte mit ihren amerikanischen Cousinen.[30]

Die Liebhaber des kollektiven Psychodramas mögen mir verzeihen, aber Vaulx-en-Velin, Chanteloup-les-Vignes, Mantes-la-Jolie und La Courneuve sind keine Ghettos in dem Sinn, wie er durch die Erfahrung der jüdischen Diaspora in Europa und der amerikanischen Schwarzen gedeckt ist. In Frankreich leiden „*Blacks*", „*Beurs*" und Weiße aus der Unterschicht gemeinsam unter Arbeitslosigkeit, schulischem Mißerfolg und der Schwierigkeit, in der gegenwärtigen tiefen Krise der Arbeiterklasse einen Weg und eine Identität zu finden, deren traditionelle Art der Reproduktion, durch die ökonomischen (Arbeitsmarkt), kulturellen (Schule), gesellschaftlichen (Gewerkschaften, Demographie, Wohnungsbau) und politischen Veränderungen der letzten zwanzig Jahre von innen wie von außen ausgehöhlt, roh auf dem Müllhaufen der Geschichte gelandet ist. Weil die städtische Gewalt, sobald sie durch die Intervention der Medien zu einem spezifisch politischen Problem geworden ist, das einzige Mittel ist, um sich in einer Demokratie Gehör zu verschaffen, die gelähmt ist durch die ideologische und traditionalistische Sklerose des Apparats und die Blindheit einer politischen Klasse, die mehr und mehr abgeschnitten ist von der Realität des Landes, dem zu dienen sie vorgibt, wenn sie sich selber (be)dient, bleibt den Jugendlichen nichts anderes übrig, als auf die Straße zu gehen und ihre Wut hinauszuschreien. Und das tun sie, und bis heute mit gutem Grund,

nach den kleinen, punktuell aber auch wichtigen Maßnahmen zu schließen, zu denen sich die Regierung nach jedem von Presse und Fernsehen
verbreiteten Zwischenfall durchringt.[31] Ihr Aufstand ist nicht die verzwei-
felte und negative Revolte einer Bevölkerung, die aus rassistischem Wahn
beziehungsweise Interesse ghettoisiert worden ist und sich auf „gemeinschaftliche" Institutionen zurückzuziehen versucht, die aber nicht mehr
existieren (es sei denn in dem embryonalen Zustand, in dem sich niemand
wiedererkennen will), sondern der *proto-politische Anspruch auf Würde*,
erhoben von einer eingeborenen oder eingewanderten Arbeiterjugend, die
die falschen Versprechungen einer immer inegalitäreren Gesellschaftsordnung satt hat, die sie unter dem Deckmäntelchen demokratischer, sogar
vage sozialistischer Slogans den Geboten der „Modernisierung" (eine
weitere politische Legende, die zu dekonstruieren sich lohnen würde),
der Rendite und der politischen Selbstverewigung opfert und sie damit
faktisch von dem Ideal ausschließt, das sie ihnen zugleich als das einzig
richtige aufzuzwingen versucht.

Man sollte also nicht von Ghetto sprechen, sondern – der Reihenfolge nach
– vom Zugang zu Arbeit, Schule und Wohnung, das heißt zu den Mitteln,
sich tatsächlich als Bürger des Staates zu betätigen. Und vom Zunehmen
der Ungleichheiten jeglicher Art, vor dem die Technokraten von links wie
von rechts schamhaft die Augen verhüllen und die neue Generation derer,
die zugunsten der Instandsetzung des französischen Kapitalismus im Stich
gelassen werden, bittet, doch auf die nächste Wachstumsperiode zu war-
ten, bis eine gerechte Umverteilung des nationalen Reichtums und der in
Ewigkeit auf dem Altar der Notwendigkeit geopferten Lebenschancen in
Angriff genommen wird. Die Feststellung, daß die Banlieus keine Ghettos sind, läuft also keineswegs auf die Behauptung hinaus, alles stehe zum
besten in der besten aller Banlieuwelten – wenn man das glaubt, verfällt
man gesenkten Kopfs von einer Märchen-Argumentation in eine andere.
Man stellt lediglich die Diskussion wieder auf den Boden der Wirklichkeit: nämlich die *Zweiteilung* der französischen Gesellschaft durch die
Auflösung der Arbeiterklasse und die Auswirkungen der Arbeitslosigkeit,
die den gesellschaftlichen und ökonomischen Graben zwischen denen, die
eine feste Stelle und ein nachgewiesenes oder nachweisbares kulturelles
Kapital auf dem Bildungsmarkt haben, und jenen anderen täglich weiter
vertieft, die von Bildung, Arbeitsmarkt und deshalb auch vom Wohnungs-
markt ausgeschlossen, „auf die Galeere"[32] verbannt und von vornherein
zu einer Art langsamem gesellschaftlichem Tod verurteilt sind, ohne die
Mittel, sich öffentlich, das heißt politisch zu äußern.

Woher also der beispiellose – und eng zusammenhängende – politische und Medien-Erfolg des Begriffs „Ghetto" in den aktuellen öffentlichen Debatten über die Stadt? Außer in Geschichtsvergessenheit und Ignoranz der in den letzten Jahren erschienenen Forschungsergebnisse zur Stadtentwicklung[33] liegt die Antwort wohl in dem spezifischen Nutzen, den Medien und Politik aus diesem Mißbrauch mit der Sprache ziehen. Den Journalisten von der Presse und mehr noch vom Fernsehen, die stets hinter „spektakulären" Themen her sind, durch die sich die Auflage steigern und die Einschaltquoten erhöhen lassen, liefert die Legende von den „Ghetto-Vororten" ein Thema mit hoher Rendite: Es nährt eine billige Sensationsberichterstattung, klebrig, wenn nicht voyeuristisch und verdammt wirkungsvoll.[34] Es bietet die Möglichkeit, ohne viel Aufwand – eine kurze Autofahrt in die nähere Umgebung von Paris, eine Diskussion mit einer Handvoll Jugendlicher vor irgendeiner Bar, ein kurzes Telephongespräch mit einem Sozialarbeiter – Themen zu finden, beziehungsweise bei Bedarf in allen Stücken zu erfinden, die unter Garantie sehr weit entfernt sind vom Alltag der meisten Leser oder Zuschauer. In den Farben des Ghettos gezeichnet, wird die gestern noch banale, graue, triste Welt der Banlieues auf einmal aufregend, farbig, mit einem Wort: *exotisch.* So sind die Vororte, für die sich gestern noch fast niemand interessierte, eine Art neues Mysterium im Inneren geworden, die Höhle des städtischen Wilden, der zwei Schritte neben den Kleinbürgerhäusern zu erwachen droht.

Der Politik kommt das Thema Ghetto wie gerufen, um einen Diskurs aufzufüllen, der leer läuft, weil er hohl ist, und hinter einer dramatisierenden (die Rechte) oder voluntaristischen (die Linke) Rhetorik ihr Unvermögen zu kaschieren, sich von den technischen und bürokratischen Argumentationen freizumachen, die sie vor der Wirklichkeit abschirmen. Konservative wie progressive Politiker, Feinde und Komplizen zugleich, gehorchen hier demselben, in der Struktur der Sache liegenden Imperativ, daß man sie nämlich immer in Aktion sehen, lesen und erleben muß. Die Banlieue liefert ein bequemes Sprungbrett in die Medien, wo jeder sich in aufsehenerregenden Erklärungen ergehen kann („Wir werden keine Bronx in Frankreich dulden", grollt der Innenminister, ohne daß es ihn etwas kostet), in denen sich zu allermeist nur ihre völlige Unkenntnis des Themas zeigt. Der Begriff Ghetto mit seiner rassischen Konnotierung erlaubt es schließlich den einen wie den anderen, eine aufsehenerregende Verbindung zwischen „Banlieue" und „Immigration"[35] herzustellen, dem anderen „heißen" Thema heute.

Zur Basis einer fast magischen Argumentation geworden, erlaubt es der bequeme Passepartout-Begriff „Ghetto", sich eine echte soziologische und politische Untersuchung der Ursachen für den Niedergang der großen Siedlungskomplexe und den zunehmenden Ausschluß der jungen – und der weniger jungen – Leute aus einer Arbeiterklasse zu ersparen, die von allen einfach ihrer Agonie überlassen wird.

Anmerkungen

1 Es ließen sich zahlreiche Beispiele zitieren. Um den Tenor zu zeigen, genügt der Artikel von Alain Touraine im *Figaro* vom 9.10.1990. Der Soziologe beschwört das „amerikanische Syndrom" und zieht mit folgenden Worten die Alarmglocke: „Wir gehen einer Segregation in ihrer härtesten Gestalt entgegen, dem Ghetto. [...] Angesichts der allgemein zunehmenden Segregation können wir uns darauf gefaßt machen, daß unsere Großstädte sich in Richtung Chicago entwickeln."

2 Thomas Lee Philpott zeigt in: *The Slum and the Ghetto: Neighborhood Deterioration and Middle-Class Reform, Chicago 1880–1930* (New York, Oxford University Press 1978, S. 139–142 und passim), daß die verschiedenen weißen Viertel Chicagos zu Beginn des Jahrhunderts polyethnische Enklaven waren, mit durchschnittlich zweiundzwanzig verschiedenen Nationalitäten. Die als für eine „Ethnie" (de facto eine Nationalität) spezifisch definierten Gebiete enthielten immer nur eine Minderheit der Gesamtbevölkerung dieser Herkunft – in „Klein-Irland" zum Beispiel machten die Iren nur ein Drittel aus, und nur knapp 3 Prozent der Bevölkerung irischer Herkunft der Stadt lebten dort. Das schwarze Ghetto hingegen war und ist immer noch ausschließlich schwarz, dort lebten damals über 90 Prozent der farbigen Einwohner Chicagos. Die Einzigartigkeit des schwarzen Ghettos unterstreicht auch Allan H. Spear: *Black Chicago: The Making of a Negro Ghetto, 1890–1920*, Chicago, The University of Chicago Press, 1968. Zu einem kommentierten Überblick über die sogenannte „Ghetto-Synthese"-Schule in der heutigen amerikanischen Geschichtswissenschaft siehe Joe William Trotter Jr., „Afro-american Urban History: A Critique of the Literature", in: *Black Milwaukee: the Making of an Industrial Proletariat, 1915–1945*, Urbana, University of Illinois Press, 1985.

3 Michel Wieviorka, *L'espace du racisme*, Paris, Editions du Seuil, 1991

4 Zur allgegenwärtigen Drohung und physischen Gewalt gegen die Schwarzen, mit der die räumliche Rassentrennung aufrechterhalten werden soll, vor allem in den fünfziger und sechziger Jahren, die in dieser Beziehung doch als relativ „ruhig" gelten, siehe Arnold Hirsch, „The Black Struggle for Integrated Housing in Chicago", in: Melvin G. Holli und Peter d'A. Jones (Hg.), *Ethnic Chicago*, Grand Rapids (Michigan), William B. Eerdman's Publishing Company, 1984, S. 380–411.

5 St. Clair Drake und Horace R. Cayton, *Black Metropolis: A Study of Negro Life in a Northern City*, New York, Harper and Row, 2 Bde., durchgesehene und ergänzte Neuauflage (die erste erschien 1945). Zur institutionellen Formierung des schwarzen amerikanischen Ghettos vergleiche auch August Meier und Elliott Rudwick, *From Plantation to Ghetto*, New York, Hill and Wang, 3. Auflage 1976, und die von Gilbert Osofsky (Hg.) zusammengestellten Dokumente in: *The Burden of Race in the United States*, New

York, Harper, 1967. Zur Herausbildung des schwarzen Ghettos in Chicago aus der Perspektive der Migranten aus den Südstaaten vgl. das sehr schöne Buch von James Grossman, *Land of Hope: Chicago, Black Southerners and the Great Migration*, Chicago, The University of Chicago Press, 1988.

6 Vgl. Spear, *Black Chicago…*, a.a.O., Kap. 5, 6 und 10; Robert Weaver, *The Negro Ghetto*, New York, Russell and Russell, 1948.

7 Vgl. Anne Raulin, „Espace marchand et concentrations urbaines minoritaires – La petite Asie de Paris", in : *Cahiers internationaux de sociologie*, 85, Juli–Dezember 1989, S. 225–242.

8 William Julius Wilson, *The Declining Significance of Race: Blacks and Changing American Institutions*, Chicago, The University of Chicago Press, 2. Auflage 1980 (1. Aufl. 1978). Weitergeführt werden diese Analysen in: William Julius Wilson, *The Truly Disadvantaged: The Inner City, the Underclass and Public Policy*, Chicago, The University of Chicago Press 1987. Zu den politischen und ökonomischen Ursachen der jüngsten Veränderung des Ghettos vgl. auch Loic J.D. Wacquant, „The Ghetto, the State, and the New Capitalist Economy", in: *Dissent*, Herbst 1989, S. 508–520; und eine umfassendere neuere Bilanz der Beziehungen zwischen Rasse und städtischer Armut in Amerika: Fred R. Harris und Roger W. Wilkins (Hg.), *Quiet Riots: Race and Poverty in the United States – The Kerner Report Twenty Years Later*, New York, Pantheon, 1989.

9 Dies ist auch die These von Daniel Fusfeld und Timoty Bates in: *The Political Economy of the Ghetto*, Carbonade, Southern Illinois University Press, 1984.

10 Für eine detailliertere Analyse siehe Loic J.D. Wacquant, „Redrawing the Urban Color Line: The State of the Ghetto in the 1980s", in: Craig Jackson Calhoun und George Ritzer (Hg.), *Social Problems*, New York, McGraw-Hill, 1992.

11 Dieses Viertel wird in Chicago Tribune, *The American Millstone*, Chicago, Contemporary Books, 1986 beschrieben.

12 Diese Reportage von Gérard Desportes („Troyes paie sa part de ghetto", *Libération* vom 1./2. Juni 1991, S. 21–24) ist hier zu nennen, weil sie in ihrer Extremität repräsentativ ist für eine dramatisierende, moralisierende und desinformierende Berichterstattung. Die wahnhafte Kategorie „Ghetto", durch die entsprechenden Elendsfotos und – um ihres Lokalkolorits und ihrer Schockwirkung willen gut ausgesuchten – Zitate illustriert, wirft ein scheinbar neues Licht auf eine Situation, für die sich de facto strukturelle Äquivalente in der ganzen jüngsten Stadtentwicklungsgeschichte in Frankreich finden lassen (zum Beispiel die ewige Frage der sittlichen und materiellen „Erhebung" der Arbeiterklasse seit der Erfindung der „Sozialarbeit" um die Jahrhundertwende). Und sie verleiht einem Diskurs einen falsch-populistischen Beiklang, der, nebenbei gesagt, mehr über das Verhältnis des Journalisten zu dem Milieu aussagt, das er angeblich beschreibt, als über dessen wahren Zustand und spezifische Funktionsweise.

13 Zu den Besonderheiten der rassischen Unterdrückung in Amerika vgl. Robert Blauner, *Racial Oppression in America*, New York, Harper and Row, 1972; vgl. auch Stephen Steinberg, *The Ethnic Myth: Race, Ethnicity, and Class in America*, Boston, Beacon Press, 1990 (neue, erweiterte Auflage).

14 Doug Massey und Nancy Denton, „Hypersegregation in U.S. Metropolitan Areas: Black and Hispanic Segregation Among Five Dimensions", in: *Demography*, 26-2, August 1989, S. 373–391

15 Nicole Tabard und Lisa Aldeghi, *Développement social des quartiers. Les sites concernés et leurs caractéristiques socio-économiques*, Paris, Crédoc, 1988

16 So zum Beispiel Jean François Lae und Numa Murard, *L'argent des pauvres. La vie quotidienne en cité de transit*, Paris, Seuil, 1985, S. 7. Man könnte noch viele andere Vorstädte aufzählen, die von ihren Bewohnern „Chicago" oder „die Bronx" genannt werden.

17 Vgl. „Deadly Lessons: Kids and Guns – A Report from America's Classroom Killing Grounds", in: *Newsweek*, 9, März 1992

18 Nach einer anderen, in derselben Zeitschrift veröffentlichten Studie (C. McCord und H.P. Freeman, „Excess Mortality in Harlem", *New England Journal of Medicine*, 322, 1990, S. 173) ist die Aussicht der jungen Schwarzen in Harlem, über 35 Jahre alt zu werden, geringer als die der Männer in Bangla Desh.

19 Die eingehendste Arbeit zu den amerikanischen Gangs, die bis heute zur Verfügung steht, ist unstreitig das Werk von Martin Sanchez Jankowski, *Islands in the Street: Gangs in Urban American Society*, Berkeley, University of California Press, 1991. Einen ethnographischen Bericht über das Funktionieren der Crack-Ökonomie in East Harlem in New York findet man bei Philippe Bourgois, „A la recherche de l'extase", in: *Actes de la recherche en sciences sociales*, 1993, und bei Terry Williams, *Cocaine Kids*, Paris, Flammarion, 1990 (vgl. auch meine Besprechung dieses Buchs in der *Revue française de sociologie*, 32-1, Januar–März 1991, S. 139–143).

20 Clyde W. Franklin zählt die wichtigsten Krankheits- und Ausschlußfaktoren, die die jungen Schwarzen aus dem Ghetto belasten, und die politischen Ursachen dafür auf, in: „Surviving the Institutional Decimation of Black Males: Causes, Consequences and Interventions", in: Harry Brod (Hg.), *The Making of Masculinities*, Winchester, Allen and Unwin, 1987, S. 155–169; siehe auch die Sondernummer von *Youth and Society* über „Die schwarze Jugend, eine Generation auf dem Weg zu verschwinden?" (Nr. 22, Band 1, September 1990).

21 Genauere Daten vgl. in Loic J.D. Wacquant und William Julius Wilson, „The Cost of Racial and Class Exclusion in the Inner City", in: *Annals of the American Academy of Political and Social Science*, 501, Januar 1989, S. 8–25

22 Da die Medien fälschlich ein monolithisches Bild vom gesellschaftlichen Gewebe der großen Stadtrandsiedlungen zeichnen und die Präsenz von Immigranten und Straffälligen mehr als nötig betonen, laden sie sich eine schwere Verantwortung dafür auf, daß die Spirale der Stigmatisierung verstärkt wird und jedes Stadtrandviertel symbolisch zum „Ghetto" wird. Und – wegen dieser Art der Darstellung in den Medien – für die Gereiztheit beziehungsweise offene Feindseligkeit der Bewohner dieser Siedlungen, wovon die Journalisten, die „vor Ort" gehen, (und mehr und mehr auch die mit der Medienproblematik vertrautesten Forscher) ein Lied singen können.

23 Michel Pinçon, „Habitat et modes de vie: la cohabitation des groupes sociaux dans un ensemble HLM", in: *Revue française de sociologie*, 22, 1981, S. 523–547

24 So ist beispielsweise das Gesetz gegen die Segregation der Wohngebiete (*Fair Housing Act*) von 1968 nie durch Ausführungsbestimmungen ergänzt worden und sieht keinerlei Sanktionen gegen diejenigen vor, die ihm zuwiderhandelten. Vgl. zu diesem Problem die wichtigen Untersuchungen des Politologen Gary Orfield, z.B. „Race and the Liberal Agenda: The Loss of the Integrationist Dream, 1965–1974", in: Margaret Weir, Ann Shola Orloff und Theda Skocpol (Hg.), *The Politics of Social Provision in the United States*, Princeton, Princeton University Press, 1988.

25 Wacquant, „Redrawing the Urban Color Line", a.a.O.

26 Erklärung des Leiters des öffentlichen Gesundheitswesens in der *Chicago Tribune* vom 16. Januar 1990, S. 1 und 6.

27 Für einen kurzen historischen Abriß und eine erste Bilanz dieses Programms siehe Noëlle Lenoir, Claire Guignard-Hamon und Nicole Smadja, *Bilan/Perspectives des contrats de plan de développement social des quartiers*, Paris, Commissariat général du plan, Paris, La documentation française, 1989.

28 Zu den tiefgreifenden gesellschaftlichen Auswirkungen dieser veränderten staatlichen Politik siehe die Sonderausgabe der *Actes de la recherche en sciences sociales* zur „Häuslichen Ökonomie" (März 1991).

29 Zum Fall New York siehe Roderick Wallace, „,Homelessness', Contagious Destruction of Housing, and Municipal Service Cuts in New York City", in: *Environment and Planning*, 21, 1989, S. 1585–1603.

30 Für einen eingehenderen Vergleich dieser Unterschiede siehe Loic J.D. Wacquant, „Cités françaises contre ghetto américain: de l'amalgame à la comparaison", Beitrag zum Colloquium "Drei Tage zum Rassismus" in der Maison des Sciences de l'Homme, Créteil 5.–7. Juni 1991 (erscheint in den *Actes du Colloque*), und "The Social Structure and Experience of Urban Exclusion: 'Ghetto's in La Courneuve and South Chicago'", in: Catherine McFate, Roger Lawson und William Julius Wilson (Hg.), *Urban Marginality and Public Policy in Europe and in America*, Newbury Park, Sage, 1993

31 So z.B. die Freigabe von Krediten und die Notinstallation von Sportstätten im Frühjahr 1991, im Hinblick auf einen „heißen Sommer", der dann nicht eintrat. Und wenn sich die jungen „Harkis" aus Narbonne und anderswo zu Beginn des Sommers 1991 in heftige Aktionen gestürzt haben, so nicht, weil sich ihre Lage plötzlich verschlechtert hätte, sondern weil sie wußten, daß sie die Medien anziehen und damit die Politiker erreichen würden.

32 Siehe die Analysen dieses Phänomens in François Dubet, *La galère. Jeunes en survie*, Paris Seuil, 1987. – Das Wort „galère" wird heute im Französischen nicht nur für die historische „Galeere", sondern allgemein für eine schlimme, ätzende Situation gebraucht. (A.d.Ü.)

33 Es ist schon erstaunlich, wie wenig die staatlichen Behörden von den vielen schon existierenden Arbeiten zur Stadtsoziologie wissen, die doch zumeist vom Staat selbst finanziert worden sind (ein Beispiel von vielen: die gründlichen Untersuchungen zur städtischen Segregation, die das Team von Edmond Préteceille und Monique und Michel Pinçon am Centre de sociologie urbaine des CNRS durchgeführt hat), und nicht weniger erstaunlich ist der Mangel an historischer Tiefe in der gegenwärtigen öffentlichen Debatte. Tatsächlich sind die Spannungen zwischen „Ethnien" oder Rassen in den Arbeitervierteln in unserer Geschichte nichts Neues. Gérard Noiriel (*Le creuset français. Histoire de l'immigration, XIXe–XXe siècles*, Paris, Editions du Seuil, 1988, Kap. 5) erinnert mit Nachdruck daran, daß es viele der fremdenfeindlichen Reaktionen und Diskurse, die als Besonderheit der 1980er Jahre erscheinen, schon in den anderen großen Einwanderungs-„Krisen" 1880 und 1930, die gleichfalls vor allem ökonomische Krisen waren, gegeben hat, zum Teil wortwörtlich.

34 Zur Aktion der „angestellten Intellektuellen" und zur spezifischen Logik der journalistischen Produktionsbedingungen bei der gesellschaftlichen Genese und Konstruktion „gesellschaftlicher Probleme" wie Armut oder die Krise der „Banlieues" siehe Patrick Champagne, „La construction de la marginalité urbaine dans les médias français: les ‚émeutes' de Veaux-en-Velin", Beitrag zum Colloquium „Armut, Immigration und Marginalität in den Städten" in der Maison des Sciences de l'Homme, 10.–11. Mai 1991. Eine ausgezeichnete Analyse der Auswirkungen der Mediendarstellung der „Gangs" in

den amerikanischen Großstädten findet sich in: Martin Sanchez Jankowski, *Islands in the Street*, a.a.O., Kapitel 9. Für Frankreich, zur Konstruktion des Bildes von der Cité Quatre mille in La Courneuve durch die Medien, siehe die Untersuchung von Christian Bachmann und Luc Basier, *Mise en images d'une banlieue ordinaire. Stigmatisations urbaines et stratégies de communication*, Paris, Syros, 1989.

35 So das sensationsgeile Titelblatt des *Express* (vom 5.–12. Juni 1991) mit dem Titel: „Banlieue, immigration, l'état d'urgence" (Banlieue, Immigration, Notstand); darin wetteifert die soziologische Ignoranz hinsichtlich dieser beiden Phänomene, die bei weitem nicht so eng und automatisch zusammenhängen, wie ein solcher Titel suggeriert, mit der politischen Verantwortungslosigkeit dieser hemmungslosen Jagd nach Verkaufszahlen und Abonnenten.

Aus dem Französischen von Barbara Heber-Schärer

7 Das Janusgesicht des Ghettos.
Zur Konstruktion eines soziologischen Konzepts

Es ist ein Paradox, daß die Sozialwissenschaften den Ausdruck „Ghetto" zwar sehr häufig in *deskriptiver* Weise benutzt haben, daß es ihnen aber nicht gelungen ist, ein tragfähiges *analytisches* Konzept des Ghettos zu entwickeln. In drei Bereichen findet der Begriff des Ghettos traditionell Verwendung: in der Geschichtsschreibung der jüdischen Diaspora der frühen europäischen Neuzeit und unter den Nazis, in soziologischen Untersuchungen zur Geschichte der Afroamerikaner in den Metropolen des 20. Jahrhunderts und in der Anthropologie jener Gruppen in Afrika und Ostasien, welche auf der Basis von ethnischen Zuschreibungen aus der jeweiligen Gesellschaft ausgegrenzt wurden. „Ghetto" dient hier in unterschiedlicher Weise als Beschreibung für einen abgegrenzten städtischen Bezirk, für ein Netz von gruppenspezifischen Institutionen und für eine spezifische kulturelle und kognitive Konstellation (bestimmte Werte, Denkweisen, Mentalitäten), die mit der sozialen Isolation einer stigmatisierten Gruppe sowie mit der systematischen Beschneidung des Lebensraumes und der Lebenschancen ihrer Mitglieder einhergeht. Keine dieser Forschungsrichtungen hat sich jedoch die Mühe gemacht zu spezifizieren, was genau ein Ghetto *als soziale Form* überhaupt ausmacht, welche seiner Eigenschaften konstitutiv sind und welche als abgeleitet betrachtet werden können, insofern sie immer wieder das landläufige *Volkskonzept* der zu untersuchenden Gesellschaft zugrunde gelegt haben. Das erklärt, warum dieser Begriff – der sich scheinbar selbst erklärt – in den meisten Wörterbüchern der Sozialwissenschaften nicht auftaucht.

Ein verschwommener und sich wandelnder Begriff

Die Bedeutung des Begriffs „Ghetto" hat sich in der US-amerikanischen Gesellschaft und den US-amerikanischen Sozialwissenschaften, die die Erforschung des Gegenstands sowohl quantitativ als auch thematisch dominierten, sukzessive ausgedehnt und eingeschränkt, je nachdem wie

South Side von Chicago, 63. Straße
© Loïc Wacquant

die politischen und intellektuellen Eliten den Zusammenhang von Ethnizität und Armut in der Stadt verknüpften (Ward 1989). Zunächst, in der zweiten Hälfte des 19. Jahrhunderts, wurde der Begriff auf jene europäische Juden angewendet, die sich in den Hafenstädten der Atlantikküste konzentrierten. Der Begriff „Ghetto" war von „Slum" klar abgegrenzt. Mit Letzterem wurde eher eine heruntergekommene Wohngegend mit schlechten sozialen Verhältnissen bezeichnet. Während der progressiven Ära dehnte sich diese Bedeutung jedoch aus und umfaßte alle innerstädtischen Bezirke, in denen sich exotische Neuankömmlinge sammelten. Dies waren in der Regel Unterschichtsimmigranten aus den südöstlichen Regionen Europas und Afroamerikaner, die vor dem diskriminierenden Jim-Crow-Regime im Süden der USA geflohen waren. Die Besorgnisse der herrschenden Klasse darüber, ob diese Gruppen an die dominierenden angelsächsischen Strukturen des Landes überhaupt angepaßt werden könnten, bzw. sollten, führten zu einer erneuten Bedeutungsverschiebung von „Ghetto": Als Ghetto wurden jetzt ethnisch bestimmte Wohngegenden mit großer Armut bezeichnet. Segregation war hier kombiniert mit physischem Verfall und Übervölkerung, wodurch die für Metropolen typischen Erscheinungen wie Kriminalität, zerrüttete Familien und Armut sich noch verschlimmerten. Zugleich war den Bewohnern dieser Viertel die Teilnahme am kulturellen Leben des Landes verwehrt. Diesem Bedeutungskonzept wurde durch das Umwelt-Paradigma der (soziologischen) Schule von Chicago wissenschaftliche Autorität verliehen. In seinem Klassiker *The Ghetto* nennt Louis Wirth (1928: 6) das jüdische Ghetto des mittelalterlichen Europas in einem Atemzug mit „Klein-Sizilien, Klein-Polen, Chinatown und den Schwarzenvierteln in unseren großen Städten" und mit den „lasterhaften Orten", welche „abweichende" Personen wie Landstreicher, Bohemiens und Prostituierte beherbergen. Dabei wurden alle diese Gegenden als „natürlich" klassifiziert, sie seien aus dem universellen Bedürfnis dieser verschiedenen Gruppen geboren worden, ihre „besonderen kulturellen Formen" zu bewahren und jede von ihnen würde so eine spezifische Funktion in dem weiten, urbanen Organismus erfüllen.

Nach dem Zweiten Weltkrieg verengte sich dieser Bedeutungsgehalt unter dem Druck der Bürgerrechtsbewegung. Nun waren in der Hauptsache die voll gestopften Viertel gemeint, in welchen die Afroamerikaner leben mußten, wenn sie in die industriellen Zentren des Nordens zogen. Das Wachstum einer „schwarzen Stadt im Mutterleib der weißen Stadt", in welcher sich deutlich abgegrenzte und parallele Institutionen entwickelten, die als

Kompensation und Schutzschild angesichts des unerbittlichen Ausschlusses der Afroamerikaner durch die Weißen fungierten (Drake and Cayton 1945), stand in scharfem Kontrast zu der gleichmäßig verteilten Ansiedlung von Amerikanern europäischer Herkunft. Kenneth Clark (1965: 11), der auf dem Höhepunkt der afroamerikanischen Aufstände der sechziger Jahre schrieb, machte diese ethno-rassistische Unterwerfung zum Zentrum seiner Analyse des „schwarzen Ghettos": „Der Beitrag Amerikas zum Konzept des Ghettos, war es, Personen auf der Grundlage ihrer Hautfarbe in ihrer Freiheit zu beschränken und auf eine bestimmte Gegend festzulegen. Die unsichtbaren Wände der schwarzen Ghettos wurden von der weißen Gesellschaft errichtet, von jenen, die die Macht haben". Diese Diagnose wurde von der Kerner Kommission (1968: 2) bestätigt, einer von Präsident Johnson eingesetzte Arbeitsgruppe, welche sich mit den gewalttätigen Ausschreitungen befassen sollte, die ab der Mitte der 1960er Jahre viele US-amerikanischen Städte erschütterten. In dem von der Kommission vorgelegten Bericht wurde davor gewarnt, daß aufgrund des unnachgiebigen Rassismus Amerika in zwei Gesellschaften gespalten werde, „eine schwarz, eine weiß – getrennt und ungleich". Aber während der darauffolgenden zwei Dekaden zerfiel das „schwarze Ghetto" vor dem Hintergrund der Deindustrialisierung und der staatlichen Ausgabenkürzungen im sozialen und kommunalen Bereich in ein ödes Territorium voller Angst und Zerstörung. Als der Rassismus diffuser und stärker durch die Strukturen der Klassengesellschaft gebrochen wurde, wurde auch die Kategorie des „schwarzen Ghettos" abgelöst. Nun wurde ein Begriffspaar aus dem geographischen Euphemismus „Innenstadt" und der Wortneuschöpfung „underclass" gebildet, womit die Ghetto-Bewohner bezeichnet werden sollten, die von antisozialem Verhalten, akuter Arbeitslosigkeit und sozialer Isolation geplagt waren (Wilson 1987). Um 1990 kulminierte die Neutralisierung des Begriffs „Ghetto" in Forschungsansätzen, die vor allem an Politikberatung orientiert waren. Man bereinigte den Begriff um Kriterien wie Rasse und Macht, letztlich war nur noch ein Gebiet gemeint, in welchem extreme Armut herrscht, unabhängig davon wer dort wohnt. „Ghetto" war damit wieder auf „Slum" reduziert.

Die Ausdehnung des Begriffs „Ghetto" auf die Untersuchung von klar abgrenzbaren soziokulturellen Mustern, die nach den Stonewall-Unruhen in den Städten fortgeschrittener Gesellschaften von Schwulen sowohl „gegen die Stigmatisierung als auch für die Befreiung der Schwulen" entwickelt wurden (Levine 1979: 31), ebenso wie die kürzlich wiederauferstandene Rezeption des Begriffs in Westeuropa im Rahmen hitziger Debatten über den Zusammenhang von postkolonialer Immigration, postindustrieller ökonomischer Restrukturierung und städtischer Polarisierung (Mingione 1996) scheint seine Bedeutung nur weiter zu verwischen. Dennoch lassen sich aus all diesen Untersuchungen einige gemeinsame Ansätze und Eigenschaften entnehmen, mit denen ein *relationales* Konzept des Ghettos als Instrument der Schließung und Kontrolle konstruiert werden kann, welches einen guten Teil der entstandenen Konfusion klärt und das ein wirkungsvolles Werkzeug für die sozialwissenschaftliche Analyse ethnisch-rassistischer Herrschaft und städtischer Ungleichheit darstellt. Dafür ist es sinnvoll zum historischen Ursprung des Wortes zurück zu gehen und seine Bedeutung im Venedig der Renaissance zu beleuchten.

Eine janusköpfige Institution ethnisch basierter Schließung und Kontrolle

Das Wort Ghetto leitet sich vom italienischen *giudecca*, *borghetto* oder *gietto* ab (oder von dem deutschen *Gitter* beziehungsweise aus dem talmudischen Hebräisch *get*; die Etymologie ist umstritten). Ursprünglich bezog sich Ghetto auf die durch die politischen und kirchlichen Behörden veranlaßte Umsiedlung der Juden in bestimmte Bezirke. Im mittelalterlichen Europa lebten die Juden im allgemeinen in ihnen zugewiesenen Vierteln, verwalteten dort ihre eigenen Angelegenheiten und folgten ihren Bräuchen. Solche Bezirke wurden als Privilegien gewährt oder verkauft, um Juden in die Städte und Fürstentümer zu locken, wo sie eine wichtige Rolle als Geldverleiher, Steuereintreiber und Fernhandels-Kaufleute spielten. Doch zwischen dem 13. und dem 16. Jahrhundert, im Laufe der durch die Kreuzzüge verursachten Umbrüche, verwandelte sich die anfängliche Gunst langsam in ein Zwangsverhältnis (Stow 1982). Im Jahre 1516 ordnete der Senat von Venedig an, alle Juden im *ghetto nuovo* zusammenzutreiben. Es handelte sich dabei um eine leerstehende Gießerei auf einer Insel, umgeben von zwei hohen Mauern, deren Außenfenster und Türen abgeschlossen waren, während Aufseher die beiden Brücken bewachten und in Booten auf den angrenzenden Kanälen patrouillierten. Den Juden war es fortan nur bei Tag erlaubt, dieses Viertel zu verlassen, um ihren Geschäften nachzugehen, aber sie mußten eine deutlich erkennbare Kleidung tragen und, wenn sie schlimmen Strafen entgehen wollten, wieder vor Sonnenuntergang zurück sein. Diese Maßnahmen waren als

Alternative zur Vertreibung gedacht, denn auf diese Weise konnten sich die Stadtstaaten den ökonomischen Nutzen (Pacht, spezielle Steuern und Zwangsabgaben) sichern, den die Anwesenheit der Juden mit sich brachte. Zugleich waren die Christen vor der „Kontaminierung" mit den Juden bewahrt: Juden galten als unrein, als in gefährlicher Weise genußsüchtig, man hielt sie für Träger von Syphilis und für Ketzer. Außerdem lastete auf ihnen der Makel, sich durch Wucher zu bereichern, was die katholische Kirche mit Prostitution gleichsetzte (Sennett 1994: 224).

Das venezianische Modell breitete sich bald über ganz Europa und die Küsten des Mittelmeers aus (Johnson 1997: 235–245). Die territoriale Fixierung und Abgeschlossenheit führte einerseits zu Übervölkerung, zum Verfall der Häuser, zu Verelendung, Krankheiten und erhöhter Sterblichkeit. Auf der anderen Seite bildeten sich vielfältige Institutionen und eine ganz eigene Kultur heraus. Die städtischen Juden reagierten auf die politischen und beruflichen Einschränkungen, indem sie ein dichtes Netz von spezifischen Organisationen entwickelten, die als Instrumente des kollektiven Beistands und der Solidarität fungierten: kommerzielle Verbände, Wohlfahrts- und Hilfsvereine, Orte religiöser Andacht und Lehre. Die *Judenstadt* in Prag, Europas größtes Ghetto im 18. Jahrhundert, hatte sogar ihr eigenes Rathaus, ein Symbol der relativen Autonomie und kommunalen Stärke seiner Bewohner. Und ihre Synagogen hatten nicht nur geistige Aufgaben, sie waren auch für administrative und juristische Anliegen der Bevölkerung zuständig. Das soziale Leben des jüdischen Ghettos war ganz nach innen gerichtet und befand sich am Rande einer Art „Überorganisation" (Wirth 1928: 62). Dies verstärkte sowohl die Integration nach innen als auch die Isolation nach außen.

Man kann bereits anhand dieser frühen Entwicklung die vier konstituierenden Elemente des Ghettos identifizieren: *Stigma*, *Zwang*, *räumliche Einsperrung und institutionelle Ausstattung*. Das Ghetto ist eine sozialorganisatorische Einrichtung, die den Raum benutzt, um zugleich zwei widersprüchliche Ziele zu erreichen: die Maximierung des materiellen Profits, der sich aus einer Gruppe von als „verunreinigt" geltenden, geächteten Menschen ziehen läßt, und die Minimierung eines engen Kontakts mit den Mitgliedern dieser Gruppe, um die Bedrohung der durch sie symbolisierten und ihnen zugeschriebenen Zersetzung und Verseuchung abzuwehren. Die gleiche doppelte Zielsetzung von *ökonomischer Ausbeutung und sozialer Ächtung* bestimmte die Entstehung, die Struktur und das Funktionieren des afroamerikanischen Ghettos in der fordistischen Stadt während eines Großteils des 20. Jahrhunderts. Nach dem Ersten Weltkrieg wurden Schwarze von den Städten des US-amerikanischen Nordens angezogen, da ihre unqualifizierte Arbeitskraft unabdingbar für dieIndustrien war, die damals das Rückgrat der expandierenden Fabrikökonomie bildeten. Aber es kam nicht in Frage, daß sich die schwarze mit der weißen Bevölkerung vermischte. Die Weißen hielten die Ankömmlinge für von Natur aus widerlich, für minderwertig und ihrer ethnischen Ehre beraubt, was dem Makel der Sklaverei geschuldet war. Als Schwarze in Millionen aus dem Süden einwanderten, nahm die Feindschaft der Weißen zu. Diskriminierung und Absonderung, die bislang eher informell und unsystematisch gewesen waren, begannen sich in den Bereichen Wohnen, Schule und auf öffentlichen Plätzen zu verfestigen und dehnten sich auch auf Wirtschaft und Gemeinwesen aus (Spear 1968, Osofsky 1971). Es blieb den Afroamerikanern nichts anderes übrig, als im begrenzten Umkreis eigener Viertel Zuflucht zu suchen und in diesem Rahmen ein Netzwerk aus eigenen Institutionen zu entwickeln, um die Grundbedürfnisse einer ausgestoßenen Gemeinschaft zu stillen. Auf diese Weise entstand eine Art Parallelstadt, mit eigenen schwarzen Kirchen und Zeitungen, schwarzen Nachbarschaftsvereinen und Treffpunkten, schwarzen Schulen und Geschäften, schwarzen politischen und kommunalen Verbänden. Wie ein Nest saß diese schwarze Stadt mitten im Herz der weißen Metropole, jedoch abgeschottet von einer unüberwindbaren Mauer aus Gewohnheiten, Maßregelungen, ökonomischer Diskriminierung (durch Makler, Banken und den Staat) und durch die Gewalt, in Form von Prügeleien, Brandbomben und Unruhen, der all jene begegneten, die es wagten, die Grenze zu überschreiten.

Diese aufgezwungene institutionelle Parallelwelt, die auf Einschließung und starrer räumlicher Absonderung – und nicht auf extremer Armut, heruntergekommenen Häusern, kultureller Differenz oder der bloßen Trennung von Wohngegenden – gründet, unterscheidet die Afroamerikaner von jeder anderen Gruppe der amerikanischen Geschichte, was in allen grundlegenden Studien von Du Bois und Frazier über Drake und Cayton bis zu Kenneth Clark und Oliver Cox konstatiert haben (Wacquant 1998). Die erzwungene Entstehung einer Parallelwelt charakterisiert auch die Entwicklung der *Burakumin* in der japanischen Stadt nach dem Ende der Tokugawa Ära (Hane 1982). Als Nachkommen der *Eta* – der niedrigsten der vier Kasten des feudalen Japans – waren die *Burakumin* aus der Sicht der buddhistischen und shintoistischen Religion Unberührbare. Sie waren gesetzlich verpflichtet, sich von Sonnenuntergang bis Sonnenaufgang in abgelegenen Dörfern (*buraku*) aufzuhalten, sie mußten gelbe Halskrausen tragen, barfuß gehen und auf Knie und Hände sinken, wenn sie sich an einen Bürger wenden wollten, und sie durften nur ihresgleichen heiraten. Im Jahre 1871 wurden sie zwar rechtlich gleichgestellt, jedoch wurden sie, wenn sie in die Stadt zogen, gegen ihren Willen in Bezirke verbannt, die als kriminell und moralisch verkommen galten und sich häufig in der Nähe von Mülldeponien, Krematorien, Gefängnissen und Schlachthäusern befanden. Dort war ihnen der Zugang zur Beschäftigung in der Industrie versperrt. Sie mußten schlecht bezahlte, schmutzige Arbeiten annehmen, auf getrennte Schulen gehen und wurden gezwungen, nur Personen des gleichen, „befleckten" Blutes zu heiraten, was sich mittels der „Familien-Registrierung" überprüfen ließ (DeVos/Wagatsuma 1966). Dem Interessensverband der *Burakumin* zufolge zählten sie Ende der siebziger Jahre etwa drei Millionen Menschen, die eingepfercht in 6000 Ghettos in einigen tausend Städten lebten.

Verteilt über drei Kontinente und fünf Jahrhunderte demonstrieren die hier dargelegten Fälle von Juden, Afroamerikanern und den *Burakumin*, daß das Ghetto kein – wie Wirth (1928: 284–285) meinte – „natürliches Areal" ist, das aufgrund einer Anpassung an die Umwelt entstanden und von einer biologischen Logik „ganz wie die auf Konkurrenz beruhende Kooperation der Pflanzenwelt" geleitet ist. Der Fehler der frühen Chicagoer Schule lag darin, daß sie fälschlicherweise „Geschichte in Naturgeschichte" verwandelte und aus der Ghettoisierung eine „Manifestation der menschlichen Natur" machte, die sie ineins setzte mit der „Geschichte der Migration" (Wirth 1918: 285). Bei der Ghettobildung handelt es sich jedoch um eine ganz eigene Form der Urbanisierung, die von asymmetrischen Machtbeziehungen zwischen ethnischen Gruppen geprägt war: eine spezielle Art *kollektiver Gewalt, die sich im Stadtraum konkretisiert*. Die Ghettoisierung ist *kein* „unkontrollierter und ungeplanter" Prozeß, wie Robert E. Park im Vorwort von *The Ghetto* (Wirth 1928: vii) behauptete. Dies zeigte sich ganz besonders nach dem Zweiten Weltkrieg, als das Schwarzenghetto „von oben" rekonstruiert wurde. Durch Maßnahmen des staatlichen Sozialwohnungsbaus, der Stadterneuerung und der Förderung der ökonomischen Entwicklung der Vorstädte wurde versucht, die rigide Trennung der Schwarzen von den Weißen noch zu verstärken (Hirsch 1983). Daß es sich bei der Ghettoisierung nicht um einen „natürlichen" Prozeß handelt, wird bei vielen von Kolonialmächten errichteten Städten noch deutlicher. In ihnen wurde die hierarchische ethnische Ordnung der Kolonien in den Raum eingeschrieben, so in Rabat unter der französischen Herrschaft über Marokko und in Kapstadt nach der Verabschiedung des *Group Area Acts* unter dem Apartheid Regime in Südafrika (Abu-Lughod 1980, Western 1982).

Begreift man das Ghetto als ein Produkt und Instrument von Gruppenmacht, wird deutlich, daß es in seiner voll ausgebildeten Form eine *janusköpfige Institution* ist. Denn es hat für beide Gruppen (jene im und jene außerhalb des Ghettos), welche asymmetrisch voneinander abhängig sind, jeweils entgegengesetzte Funktionen. Für die dominierende Gruppe dient es der *Abgrenzung und Kontrolle*; es entspricht dem, was Max Weber die „ausschließende Schließung" der herrschenden Klasse genannt hat. Für die anderen jedoch ist es eine *integrierende und schützende Einrichtung*, insofern sie ihre Mitglieder vom ständigen Kontakt mit den Herrschenden abschirmt und den Zusammenhalt und die Gemeinschaftsbildung innerhalb der beschränkten Sphäre fördert, in welcher ihre Mitglieder miteinander zu tun haben. Innerhalb dieser Sphäre führt die erzwungene Isolation zu einer Intensivierung des sozialen Austauschs und der kulturellen Teilhabe. Ghettos sind das Produkt einer veränderlichen und spannungsreichen Dialektik von äußerer Anfeindung und innerer Affinität, die sich in ambivalenter Weise im kollektiven Bewußtsein niederschlägt Denn obgleich die europäischen Juden stets gegen die Verbannung in abgesonderte Bezirke protestierten, fühlten sie sich auch von ihnen angezogen, da sie die relative Sicherheit und die besondere Art des kollektiven Lebens dort schätzten. Das Frankfurter Ghetto war im 18. Jahrhundert „nicht nur ein Ort des Eingesperrtseins und der Verfolgung, sondern auch ein Platz, an dem sich Juden zutiefst zu Hause fühlten" (Gay 1992: 67). In ähnlicher Weise waren auch die Afroamerikaner stolz darauf, eine „Gemeinde nach ihren eigenen Vorstellungen errichtet zu haben", obwohl sie darüber aufgebracht waren, daß sie dies unter Druck tun mußten: Es war das Ergebnis des unerbittlichen Ausschlusses durch die Weißen, der darauf abzielte, das Gespenst der „sozialen Gleichheit", letztlich die Mischung der Geschlechter, abzuwehren (Drake/Cayton 1945: 115).

Armut, Segregation und ethnische Konzentration: eine Entwirrung

Die Erarbeitung eines analytischen Konzepts des „Ghettos" ermöglicht es, die Beziehung zwischen Ghettoisierung, städtischer Armut und Segregation zu entwirren und die strukturellen und funktionellen Unterschiede zwischen Ghettos und ethnischen Wohngegenden aufzuzeigen. Mit ihm können wir auch die Rolle des Ghettos als symbolischer

Brutstätte und als Matrix für die Produktion einer verzerrten Identität beleuchten.

Armut ist ein häufiges, aber abgeleitetes und variables Kennzeichen von Ghettos. Der Umstand, daß historisch die meisten Ghettos Orte des bitteren Elends waren, was dem Platzmangel, der Bevölkerungsdichte, der ökonomischen Ausbeutung und ganz allgemein der schlechten Behandlung geschuldet war, heißt nicht, daß das Ghetto notwendigerweise ein Platz der Armut oder einer gleichmäßigen Benachteiligung sein muß. Die *Judengasse* in Frankfurt, 1490 eingerichtet und 1811 abgerissen, kannte Zeiten des Wohlstands ebenso wie großer Armut; zuweilen kam es sogar zu opulentem Reichtum – wenn Hofjuden dazu beitrugen, aus der Stadt ein lebhaftes Finanz- und Handelszentrum zu machen –, und bis heute geht ein Teil von dessen Glanz auf den angestammten Sitz der Rothschilds zurück (Wirth 1928: Kapitel 4). James Weldon Johnson (1937: 4) bestand darauf, daß das Harlem der dreißiger Jahre kein „Slum" gewesen sei, sondern die „kulturelle Hauptstadt" des schwarzen Amerika, wo die „Vorteile und Möglichkeiten der Afroamerikaner größer waren als in jedem anderen Ort des Landes". Ebenso verhielt es sich mit Chicagos „Bronzeville", es war in der Mitte des Jahrhunderts weitaus prosperierender als die schwarzen Communities des Südens. In Bronzeville lebte die größte und wohlhabendste afroamerikanische Bourgeoisie jener Zeit (Drake/Cayton 1945). Ob in einem Ghetto Armut herrscht oder nicht, hängt von äußeren Faktoren ab, von demographischen und Umweltbedingungen, von der staatlichen Politik und den wirtschaftlichen Rahmenbedingungen. Umgekehrt sind nicht alle verfallenen, städtischen Bezirke Ghettos. Verarmte weiße Bezirke in den deindustrialisierten Städten des mittleren Westens der Vereinigten Staaten, in den britischen Midlands, krisengeschüttelte ländliche Städte im Osten Deutschlands und in Süditalien und die verrufene *Villas Miserias* von Buenos Aires – all dies sind Territorien einer degradierten und sich auflösenden Arbeiterklasse am Ende des 20. Jahrhunderts und keineswegs nach ethnischen Kriterien gefüllte Container, die dazu dienen, eine ausgestoßene Gruppe einzuschließen. Man kann von ihnen als Ghettos nur in einem metaphorischen Sinne sprechen, unabhängig davon, wie verarmt diese Gebiete sind. Wenn extreme Verarmung ein ausreichendes Definitionsmerkmal wäre, dann wären ein großer Teil der früheren Sowjetunion und die meisten Städte der Dritten Welt riesige Ghettos. Die *Favelas* der brasilianischen Städte wurden oft als abgetrennte Stätten des Verfalls und der Desorganisation porträtiert, aber es sind Arbeiterbezirke mit einem feinmaschigen Netz von Bindungen zur

Industrie und zu den wohlhabenden Gegenden, für welche Dienstleistungen im Haushalt verrichtet werden. Ganz ähnlich sieht es in den *Ranchoz* von Venezuela und den *Poblaciones* von Chile aus: Familien, die in diesen Siedlungen hausen, gehören zu einem weiten ethnischen Kontinuum und haben ausgedehnte verwandtschaftliche Verbindungen zu Haushalten der höheren Einkommensschichten; sie sind „nicht sozial und kulturell marginalisiert, aber von einem geschlossenen Klassenssystem stigmatisiert und ausgeschlossen" (Perlman 1976: 195; vgl. auch Quijano 1968). Da nicht alle Ghettos arm sind und nicht alle armen Gegenden Ghettos, sollte man die Analyse der Ghettoisierung nicht mit Studien über Slums und Bezirke der Unterschicht verwechseln.

Ebenso gilt: *Alle Ghettos sind segregiert, aber nicht alle segregierten Gebiete sind Ghettos.* Die Luxusviertel des westlichen Paris, die exklusiven Vororte der Oberschichten von Boston oder Berlin und die *Gated Communities*, die in Global Cities wie São Paulo, Toronto und Miami wie Pilze aus dem Boden schießen, sind zwar, was Reichtum, Einkommen, Beschäftigung und häufig auch Ethnizität angeht, ziemlich einförmig, das macht sie aber noch lange nicht zu Ghettos. Die Segregation ist hier freiwillig gewählt, und aus diesem Grund ist sie weder umfassend noch ewig. Es handelt sich hier um befestigte Enklaven, die in luxuriöser Weise „Sicherheit, Zurückgezogenheit, soziale Homogenität, Annehmlichkeiten und Dienstleistungen" bieten, damit die reichen Familien vor dem fliehen können, was sie als „Chaos, Schmutz und Gefährlichkeit der Stadt" wahrnehmen (Caldeira 2000: 264–265). Diese Inseln der Privilegien dienen dazu, die Lebenschancen zu verbessern, nicht sie zu beschneiden. Sie schützen den Lebensstil ihrer Bewohner und strahlen die positive Aura der Distinktion aus, nicht eine der Schande oder Angst.

Damit wird deutlich, daß die Segregation der Wohngebiete eine notwendige, aber keine hinreichende Bedingung für die Ghettoisierung ist. Damit aus einem Bezirk ein Ghetto wird, muß *erstens* die räumliche Segregation aufgezwungen und allumfassend sein. *Zweitens* muß dieses Viertel deutlich abgrenzbare Parallel-Institutionen aufweisen, die es der eingeschlossenen Gruppe ermöglicht, sich dort auch zu reproduzieren. Wenn Schwarze als die einzige ethnische Gruppe gelten, die in der amerikanischen Gesellschaft „übersegregiert" (Massey und Denton 1992) ist, dann weil sie die einzige Community sind, die die unfreiwillige Segregation mit der Schaffung einer organisatorischen Parallelwelt kombiniert hat. Sie sind in ihrer ganz eigenen, separaten und sozial unterlegenen Welt gefangen, was umgekehrt die räumliche Isolation noch verstärkt. Daß sogar unfreiwillige Segregation am untersten Ende der urbanen Ordnung nicht unbedingt ein Ghetto konstituieren muß, zeigt sich am Verfall der französischen *Banlieus* nach 1980. Obwohl sie im öffentlichen Diskurs weithin als Ghettos in Verruf geraten sind und ihre Bewohner das intensive Gefühl haben, als Ausgeschlossene in einem „Strafraum" zu leben, der mit Langeweile, Angst und Verzweiflung angefüllt ist (Pétonnet 1982), erfolgte die Konzentration des sozialen Wohnungsbaus an der städtischen Peripherie nach Kriterien der Klasse und nicht nach jenen der Ethnizität. Im Ergebnis sind die *Banlieus* daher in kultureller Hinsicht heterogen und beherbergen typische französische Familien zusammen mit Immigranten aus zwei Dutzend Nationen. Die Bewohner leiden nicht unter einer institutionellen Verdoppelung, sondern im Gegenteil an einem Mangel an gewachsenen organisatorischeren Strukturen, bei denen sie angesichts des Mangels an einträglichen Arbeitsmöglichkeiten und adäquaten öffentlichen Einrichtungen Unterstützung finden könnten. Ähnlich den britischen oder holländischen Innenstädten und den urbanen Wohngebieten der Immigranten in Deutschland oder Italien sind die französischen Vororte, soziologisch gesprochen, *Anti-Ghettos* (Wacquant 2004).

Ghettos und ethnisch bestimmte Wohnbezirke haben divergierende Strukturen und entgegengesetzte Funktionen. Untersucht man das besondere Muster der sozialen Beziehungen sowohl innerhalb eines Ghettos als auch zwischen ihm und der umliegenden Stadt, dann erkennen wir ganz erhebliche Unterschiede zwischen einem Ghetto und der bloßen Konzentration von Menschen gleicher ethnischer Herkunft oder den Wohngegenden von Immigranten. Die verschiedenen „Kolonien" des Chicagos der Zwischenkriegszeit, welche von Robert Park, Ernest Burgess und Louis Wirth und danach von liberalen Soziologen und Historikern fälschlicherweise als weiße „Ghettos" interpretiert wurden, waren verstreute und bewegliche Konstellationen, die sich einer kulturellen Affinität und der Konzentration bestimmter Berufe verdankten. Die Segregation war hier partiell und brüchig, sie war ein Produkt der Solidarität unter Immigranten und der Anziehungskraft einer gleichen ethnischen Herkunft, sie war aber nicht durch die Ablehnung des umgebenden Kollektivs aufgezwungen. Konsequenterweise war die räumliche Trennung weder einförmig noch rigide: Im Jahre 1930, als das durch und durch schwarze Bronzeville 92 Prozent der afroamerikanischen Stadtbevölkerung beherbergte, war Chicagos Klein-Irland „ein ethnisches Misch-Masch" von 25 Nationalitäten, nur ein Drittel der Einwohner waren irischer Abstammung. Und lediglich 3 Prozent der irischstämmigen Stadtbewohner lebten dort (Philpott 1978: 141–145).

Aber was noch wichtiger ist, die besonderen Institutionen in den Enklaven der europäischen Immigranten waren nach außen gerichtet, sie dienten dazu, die Anpassung an die neue Umgebung der amerikanischen Städte zu erleichtern. Sie reproduzierten weder die Organisationen des Herkunftslandes, noch verfestigten sie die soziale Isolation und die kulturellen Unterschiede. Typischerweise verloren diese Institutionen innerhalb von zwei Generationen ihre Bedeutung, da ihre Nutzer zunehmend Zugang zu den entsprechenden amerikanischen Institutionen erhielten und in der Klassenordnung aufstiegen, womit auch ein Aufstieg auf der Skala der Wohnorte korrespondierte (Nelli 1970; vgl. auch Noiriel 1989, der einen ähnlichen Prozeß von räumlicher Diffusion durch Klassenintegration bei belgischen, italienischen, polnischen und iberischen Immigranten in den französischen Industriestädten beschrieb). Dies alles steht in scharfem Kontrast zu der wechselseitigen ethnischen Ausschließung und den dauerhaften Alternativinstitutionen in den Vierteln der Schwarzen. Die an Chicago illustrierten Verhältnisse zeigen deutlich, daß Immigrantenviertel und Ghettos zwei diametral entgegengesetzte Funktionen haben: Das eine ist ein Sprungbrett für die *Assimilation* durch kulturelles Lernen und sozialräumliche Mobilität, das andere ein Bezirk der materiellen und symbolischen Isolation, der auf *Dissimilation* ausgerichtet ist. Das erste wird am besten durch eine Brücke, das letztere durch eine Mauer versinnbildlicht.

Eine Maschine, die eine beschädigte Identität produziert

Das Ghetto ist nicht nur konkretes Mittel und Materialisierung einer ethnisch-rassistischen Herrschaft durch die räumliche Aufteilung der Stadt, sondern auch eine wirkungsvolle, eigenständige *Maschine zur Produktion kollektiver Identitäten*. Denn es trägt durch zwei komplementäre und sich gegenseitig verstärkende Wirkungen dazu bei, die Spaltung zu verhärten und zu vervollkommnen, deren Ausdruck es ist. Erstens verschärft das Ghetto die Grenzziehung zwischen der ausgestoßenen Gruppe und der sie umgebenden Bevölkerung, indem es die soziokulturelle Spaltung vertieft: Es verstärkt die objektiven und subjektiven Unterschiede der Ghettobewohner gegenüber den anderen Bewohnern der Stadt, indem erstere im Ghetto einheitlichen Konditionierungen unterworfen werden, so daß ihre Verhaltens- und Denkmuster von Nicht-Insidern aller Wahrscheinlichkeit nach als eigentümlich, exotisch oder sogar als abnormal empfunden werden (Sennett 1994: 244; Wilson 1987: 7–8), was wiederum entsprechende

Vorurteile verstärkt. Zweitens ist das Ghetto ein kultureller Hochofen, der die Unterschiede innerhalb der eingeschlossenen Gruppe einschmilzt und deren kollektiven Stolz sogar dann verstärkt, wenn damit das Stigma befestigt wird, mit welchem diese Gruppe behaftet ist. Räumliche und institutionelle Abgeschlossenheit lenkt von Klassenunterschieden ab und zersetzt die kulturellen Unterschiede zwischen den Eingeschlossenen. In dieser Weise schweißte die christliche Ächtung ashkenasische und sephardische Juden unter einer übergreifenden jüdischen Identität zusammen, so daß sich in den Ghettos überall in Europa ein gemeinsamer „Sozialtypus" und eine „gemeinsame Geisteshaltung" entwickelten (Wirth 1928: 71–88 und 1964). Amerikas schwarze Ghettos beschleunigten die soziale und symbolische Verschmelzung von Mulatten und Schwarzen zu einer einzigen „Rasse" auf die gleiche Weise und verwandelten das Bewußtsein, einer bestimmten „Rasse" anzugehören, in ein Massenphänomen. Dies wiederum verstärkte die Mobilisierung gegen die fortlaufende Diskriminierung (Drake/Cayton 1945: 390).

Allerdings ist diese vereinheitlichte Identität zwiespältig, sie bleibt beschädigt, denn Ghettoisierung bedeutet – in den Worten Max Webers – eine „negative Bewertung der Ehre" der eingeschlossenen Gruppe. Dadurch entstehen Gefühle des Selbstzweifels und Selbsthasses, die eigene Herkunft wird verheimlicht, indem man sich als ein anderer ausgibt, die eigenen Leute werden verleugnet bis hin zur Identifikation mit der dominanten Gruppe (Clark 1965: 63–67). Da Ghettoisierung typischerweise eng mit Ethnizität, Segregation und Armut einhergeht, ist es empirisch schwer zu entscheiden, bei welchen der Eigenschaften der Ghettobewohner es sich tatsächlich um „ghettospezifische kulturelle Züge" handelt, die von Ausdrucksformen der Klasse oder der Männlichkeit zu unterscheiden sind (Hannerz 1968: 79). Hinzu kommt, daß kulturelle Ausdrucksformen, die im Ghetto erfunden wurden, durch dessen Grenzen sickern und sich in der Restgesellschaft verbreiten, wo sie oft zu äußeren Zeichen kultureller Rebellion und sozialen Andersseins werden – wie etwa bei der Faszination bürgerlicher Teenager rund um den Globus durch den schwarzen amerikanischen *gangster rap*. Dies macht es schwierig, zwischen kulturellen Formen, die für die Ghettobewohner tatsächlich Geltung haben, und den öffentlichen Vorstellungen von ihnen, die sich in der Gesellschaft verbreiten (u.a. auch durch akademische Publikationen), zu unterscheiden.

Es erscheint sinnvoll, sich Ghetto und ethnisch bestimmte Wohngegenden als *zwei idealtypische Konfigurationen an den entgegengesetzten Enden* eines Kontinuums vorzustellen. Entlang dieses Kontinuums können die verschiedenen Gruppen lokalisiert werden oder auch wandern, je nachdem wie stark Stigmatisierung, Zwang, räumliche Einsperrung und institutionelle Verdoppelungen vorhanden sind und sich miteinander verbinden. Ghettoisierung kann dann zu einer *mehrdimensionalen Variable* für vergleichende Analysen und empirische Beschreibungen werden. Ghettoisierung kann schwächer werden, wenn durch allmähliche Erosion der räumlichen, sozialen und mentalen Grenzen aus dem Ghetto ein freiwillig gewählter ethnischer Ballungsraum wird, der als Sprungbrett für eine strukturelle Integration und/oder kulturelle Assimilation dient. Dieses Modell kann die Entwicklung der *Chinatowns* in den USA während des 20. Jahrhunderts (Zhou 1994) gut erklären, ebenso die Rolle der kubanischen Immigranten-Enklave in Miami, die nach dem *Mariel exodus*[1] im Jahre 1980 die Integration förderte (Portes/Stepick 1993). Es charakterisiert auch die *Kimchee Towns*, in denen Koreaner in den Metropolen Japans lebten. Man findet hier eine Mischung von Merkmalen, so daß man von einem Hybrid zwischen Ghetto und ethnischem Ballungsgebiet sprechen kann (DeVos/Chung 1981). Zunächst galten die *Kimchee Towns* als schändliche Orte. Sie waren aufgrund von Einschränkungen und der Feindschaft der japanischen Bevölkerung entstanden. Allerdings durchmischte sich ihre Bevölkerung im Laufe der Jahre und ermöglichte es den Koreanern, mit ihren japanischen Nachbarn eine Gemeinschaft zu bilden, sie zu heiraten und schließlich durch Einbürgerung die japanische Staatsbürgerschaft zu erhalten. Dieses Schema paßt auch auf das so genannte *gay ghetto*, welches passender als „quasi-ethnische Gemeinschaft" zu bezeichnen wäre, da „die meisten schwulen Personen ‚heraus' können und nicht auf Beziehungen mit den ‚eigenen Leuten' eingeschränkt sind"; außerdem wird niemand gezwungen, in diesen Gebieten, in denen Einrichtungen von und für Schwule sichtbar konzentriert sind, zu wohnen (Murray 1979: 169).

Die Eigenschaft des Ghettos als Waffe und Schild impliziert, daß in dem Maße, in dem seine Institutionen ihre Autonomie und ihre Vollständigkeit verlieren, auch die schützende Funktion des Ghettos abnimmt. Das Ghetto ist dann nur noch ein Ausschließungsmechanismus. Sobald seine Einwohner ihren ökonomischen Wert für die herrschende Gruppe verlieren, kann sich die ethnisch-rassistische Einschließung so weit verschärfen, daß das Ghetto nur noch als ein System zur „Lagerung" der ausgesonderten Gruppe dient oder als Vorbereitung zur ultimativen Form der Ausgrenzung, der physischen Vernichtung. Das erste Szenario paßt auf die Entwicklung des schwarzen amerikanischen *Hyperghettos* in der Zeit nach der Bürgerrechtsbewegung: Als es seine Funktion, ein Reservoir von unqualifizierter Arbeitskraft bereitzustellen, verlor, entwickelte es eine symbiotische Beziehung zum hypertrophen Gefängnissystem der USA, das durch strukturelle Homologie, funktionale Ergänzung und kulturelle Verschmelzung charakterisiert ist (Wacquant 2003). Das zweite Szenario existierte in Deutschland zur Nazizeit, wo zwischen 1939 und 1944 das *Judenghetto* wieder eingeführt wurde. Zunächst, um die Juden mit der Perspektive auf eine Umsiedlung zu verelenden und räumlich zu konzentrieren, und später, als sich die Massendeportation als unpraktikabel erwiesen hatte, um sie in die Vernichtungslager zu schicken (Friedman 1980, Browning 1986).

Die hemmungslose Intensivierung seiner ausschließenden Tendenzen macht deutlich, daß das Ghetto weniger mit städtischen Elendsvierteln, Unterklassenquartieren und Immigranten-Enklaven verglichen werden sollte als vielmehr mit dem Reservat, dem Flüchtlingslager und dem Gefängnis: alles Einrichtungen, die der erzwungenen Einschließung enteigneter und entehrter Gruppen dienen. Nicht zufällig entstanden das Zuchthaus in Bridewell bei London (1555), das Zuchthaus in Amsterdam (1654) und das *Hôpital général* in Paris (1656) – alle konzipiert, um Landstreicher, Bettler und Kriminelle mittels Einkerkerung zur Lohnarbeit zu erziehen und zu disziplinieren – um die gleiche Zeit wie das jüdische Ghetto. Ebensowenig ist es Zufall, daß die sich gegenwärtig ausbreitenden Flüchtlingscamps in Ruanda, Sri Lanka und den besetzten Gebieten von Palästina zunehmend aussehen wie eine Kreuzung zwischen den Ghettos des spätmittelalterlichen Europa und gigantischen Gulags.

Anmerkung

1   Eine Auswanderungswelle aus Kuba, bei der mehrere zehntausend Kubaner über den Hafen Mariel das Land verließen (A.d.Ü.).

Deutsche Erstveröffentlichung: *PROKLA. Zeitschrift für kritische Sozialwissenschaft*, H. 134 (34. Jahrgang Nr. 1) März 2004

Aus dem amerikanischen Englisch von Sabine Nuss

8 Die Bestrafung der Armut und der Aufstieg des Neoliberalismus

Die Kriminalisierung, der Aktivisten vieler sozialer Bewegungen gegen Arbeitslosigkeit, Obdachlosigkeit und Fremdenfeindlichkeit derzeit in ganz Europa ausgesetzt sind – in extremer Form wurde dies etwa bei den willkürlichen Angriffen der Polizei auf demonstrierende Globalisierungsgegner während des G8-Gipfels im Sommer 2001 in Genua deutlich –, läßt sich nicht außerhalb eines allgemeineren politischen Rahmens begreifen, der *Armut bestraft*, um die Auswirkungen neoliberaler Politik auf das untere Ende der Sozialstruktur der Industrienationen in den Griff zu bekommen. Die harschen Polizeipraktiken und Gefängnisstrafen, die heute auf dem ganzen Kontinent gang und gäbe sind, sind in Wirklichkeit integraler Bestandteil einer grundsätzlicheren Umgestaltung des Staates, einer Umgestaltung, die durch den Wandel der Lohnarbeit erforderlich und durch die Zerstörung der eingespielten Machtbalance zwischen den um die Kontrolle von Arbeitsmarkt und Staat ringenden Klassen und Gruppen beschleunigt wurde. Unter dem Banner des Neoliberalismus haben transnationale Unternehmen zusammen mit den „Modernisierern" aus Bürgertum und Staatselite in diesem Kampf die Oberhand gewonnen und eine massive Kampagne zum Umbau der öffentlichen Ordnung geführt. Soziale Deregulierung, die Zunahme sozial unabgesicherter Arbeitsverhältnisse (vor dem Hintergrund anhaltender Massenarbeitslosigkeit in Europa und einer stetig wachsenden „Arbeitnehmerarmut" in den Vereinigten Staaten) und die Wiederkehr eines strafenden Staates alter Prägung gehen Hand in Hand: Die „unsichtbare Hand" des deregulierten, ja atomisierten Arbeitsmarktes findet ihr institutionelles Pendant in der „eisernen Faust" eines Staates, dem wieder mehr Funktionen übertragen werden, damit er *die Störungen eindämmen kann, die eine wachsende soziale Unsicherheit hervorruft* (Wacquant 1999a).

Die Regulierung der Arbeiterklassen durch das, was Bourdieu „die linke Hand" des Staates nennt – sie steht für Bildung und Erziehung, öffentliche Gesundheitsfürsorge, Sozialversicherung und sozialen Wohnungsbau (Bourdieu 1998) –, wird durch Regulierung mittels der „rechten Hand",

Paris, XX. Arondissement
Nemo-Graffito, Rue des Panoyaux
© Olivier Aubert/1D-photo

also Polizei, Gerichten und Gefängnissen, die in den unteren Bereichen des sozialen Spektrums immer aktiver und aufdringlicher werden, in den Vereinigten Staaten (nahezu) *ersetzt*, in Westeuropa *ergänzt*. Die unvermittelte und geradezu zwanghaft von führenden rechten wie linken Politikern wiederholte Beteuerung des „Rechts auf Sicherheit" bietet sich zusammen mit der stillschweigenden Preisgabe des klassischen „Rechts auf Arbeit" (das heißt, auf unbefristete Ganztagsarbeit mit vollen Sozialleistungen, deren Lohn zum Leben ausreicht) und dem an einem größeren Etat ablesbaren wachsenden Interesse an der Rechtsdurchsetzung dafür an, das *Legitimitätsdefizit* der politischen Führungen zu kompensieren. Dabei ist das Legitimitätsdefizit überhaupt erst entstanden, weil sich diese Führungen weigerten, die traditionellen Aufgaben des Staates an der ökonomischen und sozialen Front zu erfüllen.

Überall in Europa versuchen darum Regierungen, die neue Legitimität von Aktivisten und „aktiven Minderheiten" innerhalb der neuen sozialen Bewegungen zu unterminieren – eine Legitimität, die sich von alltäglichen Kämpfen herleitet –, um einen weiteren Anstieg kollektiver Mobilisierung zu verhindern. Die Kriminalisierung der Anwälte sozialer und ökonomischer Rechte ist dabei mehr als nur eine repressive Maßnahme. Sie ist vielmehr Teil einer umfassenderen politischen Agenda, die die Schaffung eines neuen Regimes zum Ziel hat, das man als „liberal-paternalistisch" bezeichnen könnte: An der Spitze, gegenüber Unternehmen und privilegierten Klassen, dort also, wo zunehmende soziale Ungleichheit und Ausgrenzung ihren Ursprung haben, ist es *liberal*; am unteren Ende, denen gegenüber, die von der Umstrukturierung der Lohnarbeit und dem Schwinden wohlfahrtsstaatlichen Schutzes beziehungsweise deren gemeinsamer Rückverwandlung in Instrumente der Armenüberwachung verunsichert sind, ist es *paternalistisch* und strafend.

Drei Arten des Einsperrens und ihre Bedeutung für das neoliberale Projekt

Um die überraschende Rückkehr der Gefängnisse an die Spitze des Institutionengefüges, die sich während der letzten zwei Jahrzehnte in den Industrienationen abgespielt hat, ins rechte Licht zu rücken (King und Maguire 1998, Christie 2000), sollte man sich vergegenwärtigen, daß es eine historisch junge Erfindung ist, Menschen zum Zweck der Bestrafung hinter Gitter zu bringen. Das mag viele überraschen, da wir uns so sehr an das Bild eingesperrter Menschen gewöhnt haben, daß es uns vollkommen natürlich erscheint: Das Gefängnis präsentiert sich als eine unabkömmliche und unveränderbare Einrichtung, die scheinbar seit Menschengedenken existiert. In Wahrheit dienten Haftanstalten bis zum Ende des 18. Jahrhunderts im wesentlichen dazu, Angeklagte oder Verurteilte so lange zu verwahren, bis ihr Urteil vollstreckt wurde. Strafen bestanden damals aus verschiedenen körperlichen Züchtigungen (auspeitschen, an den Pranger stellen, lebendig begraben, brandmarken, mißhandeln, mit oder ohne Folter töten), aus Verbannung oder Verurteilung zu Zwangsarbeit und Galeere (Spierenburg 1995). Erst mit dem Aufkommen des modernen Individuums, dem man persönliche Freiheit und das natürliche Recht auf körperliche Unversehrtheit zuschrieb – ein Recht, das weder Familie noch Staat nehmen durften, und wenn, dann nur aus den schwerwiegendsten Gründen –, wurde die Freiheitsberaubung selbst zu einer Strafe, und sogar zum strafrechtlichen Urteil par excellence (in einem Maß, daß es schwierig geworden ist, sich andere Strafen auszudenken oder anzuwenden, die nicht zu milde erscheinen). Wenn wir uns daran erinnern, daß *das Gefängnis*, gemessen an der Menschheitsgeschichte, *eine sehr junge Einrichtung ist*, wird deutlich, daß seine Ausweitung oder sein Fortbestehen keiner historischen Notwendigkeit entsprechen.

Sobald die Haft erst einmal zur Norm strafrechtlicher Sanktionen geworden ist, kann sie, zweitens, nacheinander oder zur gleichen Zeit *mehrere Funktionen erfüllen*. Die Soziologin Claude Faugeron (1995) hat eine sehr nützliche Unterscheidung eingeführt: zwischen der von ihr so genannten „Sicherheitshaft", die als gefährlich geltende Individuen davon abhalten soll, Schaden anzurichten; der „Auslesehaft", die als unerwünscht geltende soziale Elemente ausschließen soll; und einer „hoheitlichen Haft", deren Zweck es im wesentlichen ist, die Vorrechte und Gewalten des Staates zu bestätigen. Dabei fällt unmittelbar auf, daß die drei Haftformen nicht auf dieselben Teile der Bevölkerung zielen – sondern zum Beispiel auf Pädophile, illegale Einwanderer und gewalttätige „Störenfriede" bei Demonstrationen – und der Gesellschaft nicht dieselbe Botschaft übermitteln.

Ungeachtet der Vielfalt von Funktionen, die das Gefängnis erfüllt, ist es nicht ausgeschlossen, daß zu unterschiedlichen Zeiten die eine oder andere Aufgabe vorherrscht. In diesem Sinne wird die Haft zum Zwecke des Aussortierens in europäischen Ländern heute zunehmend auf nichteuropäische Ausländer angewandt (etwa auf Immigranten aus den ehemaligen Kolonien des alten Kontinents), die auf diese Weise von der Teilhabe am „Gesellschaftskörper" des neuen Europa ausgeschlossen werden

(Palidda 2000: 219–240). In den Vereinigten Staaten haben Gefängnisse die Funktion der schwarzen Ghettos als eines Instruments zur Kontrolle und Abwehr jenes Teils der Bevölkerung übernommen, der als niedrigere Kaste betrachtet wird, mit deren Mitgliedern man sich nicht vermischen sollte. Dort sind es die Afroamerikaner, die von einer Politik „profitieren", die *de facto* eine affirmative action für das Gefängnis ist. Sie hat zur Folge, daß Afroamerikaner in den Bundes- und Landesgefängnissen überproportional stark vertreten sind. Während schwarze Männer nur 6 Prozent der Gesamtbevölkerung bilden, stellte diese Gruppe seit 1989 jedes Jahr über die Hälfte der neueingewiesenen Sträflinge in Bundes- und Landesgefängnissen (vgl. Wacquant 2000a und 2001).

Wie dem auch sei, das auffälligste Merkmal aller Industrienationen am Ende des Jahrhunderts ist zweifellos der ungeheure Anstieg ihrer Gefängnispopulationen (Stern 1997, Tonry und Petersilia 1999, Garland 2001). Als Ursache hierfür kann man das immer häufigere, ja geradezu routinemäßige Umfunktionieren der Haft zu einem Instrument der Bekämpfung sozialer Unsicherheit betrachten. Diese These habe ich in meinem Buch *Elend hinter Gittern*[*] vorgetragen: In allen Ländern, in denen sich die neoliberale Ideologie der Unterwerfung unter den „freien Markt" durchgesetzt hat, verzeichnen wir einen spektakulären Anstieg der Inhaftiertenzahlen, weil sich der Staat bei der Eindämmung von Störungen, die durch Massenarbeitslosigkeit, den Druck sozial unabgesicherter Arbeitsverhältnisse und den Abbau sozialer Sicherungen hervorgerufen werden, immer mehr auf sein Strafrecht und seine Polizei verläßt.

Wie sich das neoliberale Strafsystem ausbreitet und verändert

Abkehr vom Wirtschaftsstaat, Abbau des Sozialstaates, Stärkung des Strafstaates: Die drei Entwicklungen sind eng miteinander verknüpft, und alle drei sind letztlich das Ergebnis einer Konversion der herrschenden Klassen zur neoliberalen Ideologie. Tatsächlich glorifizieren heute – in den Vereinigten Staaten wie in Europa – gerade diejenigen den Strafstaat, die gestern an der sozialen und ökonomischen Front das Ende des „übermächtigen Staates" forderten und die tatsächlich die Vorrechte, Erwartungen und Ansprüche der Allgemeinheit zugunsten der Marktgesetze – das heißt der

---

[*] Konstanz (UVK) 2000 (A.d.Ü.)

Diktatur großer Konzerne – mit Erfolg beschnitten haben. Obwohl es wie ein Widerspruch aussehen mag, sind gerade dies die beiden Grundpfeiler jener institutionellen Maschinerie zur Verwaltung der Armut, die im Zeitalter von Massenarbeitslosigkeit und sozial unabgesicherten Beschäftigungsverhältnissen installiert wird. Diese neue „Regierung" der sozialen Unsicherheit – um mit Michel Foucault zu sprechen – basiert einerseits auf der Disziplinierung des entqualifizierten und deregulierten Arbeitsmarktes, andererseits auf einem aufdringlichen und omnipräsenten Strafapparat. *Die unsichtbare Hand des Marktes und die eiserne Faust des Staates verbinden sich und ergänzen einander,* um die unteren Klassen dazu zu bringen, desozialisierte Lohnarbeit und in der Folge soziale Instabilität hinzunehmen. Nachdem es lange im Schatten anderer Institutionen stand, kehrt das Gefängnis nun mit dem Auftrag, die Gesellschaftsordnung aufrechtzuerhalten, in deren vorderste Reihe zurück.

Die unerhörte Popularität, die das Thema „urbane Gewalt" und Kriminalität im Diskurs wie in der praktischen Politik europäischer Regierungen – besonders in Frankreich, nachdem die „gauche plurielle" (pluralistische Linke, bestehend aus sozialistischen, kommunistischen und grünen Parteien) wieder an die Macht gekommen ist[*] – erlangt hat, läßt sich nicht durch einen Anstieg der „Jugendkriminalität" erklären (man sollte immer dazu sagen: Kriminalität *ausländischer* Jugendlicher oder von Jugendlichen aus *Arbeiterfamilien*, denn ausschließlich sie sind gemeint; davon abgesehen haben Politiker in manchen Ländern wie etwa Italien oder Deutschland sowieso keine Hemmung, die Dinge beim Namen zu nennen und sprechen einfach von „Ausländerkriminalität"). Vielmehr bedient man sich des Themas, um den Umfang und die Modalitäten staatlichen Handelns allmählich umzudefinieren: Der keynesianische Staat als historisches Medium der *Solidarität*, dessen Aufgabe es war, den negativen Folgen und Konjunkturschwankungen des Marktes entgegenzuwirken, die kollektive Wohlfahrt zu sichern und Ungleichheiten zu verringern, wird von einem darwinistischen Staat abgelöst, der *Konkurrenz* vergötzt, individuelle Verantwortung feiert (deren Pendant kollektive Verantwortungslosigkeit ist) und sich auf seine königlichen Aufgaben von „Recht und Ordnung" beschränkt, die er ihrerseits übermäßig aufbläht.

Der Nutzen des Strafapparats im postkeynesianischen Zeitalter der *Kapitalisierung der Unsicherheit* ist deshalb ein dreifacher: Er hat die Aufgabe,

---

[*] Der vorliegende Beitrag wurde erstmals 2001 publiziert. Um diese Zeit war die – im Jahr darauf zurückgetrene – Regierung Jospin an der Macht. (A.d.Ü.)

jene Teile der Arbeiterklasse zu disziplinieren, die gegen die neuen, unsicheren Dienstleistungsjobs aufbegehren; er neutralisiert und verwahrt ihre gefährlichsten Elemente, also diejenigen, die vor dem Hintergrund einer veränderten Nachfrage nach Arbeitskräften als überflüssig gelten; und er bekräftigt die Autorität des Staates innerhalb des beschränkten Bereichs, der diesem fortan zugestanden wird.

Bei der weltweiten Verbreitung der neuen „Law and Order"-Ideologie beziehungsweise -Politik – sie ist natürlich „made in USA" –, insbesondere bei den „Null-Toleranz"-Maßnahmen, die in New York interessanterweise Maßnahmen für mehr „Lebensqualität" heißen (detaillierter hierzu: Wacquant 1999b), kann man drei Phasen unterscheiden: Die erste Phase ist die der *Planung, Umsetzung und Zurschaustellung in amerikanischen Städten*. Sie war besonders gut in New York zu beobachten, das man durch einen systematischen Propagandafeldzug in den Rang eines Sicherheits-Mekka katapultierte. Im Verlauf dieser Phase spielen neokonservative *think tanks* wie etwa das Manhattan Institute, die Heritage Foundation, das American Enterprise Institute und ein paar andere eine wesentliche Rolle. Sie fabrizieren all die Begriffe, die später unter Vertretern der herrschenden Klassen Amerikas in Umlauf gebracht werden. Den allgemeinen Rahmen dieser Entwicklung bildet der Krieg gegen den Wohlfahrtsstaat, der seit Mitte der siebziger Jahre, seit dem sozialen und rassischen ‚backlash' gegen die Integration der Schwarzen in den Vereinigten Staaten geführt wird.

Die zweite Phase ist die des *Import-Exports*, die durch neu geschaffene Verbindungen zu verwandten *Think Tanks* erleichtert wird. Solche *Think Tanks* sind im Laufe des vergangenen Jahrzehnts in ganz Europa, insbesondere aber in England wie Pilze aus dem Boden geschossen. Genau wie bei der Arbeitsmarkt- und Sozialpolitik fungiert England als trojanisches Pferd bzw. als „Akklimatisierungszone" für die anvisierte Verbreitung des neuen, neoliberalen Strafsystems auf dem gesamten europäischen Kontinent (eine sehr einflußreiche Rolle spielt das Institute for Economic Affairs, das erst Charles Murray nach England holte, um die Kürzung der Sozialausgaben zu propagieren, dann Lawrence Mead, um „Sozialhilfe nur gegen Arbeit" (*workfare*) zu fordern, und schließlich William Bratton, um „Null Toleranz" zu predigen). Doch der Export der neuen amerikanischen „Law and Order"-Produkte ist nur deshalb von so durchschlagendem Erfolg, weil er die Bedürfnisse der Regierungschefs der importierenden Länder befriedigt. Letztere sind inzwischen zum Glauben an den „freien" Markt mit seiner Forderung nach einem

„schlanken Staat" konvertiert – wohlgemerkt nur im Hinblick auf die Wirtschafts- und Sozialpolitik.

In der dritten und letzten Phase versieht man diese Maßnahmen mit einer dünnen *akademischen Tünche*, und der Trick funktioniert: Eine konservative Katze wird in einem kriminologischen Sack verkauft. In jedem Land findet man einheimische Intellektuelle, die ganz spontan den Part des „Schmugglers" oder Stafettenläufers übernehmen beziehungsweise mit Hilfe ihrer akademischen Reputation die Übertragung der US-amerikanischen Maßnahmen und Methoden zur Durchsetzung von Recht und Ordnung in ihren eigenen Gesellschaften befördern. In Frankreich beispielsweise gibt es eine ganze Reihe von Professoren, die allein vom Second hand-Verkauf amerikanischer Sicherheitsideologien leben (einer von ihnen veröffentlichte ein Buch mit dem Titel *Gibt es ein französisches „Broken Window"*?, nachdem die „Broken Windows"-Theorie von renommierten US-amerikanischen Kriminologen längst in Mißkredit gebracht worden war). Dies sind die Ideologien, denen man später in Form von Pseudobegriffen in Seminaren des Institute for Advanced Studies in Domestic Security (IHESI) begegnet; in einem „Que Sais-Je" zu *Urbaner Gewalt und Unsicherheit*; in den Dokumenten, auf die sich Bürgermeister stützen, wenn sie ihre „lokalen Sicherheitsverträge" mit der Regierung aushandeln, und später in Zeitungen und Alltagsgesprächen.[1]

Das soll nicht heißen, daß Europa die polizeilichen und strafrechtlichen Maßnahmen nach US-amerikanischem Vorbild in Bausch und Bogen übernimmt oder die Politiker jenseits des Atlantiks einfach blind imitiert. Die europäischen Länder mit ihrem traditionell starken – sei es katholischen, sei es sozialdemokratischen – Staatsverständnis sind keinesfalls dabei, das amerikanische Modell einer jähen und brutalen Ersetzung der wohlfahrtsstaatlichen Armutsbekämpfung durch die strafrechtliche des vollständigen „Wegsperrens" sklavisch zu kopieren. Sie suchen vielmehr nach einem genuin „europäischen" (französischen, italienischen, deutschen etc.) Weg zum Strafstaat, der den unterschiedlichen politischen und kulturellen Traditionen Europas angepaßt und durch eine *integrale, doppelte Akzentuierung sowohl* der sozialen *als auch* der strafrechtlichen Regulierung sozialer Unsicherheit gekennzeichnet wäre.

So verstärkt der französische Staat zugleich seine sozialen und seine strafrechtlichen Interventionen. Einerseits hat er viele neue Arbeitsplätze für Jugendliche und subventionierte Arbeitsplätze mit zusätzlichen Fortbildungsmaßnahmen für Beschäftigungslose geschaffen (CES, *contrats emploi-solidarité*); er hat (wie geringfügig auch immer) verschiedene öffentliche Hilfspakete aufgestockt und den Anspruch auf Sozialhilfe (RMI, *revenu minimum d'insertion*) deutlich ausgeweitet; er hat eine wirklich allgemeine Krankenversicherung eingerichtet und so weiter. Andererseits aber stationiert er auch Bereitschaftspolizeikommandos in „heiklen Nachbarschaften" und richtet spezielle Überwachungseinheiten ein, die dort Straftaten aufdecken und verhindern sollen; er tauscht Sozialarbeiter und Lehrpersonal gegen Richter aus, wenn er meint, „gefährdete" Jugendliche davon abschrecken zu müssen, mit dem Gesetz in Konflikt zu geraten; Städte erlassen vollkommen illegale Verordnungen gegen Bettelei, um Stadtstreicher und Obdachlose aus dem Straßenbild zu entfernen; mit der Begründung, man müsse die „urbane Gewalt" bekämpfen (was nichts anders heißt, als Jugendlichen aus heruntergekommenen sozialen Wohnsiedlungen eine Art „affirmative action" für das Gefängnis gewähren), weigert sich die Regierung, die Untersuchungshaftrichtlinien für Eilverfahren, die bei Festnahmen unmittelbar am Tatort angewandt werden können („comparution immédiate"), an die Vorschriften für reguläre Strafverfahren („affaires à instruction") anzupassen; mit Wiederholungstätern geht man härter ins Gericht als zuvor; die Ausweisung von straffällig gewordenen Ausländern, die auf diese Weise „doppelt bestraft" werden,[2] ist beschleunigt, die bedingte Haftentlassung praktisch abgeschafft worden...

Ein weiterer Unterschied beim Vergleich zwischen den Vereinigten Staaten und Frankreich (und den europäischen Ländern mit Ausnahme Großbritanniens): Die Bestrafung der Armut *à la française* erfolgt im wesentlichen durch Polizei und Gerichte, nicht so sehr durch Gefängnisse. Sie gehorcht einer Logik, die eher *panoptisch* als strafend oder segregierend ist, mit einer bezeichnenden Ausnahme: wenn es um Ausländer geht (Wacquant 1999c). Dementsprechend sind die Arbeits- und Sozialämter aufgerufen, eine aktive Rolle zu übernehmen, denn sie verfügen über das Wissen und das Personal für eine engmaschige Überwachung „problematischer Bevölkerungsteile" – ich nenne dies *sozialen Panoptismus*.

Die entscheidende Frage ist natürlich, ob dieser europäische Weg eine echte Alternative zur massenhaften Inhaftierung in den Vereinigten Staaten bietet oder ob er einfach ein Schritt in diese Richtung ist. Wenn man von sozialem Ausschluß geprägte Wohngebiete mit Polizeibeamten überschwemmt, ohne zugleich die Lebenschancen und Arbeitsmöglichkeiten der Bewohner zu verbessern, so läuft das sicherlich auf eine Zunahme der Verhaftungen und Verurteilungen und letzten Endes auch auf einen Anstieg der Inhaftierungen hinaus. In welchem Ausmaß? Das wird sich zeigen. Die gleiche Frage stellt sich zur Zeit viel drastischer und dramatischer in Lateinamerika, wohin die typisch US-amerikanischen Polizei- und Strafrechtspraktiken *in Bausch und Bogen* exportiert werden. Zwei Jahrzehnte, nachdem die „Chicago Boys" die Volkswirtschaften dieses Kontinents aufgemischt haben, verbreiten die „New York Boys" von William Bratton, Rudolph Giuliani und dem Manhattan Institute dort ihre „Law and Order"-Litanei. Die verheerenden Folgen ihrer Lehren lassen sich auf die wesentlich größere Armut, den minimalistischen Zuschnitt der Sozialsysteme sowie das korrupte und gewalttätige Verhalten der Polizei- und Justizbehörden zurückführen. In den ehemals autoritären Staaten der zweiten Welt wie etwa Argentinien oder Brasilien läuft die Anwendung des neoliberalen Strafsystems letztlich auf eine Renaissance der Diktatur über die Armen hinaus (vgl. Wacquant 2000b zu Argentinien und Wacquant 2001b zu Brasilien).

Frankreichs „pluralistische Linke" bekennt sich zum „Washingtoner Konsens" in Sachen Obrigkeitsstaat

Doch der globale Kampf um transnationale Ziele und Normen strafrechtlicher Institutionen im Zeitalter des hegemonialen Neoliberalismus – und damit auch der Kampf um das Gesicht des postkeynesianischen Staates – wird mitten in Europa ausgetragen. Hier spielt Frankreichs neues Interesse an Kriminalität und Sicherheit eine entscheidende Rolle. In den achtziger Jahren des vergangenen Jahrhunderts trug die Regierung Mitterand nach Kräften zur Legitimierung der neoliberalen Wirtschaftsideologie bei, indem sie vor dem Druck der Finanzmärkte und Währungsspekulanten kapitulierte und eine Politik der Haushaltskonsolidierung und Privatisierung betrieb. Weil Jospin – zu Recht oder zu Unrecht – als der letzte wirklich linke Staatschef Europas oder vielleicht der ganzen Welt betrachtet wurde, befand er sich an der strafrechtlichen Front noch vor kurzem in fast der gleichen Lage. Im Hinblick auf die Strafjustiz hätte er ein Bollwerk des Widerstands gegen „la pensée unique" (das Einbahnstraßen-Denken) errichten können. Statt dessen schloß er sich dem von neokonservativen amerikanischen *think tanks* diktierten „Washingtoner Konsens" mit seiner „Law and Order"-Politik an. Er legitimierte das neoliberale Weltbild sogar in dessen reaktionärsten Aspekten, als er die sozialen Ursachen der Kriminalität (in einem prominent plazierten Interview, das *Le Monde* zu Beginn des Jahres 1999 unter dem unfreiwillig komischen Titel „Wider das ‚Einbahnstraßen-Denken'" druckte) als „so viele soziologische Entschuldigungen" verunglimpfte und sich damit weigerte, soziologisch zu denken, obwohl das soziologische wesentlich mit dem sozialistischem Denken verknüpft ist. Ganz allgemein hätte man erwarten können, daß die wieder an die Macht gelangte Linke eine entschiedene Politik der Entkriminalisierung und Zurückdrängung des Gefängnisses verfolgen, die Zuständigkeiten und Vorrechte des Sozialstaats ausweiten und die des Strafstaats beschränken würde – doch genau das Gegenteil ist passiert (Sainatti und Bonelli 2000). Dieselbe Strategie des Rückzugs und des Verzichts auf soziale Verantwortung, die für die Wirtschaftspolitik maßgeblich war, wird nun auf den Bereich des Strafrechts angewandt.

Die Entstehung einer „republikanischen Linken" in Frankreich, die von den Zeiten träumt, als Minderjährige noch streng erzogen wurden, ist in dieser Hinsicht eine beunruhigende Neuigkeit. Es ist eine wunderliche Form von Republikanismus, der sich aus der Sehnsucht nach einem „goldenen Zeitalter" speist, das so nie existiert hat. Die altmodische Erziehung, das haben manche Leute offenbar vergessen, basierte auf fundamental ungleichen und gewalttätigen sozialen Beziehungen, insbesondere zwischen den Generationen und Geschlechtern. Die Gesellschaft erzieht als ganze; ein altmodisches Disziplinierungsmodell läßt sich nicht wiederbeleben, wenn eine solche Form strikter Autorität überall sonst in Frage gestellt oder abgeschafft wurde. Als Monsieur Chevènement in den achtziger Jahren unter Mitterand Bildungsminister war, hatte er den Ehrgeiz, Frankreich mit Universitäten zu überziehen. Als er dann in den späten Neunzigern das Innenministerium übernahm, wollte er Wohngebiete, die im Zuge der Wirtschaftspolitik seiner Regierung verfielen, mit Polizeirevieren pflastern, während er möglicherweise hoffte, sie auch gleich als Gefängnisse nutzen zu können…

In beiden Fällen wird die Präsenz des Staates verstärkt, allerdings mit diametral entgegengesetzten Mitteln und Konsequenzen: Das erste Szenario bringt eine Vergrößerung der Lebenschancen mit sich, das zweite deren Beschneidung; das eine bekräftigt die Legitimität der Staatsgewalt, das andere untergräbt sie. Übertreibt man nur ein wenig, dann kann man diesen Dualismus auf die Formel bringen: für Kinder der Mittel- und Oberschichten die Universitäten und qualifizierten Arbeitsplätze; für den in maroden Wohnblocks eingesperrten Nachwuchs der Arbeiterklasse sozial unabgesicherte Dienstleistungsjobs oder Polizeigehilfenstellen, um die vom neuen Arbeitsmarkt Abgewiesenen und Verstoßenen – mittels Haftandrohung – zu überwachen. Und siehe da, rund 10 Prozent der subventionierten „Arbeitsstellen für Jugendliche" sind tatsächlich solche „adjoints de sécurité", also Polizeigehilfen, die man in einkommensschwachen Gegenden rekrutiert und mit der Aufgabe betreut, den Arm der Ordnungskräfte in diesen Quartieren zu verlängern.

Die Geburt des Strafstaates ist nicht unausweichlich

Anders als in den Vereinigten Staaten, wo die Kriminalisierung der Armut zur Gewohnheit und damit zu einem festen Bestandteil staatlicher Strukturen und des öffentlichen Lebens geworden ist, sind die Würfel in Europa noch keineswegs gefallen. Die Inflation der Gefängnisse ist ebensowenig unausweichlich wie sozial unabgesicherte Arbeitsverhältnisse (ebenfalls eine amerikanische Erfindung), die uns manche als eine Art Naturgesetz verkaufen wollen. Der Rückgriff auf den Gefängnisapparat in entwickelten Gesellschaften ist kein Schicksal, sondern eine Frage politischer Entscheidungen. Und diese Entscheidungen müssen im klaren Bewußtsein ihrer Konsequenzen getroffen werden.

Um sich der strafrechtlichen Bekämpfung sozialer Not entgegenzustellen, muß man einen Drei-Fronten-Krieg führen: Zunächst muß man, auf der Ebene der *Worte und Diskurse*, die semantischen Verschiebungen stoppen, die einerseits den Diskussionsraum beschneiden (indem etwa der Begriff „Unsicherheit" zu Lasten sozialer und ökonomischer Unsicherheit auf die Vorstellung *körperlicher* beziehungsweise Unsicherheit in bezug auf Kriminalität beschränkt wird), andererseits den strafrechtlichen Umgang mit Spannungen, die aus zunehmender sozialer Ungleichheit entstehen, banalisieren (durch den Gebrauch so vager und in sich widersprüchlicher Begriffe wie „urbane Gewalt"). Man muß unbedingt die von US-amerikanischen *think tanks* und diversen „Law and Order"-Ideologen zusammengebrauten Pseudo-Theorien im Auge behalten, um sie einer strengen „Einfuhrkontrolle" zu unterziehen – in Form rigoroser logischer und empirischer Kritik.

Auf der Ebene *juristischer Maßnahmen und Praktiken* muß man eine weitere Erhöhung der strafrechtlichen „Fangquoten" verhindern und statt dessen für eine sozial-, gesundheits- oder bildungspolitische Alternative eintreten, wann immer es möglich ist. Wir müssen betonen, daß polizeiliche Überwachung und Inhaftierung die Probleme, die sie lösen sollen, normalerweise verschlimmern. Wir wissen, daß das Wegsperren in Gefängnisse, abgesehen davon, daß es meist die ärmsten Schichten der

Arbeiterklasse trifft – Arbeitslose, Arbeitnehmer in sozial unabgesicherten Beschäftigungsverhältnissen, neu Eingewanderte –, selbst ein starker Motor der Verarmung ist. In diesem Zusammenhang muß man immer wieder darauf hinweisen, welche schrecklichen Folgen die Haft heute nicht nur für die Häftlinge selbst, sondern auch für deren Familien und die betroffenen Stadtviertel nach sich zieht.

Alle würden schließlich davon profitieren, wenn Aktivisten und Forscher, die sich mit dem Strafrecht befassen, und solche, die sich gesellschaftspolitisch engagieren, zusammenarbeiteten, und zwar auf europäischer Ebene, um die intellektuellen und praktischen Ressourcen für diesen Kampf optimal nutzen zu können. Ein enormes Potential an wissenschaftlicher und politischer Erfahrung liegt brach – es könnte zum Wohle Europas, aber letztlich auch zum Vorteil der gesamten Welt genutzt werden: Wissenschaftler und politische Aktivisten in Amerika haben in bezug auf die gewaltigen sozialen und menschlichen Kosten der Masseninhaftierung einen reichen Erfahrungsschatz. Eine wirkliche Antwort auf die wachsende Tendenz zur – sanften oder harten – Bestrafung von Armut wäre der Aufbau eines europäischen Sozialstaats, der diesen Namen auch verdiente. Das beste Mittel, um den Vormarsch der Gefängnisse aufzuhalten, ist nach wie vor die Stärkung und Erweiterung sozialer und ökonomischer Rechte.

Anmerkungen

1   Das IHESI ist ein staatliches Institut, das Ausbildungsseminare und „Studien" zu Fragen der Sicherheit und der „Law and Order"-Politik organisiert; es untersteht nicht etwa dem Forschungsministerium, sondern wie auch die Polizei dem Innenministerium, und seine Arbeit hat eher den Charakter von Staatspropaganda als von wissenschaftlicher Forschung. „Que Sais-Je" ist eine äußerst renommierte, von Presses Universitaires de France herausgegebene Buchreihe. Sie besteht aus schmalen Bänden, die angeblich den besten und aktuellsten wissenschaftlichen Überblick über ein gegebenes Thema bieten. Lokale Sicherheitsverträge („contrats locaux de sécurité") sind Verträge mit der Regierung, mit deren Hilfe Kommunen vorbeugende Maßnahmen zur Verbrechensbekämpfung planen, propagieren und umsetzen.

2   Die „doppelte Bestrafung" bezieht sich darauf, daß die meisten in Frankreich zu Gefängnisstrafen verurteilten Ausländer zunächst ihre Haftstrafe verbüßen müssen, um danach ausgewiesen zu werden. (A.d.Ü.)

Aus dem amerikanischen Englisch von Bettina Engels und Michael Adrian

9 Die Abfälle der Marktwirtschaft. Drogenabhängige, psychisch Kranke und Obdachlose in amerikanischen Gefängnissen

Die außerordentlich hohe Zahl von Inhaftierungen in den USA dient weit eher dazu, den – sehr viel störenderen – Mob zu kontrollieren, als die Gewaltverbrechen zu bekämpfen, deren Gespenst durch die Medien geistert und eine blühende Kulturindustrie mit der Angst vor den Armen nährt – siehe die Fernsehsendungen „America's Most Wanted", „Rescue 911" (die Nummer die Polizeinotrufs) und „COPS", die zu den besten Sendezeiten Videos von realen Polizeieinsätzen in den Elendsvierteln der Schwarzen und Latinos zeigen und sich dabei einen Dreck um die Persönlichkeitsrechte der vor der Kamera Verhafteten und Gedemütigten scheren.[1] Zum Beleg: Die Zahl der wegen Gewaltverbrechen Verurteilten in den Staatsgefängnissen ist zwischen 1985 und 1995 um 96 Prozent gestiegen, die Zahl ihrer wegen Störung der öffentlichen Ordnung und Drogendelikten verurteilten Mithäftlinge hingegen um 187 beziehungsweise 478 Prozent. Die wegen Störung der öffentlichen Ordnung Verurteilten haben 39 Prozent zur Zunahme aller Inhaftierten in diesem Zeitraum beigetragen, die wegen Drogendelikten Verurteilten 43 Prozent.[2]

Lautstarke Entrüstung über die Drogenabhängigen

Diese Tendenzen in den Vereinigten Staaten sind an der Spitze der Inhaftierungshitliste besonders ausgeprägt. So waren in Texas zu Beginn dieses Jahrzehnts 77 von 100 der verurteilten Gefängnisinsassen wegen nur vier Kategorien kleinerer Straftatbestände inhaftiert: Besitz und Transport von Drogen (22 Prozent beziehungsweise 15 Prozent), Einbruch und Diebstahl (jeweils 20 Prozent). Überdies saß mehr als die Hälfte der wegen Drogendelikten Verurteilten lediglich für den *Besitz von weniger als einem Gramm Drogen* ein.[3] Kalifornien, der große Rivale von Texas um die höchste Inhaftierungsquote, hat die Zahl seiner Gefängnisbevölkerung zwischen 1980 und 1993 vervierfacht. Zu drei Vierteln ist diese Zunahme

Eine Gruppe von Arbeitslosen vor einem aufgegebenen Laden,
South Side von Chicago, 63. Straße
© Loïc Wacquant

auf die wachsende Zahl von inhaftierten nicht-gewalttätigen Straffälligen, insbesondere von Drogenabhängigen zurückzuführen.

1981 machten die wegen Verstoßes gegen das Betäubungsmittelgesetz (ILS) verurteilten Häftlinge kaum 6 Prozent der Gefängnisinsassen Kaliforniens aus, 1997 hatte sich dieser Prozentsatz vervierfacht und lag bei fast 27 Prozent. Bei den Frauen ist die steigende Zahl von Inhaftierungen wegen Drogenbesitzes und -handels besonders spektakulär, in ihrem Fall ist sie um 12 Prozent auf 43 Prozent gestiegen. Doch welche entscheidende Rolle die Strafkampagne gegen die Straßen-Drogenszene bei der Hyperinflation an Haftstrafen in den Vereinigten Staaten spielt, ist nicht so deutlich an solchen Bestandszahlen abzulesen (bei denen die länger zurückliegenden Verurteilungen und die Verurteilungen zu langjährigen Haftstrafen wegen Gewaltverbrechen unverhältnismäßig stark zu Buche schlagen) als vielmehr an den Fluktuationsstatistiken: Die Zahl der in kalifornischen Gefängnissen wegen Drogendelikten verurteilten Inhaftierten ist in nicht einmal 20 Jahren von weniger als 1000 Neuzugängen im Jahr 1980 auf über 15.000 im Jahr 1997 (von insgesamt 47.000) geschnellt, obwohl alle Untersuchungen über den Rauschgift-Konsum belegen, daß er in diesem Zeitraum nicht gestiegen ist. Seit 1988 liegt der Anteil der wegen Drogendelikten neu Inhaftierten jedes Jahr über dem der Neuzugänge, die wegen Eigentumsdelikten, und derer, die wegen Gewaltverbrechen verurteilt sind. Tatsächlich hat sich die Zahl der Inhaftierungen (Untersuchungshaft nicht mitgerechnet) wegen Drogenbesitz oder -überlassung in fünfzehn Jahren verzehnfacht und ist von vier Häftlingen pro 100.000 Einwohner im Jahr 1980 auf 47 pro 100.000 im Jahr 1997 gestiegen, während die Inhaftierungen wegen Eigentumsdelikten sich im selben Zeitraum nur verdoppelten (von 16 auf 30 Häftlinge pro 100.000 Einwohner), womit sie die wegen Gewaltdelikten einholten, die lediglich um die Hälfte gestiegen sind (von 26 auf 37 pro 100.000). Auch hier ist der Unterschied bei den Frauen noch drastischer: die Zahl der Inhaftierungen wegen Drogendelikten ist bei ihnen in fünfzehn Jahren um das Fünfzehnfache gestiegen und liegt viermal so hoch wie die Zahl der Inhaftierungen wegen Gewaltverbrechen (7,7 gegen 2,0 pro 100.000).[4]

Es ist klar, daß seit Mitte der achtziger Jahre und *für beide Geschlechter Verstöße gegen das Betäubungsmittelgesetz zum wichtigsten Inhaftierungsgrund geworden sind*, in Kalifornien wie in anderen in der Masseninhaftierung führenden Bundesstaaten. Nun muß man wissen, daß 80 Prozent der Verhaftungen wegen Verstoßes gegen das Betäubungsmittelgesetz wegen einfachen Drogenbesitzes erfolgen. Und daß 60 Prozent beziehungsweise

	1975	1980	1985	1990	1995
Gesamtzahl der Häftlinge	23.566	24.252	40.505	57.331	89.564
Anteil der Drogendelikte	27%	25%	34%	5%	60%

Quelle: Federal Bureau of Prisons, *Quick Facts*, 1998, Washington, FBP, 1999

36 Prozent der Häftlinge in den kommunalen und staatlichen Gefängnissen, die wegen Drogendelikten verurteilt sind, zum Zeitpunkt ihres letzten Delikts Drogenkonsumenten waren.[5] Das heißt, der „Krieg gegen die Droge" reduziert sich de facto auf die Inhaftierung der Drogenabhängigen, eine Politik, die vor allem von der Bundesregierung vorangetrieben wird (siehe Tabelle 1). Der Anteil der Häftlinge in den Bundesgefängnissen, die wegen Drogendelikten einsaßen, ist Ende der siebziger Jahre gesunken, doch dann von 25 Prozent aller Inhaftierten im Jahr 1980 auf 60 Prozent im Jahr 1995 hochgeschnellt. Die Drogendelinquenten für sich genommen sind für 71 Prozent des sprunghaften Anstiegs der dort Einsitzenden verantwortlich.

Einem Bericht der U.S. Sentencing Commission zufolge sind nur knapp 11 Prozent der von den Bundesgerichten wegen Drogendelikten Verurteilten „Bosse", 55 Prozent hingegen „kleine Straftäter"[6], deren einziger Fehler es war, „zur falschen Zeit am falschen Ort" gewesen zu sein, wie man im Ghetto sagt. De facto können Angehörige, Freunde und (bloße) Bekannte eines vermeintlichen (kleinen) Dealers mitverurteilt werden, zu Strafen, die bis zur Verwahrung auf Lebenszeit gehen können, dank der Anordnungen, die die Bundesanwälte ermächtigen, wegen „Verschwörung zur Verbreitung von Betäubungsmitteln" jede Person zu verfolgen, die eng oder nur am Rande in den kleinsten Austausch von Drogen verwickelt ist, und dies auf die Aussage eines einzigen Augenzeugen hin (es ist kein einziger materieller Beweis erforderlich; der Bundesanwalt ist nicht einmal gehalten, die fragliche Droge als Beweismittel vorzulegen; und die Geschworenen werden nicht über das – Haftminderungsgründen unzugängliche – Strafmaß informiert, das den Angeklagten droht). So tritt die hastig ausgesprochene und drastische Strafe an die Stelle einer medizinischen Behandlung, die für die Drogenabhängigen aus der Unterschicht wegen des Abbaus des öffentlichen Gesundheitssystems unerreichbar ist.

Die psychisch Kranken unter Verschluß

Das Schicksal der psychisch Kranken liefert eine traurige experimentelle Bestätigung für die These, daß zwischen dem Niedergang des Sozialstaats und dem Gedeihen des Strafstaats ein kausaler und funktionaler Zusammenhang besteht. Denn die psychisch Kranken sind neben den Drogensüchtigen und den Obdachlosen die ersten, die der Rückbau des öffentlichen Gesundheitssystems traf, und zugleich die ersten „Nutznießer" der Ausweitung des amerikanischen Gefängnissystems. Man schätzt, daß mehr als 200.000 psychisch schwer Erkrankte – Schizophrene, Manisch-Depressive oder Menschen mit klinischen Depressionen – heute hinter Schloß und Riegel dahinvegetieren, die meisten, weil ihnen eine Behandlung außerhalb des Gefängnisses unzugänglich ist. Ein gründlicher Test, der 1993 an einer repräsentativen Stichprobe von 728 Neuzugängen im Chicagoer Gefängnis durchgeführt wurde, hat ergeben, daß 30 Prozent zum Zeitpunkt ihrer Inhaftierung ausgeprägte psychiatrische Symptome (nicht nur Persönlichkeitsstörungen) aufwiesen und 29 Prozent drogenabhängig waren.[7] Mindestens ein Fünftel der inhaftierten Minderjährigen in den Vereinigten Staaten, das heißt 20.000 Jugendliche, leiden an psychischen Störungen. In Kalifornien beträgt dieser Prozentsatz bei den Jungen 44 Prozent und bei den Mädchen 64 Prozent; in Virginia bedürfen 10 Prozent der jugendlichen Häftlinge einer gründlichen psychiatrischen Behandlung und 40 Prozent weitere einer längeren Therapie. Und wie bei den Erwachsenen hängt das Auftreten psychischer Krankheiten bei den Jugendlichen eng mit dem Konsum von Betäubungsmitteln zusammen.[8] „Die Patienten, die wir heute in der Haft untersuchen, sind dieselben, die wir [vor zwanzig Jahren] gewöhnlich in den psychiatrischen Krankenhäusern untersucht haben", erklärt ein ehemaliger Verantwortlicher für die psychiatrische Abteilung des Gefängniskrankenhauses des *Men's Central Jail* in Los Angeles.[9] Denn infolge der Schließungspolitik der großen öffentlichen Pflegeeinrichtungen ist die Zahl der Patienten in den staatlichen psychiatrischen Kliniken bundesweit von 559.000 im Jahr 1995 auf 69.000 vierzig Jahre später gesunken. Die Patienten hätten theoretisch stationär von „gemeindenahen Zentren" übernommen werden sollen. Aber die gemeindenahen Kliniken, die die großen Anstalten ersetzen sollten, sind mangels öffentlicher Finanzierung nie zustande gekommen, und die bestehenden Zentren verlotterten in dem Maße, wie die Privatversicherungen sich aus der Verantwortung zogen und die staatliche Krankenversicherung dahinschwand – die Zahl der nicht krankenversicherten

Amerikaner schlug in den letzten Jahren jeden Rekord. *Die „Entinstitutionalisierung" der psychisch Kranken im medizinischen Bereich führte also de facto zu ihrer „Reinstutionalisierung" im Strafjustizbereich*, nachdem sie mehr oder weniger lange obdachlos waren – man schätzt die Quote der obdachlosen Amerikaner, die schon in einer Haftanstalt oder psychiatrischen Klinik waren, auf 80 Prozent.[10] Die meisten der Vergehen, die sie hinter Schloß und Riegel bringen, fallen in die Kategorie „Störung der öffentlichen Ordnung", was nichts anderes ist als die Manifestation ihrer psychischen Störungen.

Nehmen wir eine Stichprobe der Inhaftierungsgründe von psychisch Kranken, die dank der sogenannten „Entinstitutionalisierungspolitik" kurz zuvor aus einer Klinik „entlassen" worden sind, wo sie eine längere medizinische Behandlung erhielten: „Ein junger Mann bemächtigte sich eines Geländewagens, mit dem er in ein Schaufenster fuhr, weil er darin einen Dinosaurier sah, der sich auf ihn stürzen wollte. Eine junge Frau wurde wiederholt verhaftet, weil sie in Restaurants gegessen hatte, ohne die Rechnung zu bezahlen, weil sie, wie sie sagte, nicht zu bezahlen brauchte, da sie die Reinkarnation von Jesus Christus sei. Ein Mann wurde wegen Störung der öffentlichen Ordnung verhaftet, weil er zwei Individuen bis in die Lobby eines Luxushotels in Nob Hill [dem Nobelviertel von San Francisco] gefolgt war. Der notleidende, aber nicht untalentierte Künstler war überzeugt, diese Individuen seien FBI-Agenten, die für die Entführung seiner Gönnerin verantwortlich waren. Eine Frau in den gewissen Jahren fing in einem Restaurant zur Zeit des größten Betriebs plötzlich an, lautstark einen Kunden zu beschuldigen, der mit dem Essen fertig war und an ihrem Tisch vorbeizugehen versuchte. Sie nahm ihre Hutnadel und stieß sie ihm, dem Polizeibericht zufolge, in die linke Pobacke. Ein junger Mann, der inmitten vieler anderer Passanten auf der Straße ging, drehte sich plötzlich um und schlug auf eine Frau ein, die direkt hinter ihm war: Er war überzeugt, daß sie einen Laserstrahl auf seine Hoden richtete und ihn zu sterilisieren versuchte."[11]

Man könnte die Beispiele beliebig vermehren, die zeigen, wie seither die dichotome Straflogik des „Law and Order" den Umgang mit den psychisch Kranken aus der Unterschicht beherrscht, die deren sichtbarstem Teil, den berühmten „schlechten Armen" zugeschlagen werden – oder den unnützen Armen, was auf dasselbe hinausläuft.[12] Die Skala reicht vom Drolligen bis zum Tragischen. Ich begnüge mich hier mit einem Fall vom äußersten Ende des Spektrums, der den – im Laufe eines einzigen Lebens ins Extrem getriebenen – Prozeß der *wechselseitigen Steigerung und Ver-*

stärkung zwischen dem Abbau des Sozialstaats und der Härte des Strafstaats illustriert. Am fünften Mai 1999, seinem 50. Geburtstag, ist Manuel Pina Babbitt, für seine Tapferkeit auf den Schlachtfeldern Vietnams mit dem „Purple Star" ausgezeichnet, im Staatsgefängnis San Quentin durch Giftinjektion hingerichtet worden. Er war nach einem hastigen Prozeß im Jahre 1980 zur Todesstrafe verurteilt worden, weil er in einem „Flashback" infolge der posttraumatischen Störungen im Zusammenhang mit seinen Kriegserlebnissen bei einer alten Dame eingebrochen war und sie tätlich angegriffen hatte; infolge ihrer Verletzungen war sie an einem Herzanfall gestorben.[13]

Nach einer erbärmlichen Kindheit in einer ländlichen Kleinstadt in Massachusetts (sein Vater von den Cap Verdischen Inseln, Alkoholiker, schlägt ihn, seine Mutter ist geisteskrank; er selbst ist geistig zurückgeblieben und wiederholt jede Klasse, bevor er die Schule mit 16 als Analphabet verläßt) geht Babbitt mit 17 Jahren an die Front, wo er die 77 Schreckenstage der Belagerung von Keh Sanh, eine der blutigsten Episoden des Vietnamkrieges, als Held überlebt; nach seiner Rückkehr aus Asien wird bei dem ehemaligen Marines-Obergefreiten eine paranoische Schizophrenie diagnostiziert. Wegen seiner psychischen Labilität aus der Armee entlassen, rutscht er mangels sozialer und medizinischer Betreuung in Kleinkriminalität, Drogen und Haft ab. Wiederholt wird Babbit wegen Diebstahls und Einbruchs verurteilt. 1973 erhält er wegen bewaffneten Raubüberfalls eine achtjährige Gefängnisstrafe, die er zum Teil im psychiatrischen Gefängniskrankenhaus von Bridgewater State verbüßt. Gegen den Rat seiner Psychiater wird er entlassen und landet in der Stadt Providence wieder auf der Straße, wo sich sein Zustand im Lauf der Jahre verschlimmert: Er hört Stimmen, leidet an Halluzinationen und beginnt im Kampfanzug über den Boden zu robben, als wäre er immer noch auf Patrouille, und auf der Straße Menschen asiatischer Herkunft anzusprechen und sie zu fragen, ob er Verwandte von ihnen getötet habe. Kurz nach seiner Ankunft in Kalifornien verliert Babbitt in einer sehr nebligen feuchten Nacht, die ihn an jene erinnert, die er während der Tet-Offensive im Dschungel von Khe Sanh erlebt hatte, den Verstand und begeht den Mord und am Abend darauf eine weitere Tat, für die er dann zum Tode verurteilt werden sollte.

Sein eigener Bruder liefert ihn den Behörden aus, nachdem er von der Polizei die Zusicherung erhalten hat, daß man das Leben von Manuel, dem Einfältigen vom Lande und Vietnamheimkehrer, der, wie jeder erkennt, seit seinem zweimaligen Fronteinsatz nicht mehr er selbst ist,

163

schonen und er endlich eine psychiatrische Behandlung erhalten würde. Aber er hatte nicht mit der Entschlossenheit des Staatsanwalts von Sacramento gerechnet, der darauf beharrte, die Todesstrafe zu fordern, und sie auch erreichte (die meisten Medien stellten Babbit zu diesem Zeitpunkt als ausgewiesenen Killer dar, der sein Opfer auch vergewaltigt habe, ein Punkt, den die Experten im Prozeß niemals bestätigt haben). Ohne viel Mühe im übrigen, denn der Pflichtverteidiger unterläßt es, von der medizinischen Diagnose des ehemaligen Obergefreiten zu sprechen, er vergißt sogar, dessen Militärakte anzufordern. Mehrere beeidete Aussagen von Gerichtsangestellten haben später bestätigt, daß dieser Anwalt – der 1998 von seinem Amt zurücktreten mußte, weil er Hilfsgelder seiner Mandanten veruntreut hatte – während des ganzen Prozesses bis zum Vollrausch trank und ein notorischer Rassist war, und dies als Verteidiger eines Schwarzen, der wegen Mordes (und einer nie bewiesenen Vergewaltigung, die sich dennoch auf das Urteil auswirkte) an einer weißen Frau vor einem Geschworenengericht stand, das zu hundert Prozent aus Weißen bestand.[14]

In den Monaten der letzten Revisionsanträge setzen sich Tausende ehemaliger Vietnamkämpfer – darunter 600 Überlebende von Keh Sanh – und verschiedene Persönlichkeiten, unter anderen der Literaturnobelpreisträger Wole Soyinka, öffentlich für Babbitts Begnadigung ein. Sie erreichen, daß er seine Tapferkeitsmedaille erhält, für die er nie die sonst nötigen Schritte unternommen hat. Sie wird ihm in einer feierlichen Zeremonie im Todestrakt von San Quentin überreicht. Zwei Mitglieder der Jury, die ihn verurteilt hat, unterstützen seinen Revisionsantrag und sagen aus, sie hätten sich niemals für die Todesstrafe entschieden, wenn sie von der medizinischen Vorgeschichte des Angeklagten Kenntnis gehabt hätten. Dr. Charles Marmar, einer der bedeutendsten Psychiater des Landes und weltweit anerkannter Spezialist für posttraumatische Schädigungen, sagt aus, alle Einzelheiten des Verbrechens deuteten darauf hin, daß es unter dem Einfluß einer „dissoziativen Reaktion" auf die an der Front erlittenen psychischen Schocks begangen wurde. Beispielsweise hatte Babbitt den Körper seines Opfers mit einer Matratze zugedeckt, nachdem er einen Wasserkessel auf ihr Becken gestellt und einen Ledersenkel um ihren Knöchel geschlungen hatte, wie es die amerikanischen Soldaten im asiatischen Dschungel getan hatten, um ihre Toten zu schützen und zu identifizieren. Und als einzige Beute seiner Wohnungsplünderung hatte er eine Rolle 50-Cent-Stücke, eine Uhr und ein Feuerzeug mitgenommen.

Es war alles vergeblich. Der neue (demokratische) Gouverneur Gray Davis, ein Vietnamveteran, der in seiner ganzen politischen Karriere das Thema des Respekts, den man den ehemaligen Kämpfern schulde, weidlich ausgebeutet hatte, aber wie jeder Politiker im Land den Wählern auch versprochen hatte, „mit aller Härte gegen das Verbrechen" vorzugehen, weigert sich, Babbitts Strafe in eine lebenslange Sicherungsverwahrung ohne Entlassungsmöglichkeit umzuwandeln, mit folgenden Worten: „Eine unübersehbare Zahl von Menschen hat die Verheerungen von Krieg, Verfolgungen, Hungersnöten, Naturkatastrophen, persönlichen und anderen Unglücksfällen am eigenen Leibe erlebt. Doch solche Erfahrungen können Überfälle auf wehrlose Bürger, die das Gesetz respektieren, und ihre Tötung weder rechtfertigen noch weniger schwer erscheinen lassen." Außerdem ist Davis der Meinung, die Reue des Verurteilten sei ungenügend, weil er immer noch daran festhalte, daß er keinerlei Erinnerung an die Nacht des Verbrechens habe (was ganz der Störung entspricht, an der er leidet). Bei der Verkündung der Gouverneursentscheidung erklärt der Sohn des Opfers der Presse: „Der Kerl wird sterben, und ich hoffe, daß er so leidet, wie meine Mutter gelitten hat. Ich glaube nicht, daß das so sein wird. Aber ich hoffe, daß er genug seelische Qualen erleidet, wenn er sich in der Hinrichtungszelle befindet, und daß man ihn an der Liege festschnallt [um ihm das tödliche Giftgemisch zu injizieren]."[15]
Fünf Tage nach seiner Hinrichtung wird Manuel Babbitt unter Hörnerklang zwischen dem zweireihigen Ehrenspalier seiner ehemaligen Marines-Kameraden zu Grabe getragen. Sein Leichnam jedoch liegt auf dem kleinen Friedhof der Kirche von Wareham, seiner Geburtsstadt, nicht auf dem benachbarten Militärfriedhof von Bourne. Denn die Familie von Babbitts Opfer war erbittert darüber, daß der Ex-Gefreite im Vorzimmer des Todes noch den „Purple Star" erhalten hatte, und strengte eine Kampagne an, nie mehr einem Verbrecher solche Ehrungen zuteil werden zu lassen. Mit Erfolg: Seit 1997 verbietet es ein im Gefolge des Bombenanschlags in Oklahoma verabschiedetes Bundesgesetz, daß wegen Gewaltverbrechen verurteilte ehemalige Kämpfer unter ihren Waffenbrüdern begraben werden.[16]
Es spricht alles dafür, daß diese doppelte Tragödie hätte vermieden werden können, wenn zum einen die öffentliche Krankenversicherung nicht jene psychisch Kranken im Stich ließe, die keine Mittel haben, um die nötige Behandlung auf dem privaten Gesundheitsmarkt zu bezahlen (einschließlich der ehemaligen Kämpfer, die sich doch, sollte man meinen, bei der Nation „Kredit" erworben haben), und wenn zum anderen

nicht die Strafjustiz an die Stelle der sozialen Hilfsprogramme getreten wäre, um die Straßen vom – störenden, bedrohlichen – Elend zu „reinigen". Fest steht jedenfalls, daß Babbitt, wenn er die finanziellen Mittel und das *Savoir-faire* gehabt hätte, um sich der Dienste eines guten Anwalts zu versichern, noch am Leben wäre und seine Tage im Gefängnis beschließen würde wie Theodore Kaczinsky, der *Unabomber*, der ebenfalls von seinem Bruder (David, der sich aktiv an der Kampagne zur Begnadigung von Babbitt beteiligt hatte) ausgeliefert wurde, aber sein Leben der Tatsache verdankt, daß er weiß ist und aus der Mittelklasse stammt. Innerhalb von zwei Jahrzehnten hat Babbitt das ganze Spektrum an Vergehen und Strafen durchlaufen, von der Verurteilung auf Bewährung bis zur Todeszelle, ohne daß jemals ein Bremsmechanismus in Gang gesetzt wurde und ohne je auf ein Gegenüber zu treffen, das seinen gesellschaftlichen und psychischen Niedergang und die entsprechende Eskalation an Strafen aufgehalten hätte. Vollkommen logisch: Besteht nicht das äußerste Mittel der Strafbehandlung der Not darin, sie durch die physische Eliminierung des Notleidenden auszurotten?

Ein Drittel der Zellen in den Haftanstalten der Vereinigten Staaten ist mit psychisch Kranken belegt, die *keinerlei* Verbrechen oder Vergehen begangen haben, es gibt nur keinen anderen Ort, wo man sie unterbringen könnte. Denn in 17 Bundesstaaten ist es völlig legal, einen psychisch Kranken auch ohne juristische Gründe einzusperren, und diese Praxis ist auch in Staaten gang und gäbe, wo sie vom Gesetz ausdrücklich verboten wird. Dr. Fuller Torrey vom National Institute of Mental Health, ein Spezialist in dieser Frage, sagt unverblümt: „Die Haftanstalten und Zuchthäuser sind für viele Menschen, die an schweren psychischen Krankheiten leiden, zur Ersatz-Psychiatrie geworden", weil im Bereich der psychischen Erkrankungen „das öffentliche Gesundheitssystem Bankrott erklärt hat"[17].

Das Gefängnissystem ist, das läßt sich ohne Übertreibung sagen, für die mittellosesten Amerikaner de facto zur ersten Anlaufstelle für psychiatrische „Behandlung" geworden – und zum Hauptlieferanten von „Sozialwohnungen", wie wir noch sehen werden. Der Staat New York etwa betreut ständig mehr psychisch Kranke in seinen Zuchthäusern (6.000, das heißt 9 Prozent der dort Einsitzenden) als in seinen Irrenanstalten (5.800). Das Budget der psychiatrischen Abteilungen der Gefängnisse überschreitet in den Großstädten häufig das Budget der psychiatrischen Abteilungen der öffentlichen Krankenhäuser in der ganzen Region. Dies vor allem in Kalifornien, das die Politik des staatlichen Rückzugs aus dem

Bereich der Psychiatrie mit ganz besonderem Eifer vorangetrieben hat: die Zahl der psychisch Kranken in öffentlichen Gesundheitseinrichtungen ist von 36.000 im Jahr 1961 auf 4.400 im Jahr 1997 gefallen. Parallel dazu ist die Zahl der psychisch Kranken allein in den Untersuchungsgefängnissen des *Golden State* explosionsartig gewachsen: zwischen 1965 und 1975 stieg sie um 300 Prozent, und seither hat sie sich verzehnfacht auf über 12.000.[18] Eine von Santa Clara, der Hauptstadt von Silicon Valley, veranlaßte Untersuchung hat ergeben, daß die Häftlingszahl der Region sich in den vier Jahren nach der Schließung des Agnews State Hospital für psychisch Kranke im Jahr 1973 sprunghaft vervierfacht hat. In vielen Bundesstaaten sind die Aufnahmebedingungen der Krankenhäuser so restriktiv, daß der einzige Weg für Patienten, die nicht genug Geld haben, um die psychiatrische Behandlung zu bezahlen, darin besteht, sich verhaften und ins Gefängnis sperren zu lassen. In Texas beispielsweise ist es üblich, daß die Sozialarbeiter Familien ohne private Krankenversicherung empfehlen, ihren Sohn oder ihre Tochter inhaftieren zu lassen, damit sie die nötige Therapie erhalten.

„Ich hatte ein fünfzehnjähriges Mädchen hier, das an einer Psychose mit Halluzinationen litt“, erzählt Cathy Brock, eine der Leiterinnen des Letot Center für von zu Hause ausgerissene Kinder in Dallas. „Und eine Ärztin vom psychiatrischen Gesundheitsdienst fand ebenfalls, daß das Mädchen eine stationäre Behandlung brauchte. Aber sie hat sofort hinzufügt, daß sie ihr Jahresbudget schon überschritten hätten, und ob ich nicht der Polizei gegenüber irgendeinen Gesetzesverstoß angeben könnte, aufgrund dessen sie inhaftiert werden könnte, zum Beispiel einen Überfall? [...] Wenn ich ein Kind hier habe, das an schweren psychischen Störungen leidet und aufgegriffen worden ist, und wenn die Familie mittellos ist, tue ich alles, was in meiner Macht steht, damit dieses Kind unter die Aufsicht der Strafjustiz kommt.“[a]

„Wir werden buchstäblich überschwemmt von Patienten und rennen uns fast die Seele aus dem Leib bei dem Versuch, recht und schlecht die Löcher in einem Deich zu stopfen, der überall bricht, während der psychiatrische Befund von Hunderten von Häftlingen sich unter unseren Augen Tag für Tag verschlechtert, bis sie psychotisch werden.“ Ein Psychiater des Untersuchungsgefängnisses in Sacramento, der Hauptstadt Kaliforniens.[b]

Der Preis für die schlimmste Leistung hinsichtlich der Inhaftierung schwer psychisch Kranker gebührt dem Distrikt Flathead in Montana. Seit 20 Jahren nimmt dort einzig das Untersuchungsgefängnis des Distrikts psychiatrische Notfälle auf – weder vom öffentlichen Krankenhaus noch von der privaten psychiatrischen Klinik der Region werden sie genommen. Personen, die an psychischen Störungen leiden, werden in „Gummizellen" gesperrt, kahle Räume mit gepolsterten Wänden und einem Gitter im Boden anstatt der Toilette. Die Mahlzeiten erhalten die Häftlinge durch einen Schlitz in der Tür – wie in den Zellen für Geistesgestörte, die 1950, 1920 oder 1820 verwendet wurden.

Im Rennen um den Rang des „schlimmsten Staats" liegt Kentucky an der Spitze. Dessen schändlichste Leistung ist sein Zwei-Klassen-System: Die meisten psychisch Kranken, die krankenversichert sind oder über ausreichende Mittel verfügen, kommen in die psychiatrische Klinik, das Gros der mittellosen psychisch Kranken hingegen kommt ins Gefängnis – ob sie ein Gesetz übertreten haben oder nicht. 81 Prozent der Untersuchungsgefängnisse erklären, daß sie psychisch Schwergestörte inhaftieren, gegen die weder Anklagepunkte vorliegen noch eine Strafanzeige.[c]

Die Abfälle der Straße

Die Kriminalisierung der im Stich gelassenen psychisch Kranken, das heißt ihre Verschiebung von der „linken" in die „rechte Hand" des Staats, aus dem Gesundheits- ins Gefängnissystem, ist ein *sich selbst aufrechterhaltender Prozeß*, der Jahr für Jahr ein stets wachsendes Kontingent von Kranken hinter Gitter bringt. Dabei sind die Gefängnisse natürlich weder dafür geplant noch ausgerüstet, psychische Krankheiten zu behandeln, so daß die inhaftierten Kranken nur eine völlig unzulängliche und ungeeignete, beziehungsweise manchmal überhaupt keine Behandlung bekommen – weil keine korrekte Diagnose gestellt wurde, weil die Mittel fehlen oder die erforderlichen Medikamente zu teuer sind, oder weil die Einrichtung, in die sie zur Behandlung geschickt werden, nicht den gesetzlichen Anforderungen genügt, wie etwa die Zentren für jugendliche Strafgefangene in Texas.[19] Zudem sind psychisch Kranke und geistig Zurückgebliebene gewöhnlich die Zielscheibe für Schikanen und Mißhandlungen durch andere Häftlinge, und sie zeigen bei weitem die stärkste Neigung zum Selbstmord. Da außerhalb des Gefängnisses Einrichtungen fehlen, die sich um sie kümmern könnten, zögern die Richter lange, Beschuldigte gegen Kaution freizulassen, die ihren Verstand nicht beisammen haben, wodurch sich ihre Inhaftierungszeit beträchtlich verlängert. Die Klinik von Rikers Island zum Beispiel behandelt jährlich mehr als 15.000 Häftlinge mit schweren psychischen Störungen; diese halten sich durchschnittlich fünfmal so lang im berüchtigten New Yorker Untersuchungsgefängnis auf wie andere Häftlinge (215 gegen 42 Tage), obwohl die Vorwürfe, die gegen sie erhoben werden, weit weniger schwerwiegend sind. In Kalifornien sind, bei gleichen Gesetzesverstößen, die Aussichten geistig Behinderter größer als bei anderen, verhaftet und verurteilt zu werden, und zwar zu längeren Gefängnisstrafen, und sie machen überdies eine größere Fraktion der Inhaftierten aus.[20]

Wenn sie aus dem Gefängnis kommen, sind die von der Justiz entlassenen psychisch Kranken sich selbst überlassen, während ihre Krankheit schlimmer geworden ist. „Viele Verantwortliche in den Untersuchungsgefängnissen wissen nicht, was nach ihrer Freilassung aus den psychisch kranken Häftlingen wird: 46 Prozent der Einrichtungen wissen nicht, ob die psychotischen Häftlinge nach ihrer Freilassung psychiatrische Behandlung erhalten; und von denen, die es wissen, sehen nur knapp 36 Prozent nach ihren draußen betreuten Häftlingen."[21] Mangels kontinuierlicher medizinischer Betreuung werden diese bald wieder von der Polizei aufgegriffen und erneut hinter Schloß und Riegel gesetzt, dank der Maßnahmen zur Unterdrückung der Rückfälligkeit zu einem längeren Aufenthalt. Als Reaktion auf die ständig sinkende Kostenerstattung für Patienten, die durch die Gesundheitshilfe gratis versichert sind, entledigen sich die Kliniken wiederum jener Kranken, die nicht mehr „rentabel" sind, indem sie sie auf die Straße setzen, wo sie prompt auch wieder von der Polizei aufgelesen werden, weil sie die öffentliche Ordnung stören, wegen Landstreicherei oder Bettelei oder schlicht und einfach, weil sie verwirrt sind und man einen Ort finden muß, wo sie mangels medizinischer Behandlung zumindest Kost und Unterkunft bekommen. Die Polizisten haben sogar einen besonderen Ausdruck für diese Art von Inhaftierungen: sie nennen sie „mercy booking" (Gnadenhaft)[22] und wenden diese Maßnahme im Winter auch auf Personen ohne festen Wohnsitz an, wo der Bestand aller Gefängnisse in den Großstädten des Nordens spürbar ansteigt, weil sie Leute aufnehmen, die sonst draußen erfrieren würden. „Viele Leute kommen ins Gefängnis, weil sie nirgendwo sonst hinkönnen", erklärt der Verantwortliche für die Chicagoer Untersuchungsgefängnisse mit einer erbitterten Grimasse. „Sie begehen kleine Diebstähle, um verhaftet und eingesperrt zu werden, da haben sie zumindest ein Bett, drei Mahlzeiten pro Tag und können kostenlos zum Arzt. Jeden Winter steigen unsere

---

* Aid to Families with Dependent Children (A.d.Ü.)

Belegungszahlen jäh an, mindestens um fünf bis zehn Prozent, nur wegen der Obdachlosen, die ‚heimkommen'. Und jetzt, nachdem die *welfare* (AFDC*, Unterhaltsleistungen für mittellose Mütter) gestrichen ist, werden wir einen großen Zustrom von Frauen kriegen. Ich weiß noch, unsere Belegungszahlen sind schon damals über die Höchstgrenze geschossen, als Reagan die Sozialhilfe gekürzt hat."[23]

Vor 13 Monaten hat die Polizei von Baltimore einen Obdachlosen namens Martin Henn hinter Schloß und Riegel gesperrt, der verdächtigt wurde, ein Auto in Brand gesteckt zu haben. Aber das Untersuchungsgefängnis verhedderte sich in seinen Papieren. Henns Bart wurde immer länger, er fragte die Sozialarbeiter mehrmals nach dem Datum seiner Gerichtsverhandlung. Ohne Ergebnis. Schließlich bemerkte ein Statistiker bei einer Computerdatenausgabe, daß Henn seit über einem Jahr in der Zelle S-39 hockte, ohne daß auch nur eine Beschuldigung gegen ihn erhoben wurde. Da stellte man Henn unter Anklage und führte ihn dem Haftrichter vor, seine Haare reichten ihm bis auf die Schultern. „Er war im System verloren gegangen", rief die Richterin Ellen Heller entsetzt aus, und der Staatsanwalt beeilte sich, seine Anklage zurückzuziehen. „Keiner hat gewußt, daß ich überhaupt existiere," sagte Henn. („Lost in cell S-39", in: *U.S. News & World Report*, 111, 26. August 1991, S. 16)

Ein ähnliches Los erwartet Drogenabhängige, die sich im Netz der Strafjustiz verfangen. Zwei Drittel der 3,2 Millionen auf „Bewährung" freigelassenen Amerikaner im Jahr 1995 haben nachweislich Alkohol- oder Drogenprobleme. Die Hälfte von ihnen hatte sich als Voraussetzung ihrer bedingten Freilassung einem Drogentest unterzogen, aber nur 17 Prozent nahmen an einer Behandlung teil, die sie von ihrer Sucht heilen sollte. Und 52 Prozent der wegen Beschaffungskriminalität Verurteilten mit Strafaufschub – unter ihnen 38 Prozent Süchtige, die spritzten – erhielten keinerlei medizinische Betreuung.[24] 1997 erklärten 57 Prozent der Insassen der Staatsgefängnisse im ganzen Land, sie hätten im Monat vor ihrer Festnahme unerlaubte Drogen genommen (20 Prozent davon durch intravenöse Injektionen); ein Drittel hatte die Straftat, die sie hinter Gitter brachte, unter dem Einfluß von Drogen begangen (20 Prozent davon unter Kokain oder Heroin). Aber weniger als 15 Prozent dieser drogensüchtigen Häftlinge erhielten oder hatten während der Haft eine medizinische Behandlung zur Befreiung von ihrer Sucht erhalten, und ihre Zahl nimmt rapide ab – 1991 um mehr als ein Drittel –, während zur gleichen Zeit die Zahl der Drogensüchtigen hinter Gittern stetig anstieg. In diesem Jahr verfügten die Gefängnisse Kaliforniens nur über 400 Betten für

Entziehungskuren, während die Anzahl der von psychotropen Drogen abhängigen Häftlinge nach den Zahlen des *California Department of Corrections* auf mehr als 100.000 anstieg.[25] Ebenso erhält nur ein Fünftel der alkoholabhängigen Häftlinge in den Staatsgefängnissen eine medizinische Behandlung gegen ihre Sucht.

Es überrascht also nicht, daß diese Strafentlassenen, kaum daß sie auf freiem Fuß sind, umgehend wieder festgenommen werden, weil sie erneut eine Straftat im Zusammenhang mit ihrer Sucht begangen haben oder bei der wöchentlichen Urinuntersuchung „positiv getestet" worden sind. Diese Tests sind für die meisten bedingt Freigelassenen obligatorisch, beispielsweise in Kalifornien, wo der Widerruf der bedingten Freilassung in der Hälfte der Fälle auf einen Drogentest zurückgeht. Um so mehr, als eine Bestimmung der Sozialhilfereform von 1996, die in ein paar Minuten durch einen Änderungsantrag beider Parteien beschlossen wurde, jeder Person, die wegen Verstoßes gegen das Betäubungsmittelgesetz (ILS) zu einer Gefängnisstrafe verurteilt worden ist, auf Lebenszeit untersagt, Sozialhilfe für Mittellose (TANF, die die ADFC ersetzt) und Lebensmittelbeihilfe für Bedürftige (*food stamps*) in Anspruch zu nehmen. Eine weitere Bestimmung schließt jede Person, die wegen Besitz oder Überlassung von Drogen inhaftiert war, vom Anspruch auf eine Sozialwohnung aus – und wir werden noch sehen, daß ein Gesetz aus dem Jahr 1994 die Bundesverwaltung für das Wohnungswesen dazu ermächtigt, Strafentlassenen den Zugang zu öffentlich geförderten Wohnungen zu versperren. Diese beiden Maßnahmen haben erwiesenermaßen unverhältnismäßige und verheerende Auswirkungen auf die Frauen aus dem (Sub-)Proletariat, die einen Großteil der Sozialhilfeempfänger stellen und bei denen der wichtigste Inhaftierungsgrund eben der Verstoß gegen das ILS ist, und auf die schwarze und hispanophone Bevölkerung, die drei Viertel der wegen Drogengeschichten „gefallenen" Häftlinge ausmachen. Und auf ihre Kinder, die in wachsender Zahl der Vormundschaft der Sozialdienste unterstellt oder Adoptionsfamilien übergeben werden müssen, weil ihren Müttern die mindesten Mittel fehlen, um sie aufzuziehen. Dies trotz des verhängnisvollen Versagens der Kinderschutzeinrichtungen, die darum eher als institutionalisierte Mißhandlung betrachtet werden müssen.[26] Und schließlich versperrt das Gesetz den wegen Drogendelikten Verurteilten durch ihren Ausschluß von der Sozialhilfe zugleich auch den Zugang zu den meisten para-öffentlichen Entzugsprogrammen, in die man nur aufgenommen wird gegen den Nachweis einer Beihilfe vom Sozialamt, die zumindest die Kosten für Unterkunft und Verpflegung der Patienten deckt.[27]

Eher strafen als vorbeugen: Die psychisch Kranken liegen auf der Straße

Andrew Goldstein wurde innerhalb von zwei Jahren dreizehnmal beim psychiatrischen Dienst New Yorks eingeliefert, manchmal von der Polizei, meist als Notfall, aber immer freiwillig. Der einzelgängerische junge Mann, ein gewalttätiger Schizophrener, Sohn eines Radiologen aus Delaware und früher Schüler einer Eliteschule der Stadt, griff in diesem Zeitraum dreizehn Personen an, darunter zwei Psychiater, eine Krankenschwester, einen Sozialarbeiter und einen Therapeuten. Dreizehnmal wird er trotz seiner flehentlichen Bitten wieder vor die Krankenhaustür gesetzt: seine Halluzinationsschübe sind für ihn unerträglich, er möchte in eine Langzeiteinrichtung überwiesen werden. Im November 1998 bittet er in der Notfallstation des Jamaica Hospital in Queens mit folgenden Worten um seine Aufnahme: „Klagt, Stimmen zu hören, Leute, die ihn verfolgen und in seinem Inneren wohnen. ,Sie haben mir mein Gehirn weggenommen, ich weiß nicht warum. Ich höre diese Stimmen, die mir sagen, es wird was passieren […]. Ich komm nicht davon los'.“[28] Doch die Kliniken haben vom Staat Anweisung, „ihre Schlußabrechnung zu senken“, will sagen, sich so schnell wie möglich (in maximal 21 Tagen) der Patienten zu entledigen, um die angestrebte Budget-Reduktion zu erreichen; und die psychiatrischen Heime in den einzelnen Stadtvierteln sind hoffnungslos überfüllt und haben endlose Wartelisten – auf denen zudem vermutlich jene immer zahlreicheren psychisch Kranken Vorrang haben, die … aus dem Gefängnis kommen. Am 15. Dezember 1998 wird Andrew Goldstein zum letzten Mal entlassen, am 22. Tag seines Aufenthalts im North General Hospital, mit einem Medikamentenvorrat für eine Woche und einem Formular, das ihm empfiehlt, sich an eine andere stationäre Pflegeeinrichtung zu wenden.

Am 3. Januar 1999 wird Goldstein, als er in der Station 23. Straße/Broadway auf die U-Bahn wartet, von einem psychotischen Schub gepackt und wirft unvermittelt eine Unbekannte auf die Gleise, die das Unglück hatte, neben ihm zu stehen: „Ich habe etwas gespürt, wie etwas, das in mich eindrang, wie ein Gespenst oder ein Geist oder so was. Ich hab das dringende Bedürfnis gehabt zu stoßen, umzuwerfen, zu schlagen. Als der Zug ankam, ist das Gefühl verschwunden, aber dann ist es wiedergekommen…. Ich hab die Frau gestoßen, die blonde Haare hatte.“ Die 32jährige Kendra Webdale wurde vom Zug überfahren und war auf der Stelle tot. Goldstein wird trotz seiner schweren psychiatrischen Vorbelastung (seine Krankengeschichte umfaßt 3.500 Seiten) für

„fähig" erklärt, vor Gericht zu erscheinen, mit der Begründung, wenn er seine Medikamente nehme, sei er „nicht so behindert, daß er nicht zu seiner eigenen Verteidigung beitragen und den Streß eines Prozesses aushalten könne".[29] Der psychotische junge Mann, um den sich der medizinische und der soziale Arm des Staates nur ausnahmsweise und im Notfall gekümmert haben, kann nun davon ausgehen, daß sich der Arm der Strafjustiz endgültig seiner annimmt: ihm droht lebenslange Sicherungsverwahrung.

Die Familie des Opfers reichte in den Wochen nach dem Drama sechs Klagen gegen die sechs Kliniken ein, die Goldstein 1998 entlassen hatten, außerdem eine Zivilklage auf Schadenersatz in Höhe von 20 Mio. Dollar wegen mangelhafter medizinischer Behandlung durch das städtische Krankenhaussystem. Ein gut informierter Beobachter der New Yorker Psychiatrie-Szene gibt der Familie recht: „In den 15 Jahren, die ich über das öffentliche Psychiatriesystem berichte, habe ich noch nie einen derartigen Verfallszustand erlebt. Budgetkürzungen in bisher unbekanntem Ausmaß haben alle Sicherheitsvorkehrungen untergraben, die bisher in Kraft waren." Seiner Meinung nach sprechen sechs Faktoren dafür, daß sich die Strafbehandlung der psychisch Kranken im Staat New York in den kommenden Jahren noch verschärfen wird:[30] Die letzten sechstausend Kranken, deren sich die öffentlichen psychiatrischen Kliniken zu entledigen bemühen (vor allem indem sie sie auf die Obdachlosenunterkünfte verteilen, wenn nötig mit geschönten Krankenakten, während schätzungsweise 3.000 der 7.200 Bewohner der städtischen Notunterkünfte New Yorks heute schon an schweren psychischen Störungen leiden), sind doppelt so häufig vorbestraft wie frühere Vergleichsgruppen; Heime mit ständiger ärztlicher Betreuung sind heute schon hoffnungslos überfüllt; die Politik der Krankenhäuser ist fortan, die Kranken nach maximal drei Wochen wieder auf die Straße zu setzen (ein Zeitraum, nach dem die staatliche Kostenerstattung von 775 Dollar pro Tag auf 175 sinkt, ein Betrag, bei dem das Krankenhaus draufzahlt); die Flut von Häftlingen, die mit psychischen Störungen aus Gefängnissen und Knästen entlassen werden, ist im Moment erst auf dem Tiefstand und steigt unaufhörlich; die Schrumpfung der bundesstaatlichen Unterstützungsprogramme für Bedürftige und Behinderte läßt eine wachsende Zahl von Kranken ohne jedes soziale Netz; und schließlich sind das Budget und die Personaldecke der Institutionen zur Überwachung des psychiatrischen Gesundheitswesens empfindlich beschnitten worden.

In der Folgezeit lancierten die Eltern von Kendra Webdale, mit eilfertiger Unterstützung der beiden politischen Parteien, eine Kampagne nicht zur Reformierung des öffentlichen Gesundheitssystems, um die schreienden medizinischen Lücken zu beheben, die der Tod ihrer Tochter ans Licht gebracht hatte, sondern zur Erlassung von Zwangsmaßnahmen, die psychisch Kranke verpflichten, ihre Medikamente einzunehmen, widrigenfalls sie gegen ihren Willen eingewiesen und eingesperrt werden können. Statt wieder für die nötigen finanziellen Mittel zu sorgen, um den chronischen Betten-, Personal-, und Medikamentenmangel in den Kliniken zu beheben, die Tausende von psychisch Kranken sich selbst überlassen, soll das „Kendra-Gesetz", im Frühjahr 1999 im New Yorker Parlament diskutiert und vom (republikanischen) Gouverneur George Pataki und dem (demokratischen) Parlamentspräsidenten Sheldon Silver in schöner Einmütigkeit unterstützt, dazu ermächtigen, Kranke, die sich weigern (oder unfähig sind), ihre Behandlung fortzusetzen, unter die Kontrolle der Strafjustiz zu stellen und sie schließlich zwangsweise einzusperren.[31] Wieder ein Gesetz, das, statt die psychische Not der Mittellosen mit medizinischen und sozialen Maßnahmen zu behandeln, versuchen soll, ihre Auswirkungen durch Bestrafung und Segregation einzudämmen.

Amerikanern, die auf die unterste Stufe der ethnischen und Klassenhierarchie verbannt sind, läßt die gleichzeitige Ausdünnung des sozialen Netzes und die Verstärkung des Strafjustiznetzes nur eine Alternative: sich mit den jämmerlichen Jobs der Neuen Ökonomie der sozialen Dienste abzufinden, oder ihr Glück in der illegalen Ökonomie der Straße zu versuchen und schließlich in der Realität des Gefängnisses zu landen. Menschen, die auf dem Arbeitsmarkt keinen Wert haben, haben nicht einmal diese „Wahl". Ob Drogensüchtige, psychisch Kranke oder Obdachlose: Die Unbekümmertheit der sozialen und medizinischen Dienste bürgt dafür, daß sich diese drei sich vielfach überschneidenden Kategorien, zwischen denen die Abfälle Amerikas die Runde machen wie bei einer makabren Variante des Spiels „Die Reise nach Jerusalem", Jahr für Jahr zahlreicher hinter Gittern wiederfinden. Das Gefängnis dient auch als Schuttabladeplatz und Müllkippe für den menschlichen Abfall einer Gesellschaft, die sich mehr und mehr dem Diktat des Markts unterwirft.

Anmerkungen

1 Mark Fishman und Gray Cavender (Hrsg.), *Entertaining Crime: Television Reality Programming*, New York, Aldine, 1998.

2 Mumola und Beck, *Prisoners in 1996*, S. 10 und 11.

3 Tony Fabello, *Sentencing Dynamics Study*, Austin, Criminal Justice Policy Council, 1993.

4 California Department of Corrections, *Historical Trends: Institution and Parole Population, 1976–1996*. Sacramento, CDC, 1997, Tabelle 4a.

5 Christopher J. Mumola und Thomas P. Bonczar, *Substance Abuse and Treatment of Adults on Probation,* 1995, Washington, Bureau of Justice Statistics, 1998, S.3.

6 United States Sentencing Commission, *Special Report to Congress: Cocaine and Federal Sentencing Policy*, Washington, Government Printing Office, Februar 1995.

7 Linda A. Templin, „Psychiatric and Substance Abuse Disorders Among Male Urban Jail Detainees", in: *Journal of Public Health*, 84-2, Februar 1994, S. 290–293. Eine vorangegangene Untersuchung hatte herausgefunden, daß die Gefängnisinsassen in Chicago eine dreifach so hohe Rate von psychischen Erkrankungen und Drogensucht aufwiesen als die männliche Durchschnittsbevölkerung der Stadt (Daniel Ewt Kagan, „Landmark Chicago Study Documents Rate of Mental Illness Among Jail Inmates", in: *Corrections Today*, 52-7, Dezember 1990, S. 164–169).

8 John F. Edens und Randy K. Otto, "Prevalence of Mental Disorders Among Youth in the Juvenile Justice System", in: *Focal Point: A National Bulletin on Family Support and Children's Mental Health*, 11, Frühjahr 1997, S. 7; die Zahlen für Kalifornien sind uns freundlicherweise vom Informationsbüro der California Youth Authority im April 1999 mitgeteilt worden.

9 Zitiert nach: „Asylum Behind Bars: Prisons Replace Hospitals for the Nation's Mentally Ill", in: *The New York Times*, 5. März 1998. Die Verschiebung der psychisch Kranken vom Krankenhaus- ins Gefängnissystem wird durch eine eingehende statistische Analyse der landesweiten Daten bestätigt, siehe: George Palermo, Maurice Smith und Frank Liska, „Jails Versus Mental Health Hospitals: A Social Dilemma", in: *International Journal of Offender Therapy and Comparative Criminology*, 35-2, Sommer 1991, S. 97–106.

10 Martha Burt, *Over The Edge: The Growth of Homelessness in the 1980s*, New York, Russell Sage Foundation, 1992, S. 57. Die Zahlen über den Bestand an öffentlichen Krankenhäusern sind dem Buch von A. Rouse entnommen: *Substance Abuse and Mental Health Statistics*, Washington, Department of Health and Human Services, 1998. Für einen Überblick über diese öffentliche Gesundheitspolitik siehe: David Mechanic und David A. Rochefort, „Deinstitutionalization: an Appraisal Of Reform", in: *Annual Review of Sociology*, 16, 1990, S. 301–327.

11 Gary E. Whitmer, „From Hospitals to Jails: The Fate of California's Deinstutionnalized Mentally Ill", in: *American Journal of Orthopsychiatry*, 50-1, Januar 1980, S. 65–75, Zitat: S. 66.

12 Terry Kupers, *Prison Madness: The Mental Health Crisis Behind Bars and What We Must Do About It*, San Francisco, Jossey Bass, 1999, besonders S. 257–265.

13 „Hundreds Take Up the Cause of a Killer" und „Vietnam Veteran Executed for 1980 Murder", *The New York Times*, 26. April und 5. Mai 1999. Die folgende Schilderung stützt sich auf die Artikel über diesen Fall, die in vier großen überregionalen und zwei regionalen Tageszeitungen erschienen sind.

14 „Babbitt's Lawyers Raise Race Issue as Execution Nears", in: *San Francisco Chronicle*, 2. Mai 1999.

15 "Governor Won't Blick Execution of Vietnam Veteran", in: *Los Angeles Times*, 1. Mai 1999; "Manny Babbitt: A Tale of Justice gone both Blind and Wrong", in: *The Minneapolis Star Tribune*, 6. Mai 1999.

16 „Honorable Discharge: Executed as a Villain, Vietnam Veteran Gets Hero's Burial", in: *The Boston Globe*, 11. Mai 1999.

17 Zitiert in: „California Mental Health Care: From the Snakepit to the Street?", in: *California Journal*, 1. Oktober 1997, S. 37–45; zur willkürlichen Inhaftierung von psychisch Kranken vergleiche E. Fuller Torrey et al., „Criminalizing the Seriously Mentally Ill: The Abuse of Jails as Mental Hospitals", in: *Mental Illness and the Law*, Washington, National Alliance for the Mentally Ill, 1998, S. 11–13, und Kupers, *Prison Madness*, op. cit., passim.

18 Gary E. Whitmer, „From Hospitals to Jails", op, cit., S. 65–75; die Zahl von 12.000 psychisch Kranken in den Untersuchungsgefängnissen Kaliforniens ist eine niedrige Schätzung und entspricht 15 Prozent der Häftlinge, für die nach einer Studie der Gefängnisverwaltung *tägliche* psychiatrische Behandlungen unerläßlich sind.

a Zitiert in „Asylums Behind Bars", in: *The New York Times*, 5. März 1998.

b Zitiert in *California Journal*, 1. Oktober 1997.

c E. Fuller Torrey et al., "Criminalizing the Seriously Mentally Ill: The Abuse of Jails as Mental Hospitals", in: *Mental Illness and the Law*, Washington, National Alliance for the Mentally Ill, 1998, S. 13.

19 Eines von fünf Untersuchungsgefängnissen besitzt keinerlei Struktur zur Behandlung von psychischen Krankheiten (Torrey et al., „Criminalizing the Seriously Mentally Ill", op.cit., S. 12). 1998 warf die Abteilung für Bürgerrechte des Bundesjustizministeriums dem Untersuchungsgefängnis des Distrikts Los Angeles „bewußte Gleichgültigkeit gegenüber der dringenden Notwendigkeit psychiatrischer Behandlung für die Häftlinge" vor und schloß, „das einzige Mittel, (deren) Gesundheitszustand zu verbessern", sei, sie unverzüglich aus der psychiatrischen Abteilung zu evakuieren.

20 Joan Petersilia, „Justice for All? Offenders with Mental Retardation and the California Corrections System", in: *Prison Journal*, 77-4, Dezember 1997, S. 358–380.

21 Torrey et. al., „Criminalizing the Seriously Metally Ill", op. cit., S. 13. 1996 hat der Distrikt Los Angeles 2,5 Mio. Dollar Schadenersatz an einen Häftling bezahlt, der an paranoischer Schizophrenie litt und zwei Wochen lang ohne jede Behandlung oder Medikamente im Untersuchungsgefängnis inhaftiert war (er wurde des Vandalismus in einer Kirche verdächtigt). Wieder auf die Straße gesetzt, obwohl er völlig verwirrt war, war er beim Überqueren eines Bahngeleises von einem Zug erfaßt und schwer verkrüppelt worden.

22 In Großstädten werden Menschen, die von der Polizei als psychisch Kranke betrachtet werden, zweimal so häufig festgenommen und ins Gefängnis gesteckt wie Personen, die als geistig gesund gelten, weil die Polizisten der Meinung sind, das sei die einzige Maßnahme, die sie in bezug auf sie ergreifen können (Linda A. Teplin und Nancy S. Pruett, „Police as Street Corner Psychiatrist: Managing the Mentally Ill", in: *International Journal of Law and Psychiatry*, 15-2. 1992, S. 139–156)

23 Gespräch mit dem Verwaltungsleiter der Strafanstalten des Distrikts im September 1998 im Untersuchungsgefängnis von Cook County.

24 Christopher J. Mumola und Thomas P. Bonczar, *Substance Abuse and Treatment of Adults on Probation*, 1995, Washington, Bureau of Justice Statstics, 1998, S. 7

25 Christopher J. Mumola, *Substance Abuse and Treatment, State and Federal Prisoners*, 1997, Washington, Bureau of Justice Statistics, 1998, S. 1, und Elliott Currie, *Crime and Punishment in America*, New York, Henri Holt and Company, 1998, S. 166

26 Vgl. das Porträt dieser Einrichtungen in Form einer Anklageschrift, das Susan Sheehan zeichnet: *Life for Me Ain't Been no Crystal Stair*, New York, Vintage, 1993

27 Rukaiyah Adams und Alissa Riker, *Double Jeopardy: An Assessment of the Felony Drug Provision of the Welfare Reform Act*, Washington, Justice Policy Institute, 1999. Das Bundesgesetz von 1996 ließ den einzelnen Bundesstaaten die Möglichkeit offen, diese Ausschlußklausel von der Sozialhilfe nicht umzusetzen: dennoch haben 32 beschlossen, sie zu übernehmen und fünf haben sie lediglich modifiziert. Kalifornien hat 1997 sein eigenes Gesetz verabschiedet, das wegen Drogendelikten Verurteilte auch noch vom letzten Hilfsprogramm für Bedürftige ausschließt, das sie hätten in Anspruch nehmen können, von der General Assistance.

28 Zitiert nach Michel Winerip, „Bedlam on the Streets: Increasingly, the Mentally Ill Have Nowhere to Go", in: *The New York Times Magazine*, 23. Mai 1999, S. 42–44. Bei früheren Krankenhausaufenthalten hatte Goldstein geklagt, er werde violett, er sei kleiner geworden und nur noch fünfzehn Zentimeter groß, er hätte seinen Hals verloren, er hätte einen überdimensionalen Penis, weil er kontaminierte Nahrung gegessen habe, von einem "homosexuellen Nachbarn", der ihm seine Exkremente stehle, um sie aufzuessen, usw.

29 „Man claims ‚Ghost' drove him to push woman to her death" und „Subway killing suspect is ruled fit for trial", in: *The New York Times*, 4. März und 6. April 1999.

30 Michael Winerip, „Bedlam on the Streets", op. cit., S. 48–49.

31 „Medication law illegal, advocates for mentally ill say" und „‚Kendra's Law' makes progress: Pataki, Silver back mandatory treatment for mental patients", in: *The Buffalo News*, 23. Februar und 20. Mai 1999.

Aus dem Französischen von Barbara Heber-Schärer

10 Vier Strategien zur Eindämmung der Gefängniskosten. Über die Verwaltung der Massenhaft in den Vereinigten Staaten

Nachdem der fordistisch-keynesianische Gesellschaftsvertrag Mitte der siebziger Jahre aufgekündigt worden war und das schwarze Ghetto als Instrument der Sozialkontrolle abgedankt hatte, stürzten sich die Vereinigten Staaten in ein einzigartiges soziohistorisches Experiment: Sie begannen die wohlfahrtsstaatliche Regulierung der Armut und der durch wachsende soziale Unsicherheit und Rassenkonflikte bedingten Störungen des städtischen Lebens durch deren strafrechtliche Behandlung durch Polizei, Gerichte und Strafvollzug zu ersetzen. Die bemerkenswerte Karriere, die der amerikanische Strafstaat in den vergangenen dreißig Jahren gemacht hat – eine notwendige Ergänzung zum Abbau des Sozialstaates und dessen logische Folge –, läßt sich grob in fünf Hinsichten charakterisieren:[1]

(1) *Vertikale Ausdehnung* des Strafstaates infolge einer Hyperinflation der Gefängnisse. Die Vervierfachung der Gefängnispopulation im Laufe von 25 Jahren, vor allem aufgrund höherer Einweisungsraten, hat den Vereinigten Staaten mit 2 Millionen Menschen hinter Gittern und 740 Häftlingen pro 100.000 Einwohner – sechs- bis zwölfmal so viel wie in allen anderen Industrieländern – den unangefochtenen Spitzenplatz bei Inhaftierungen eingetragen, obwohl die Kriminalitätsrate während dieser Zeit zunächst stabil blieb und dann sogar sank.

(2) *Horizontale Ausdehnung* durch verlängerte Bewährungsfristen, durch die Reform der bedingten Strafaussetzung und den Ausbau elektronischer und genetischer Datenbanken, die nun auch eine bessere Fernüberwachung ermöglichen. Die Folge dieser Ausdehnung des strafrechtlichen Netzes ist, daß sich heute 6,5 Millionen Amerikaner unter Aufsicht der Strafjustiz befinden: nämlich jeder zwanzigste erwachsene Mann, jeder neunte schwarze Mann und sogar jeder dritte junge schwarze Mann (im Alter von 18 bis 35 Jahren); die staatlichen Behörden haben schätzungsweise 55 Millionen Strafregister („rap sheets") angesammelt – rund ein Drittel der männlichen Arbeiterklasse ist hiervon erfaßt. Die in diesen Akten enthaltenen Informationen verbreiten sich, weil eine Überprüfung

Paris. Promenade du quartier d'isolement, Maison d'arrêt
de la Santé. © Olivier Aubert/1D-photo

des Vorstrafenregisters (zum Beispiel bei Arbeits- oder Mietverträgen) zunehmend Routine geworden ist.

(3) *Geburt des strafrechtlichen „big government"*, während die Ausgaben für Bildungs-, Gesundheits- und Sozialsysteme zur gleichen Zeit gekürzt wurden. Die finanzielle und personelle Ausstattung von Gefängnissen, die im Vergleich mit anderen öffentlichen Einrichtungen überproportional verbessert wurde, hat den Strafvollzug zum drittgrößten Arbeitgeber der Nation gemacht, mit 650.000 Angestellten und laufenden Kosten von über 40 Milliarden Dollar. So hat Kalifornien, das über das größte Gefängnissystem der Welt verfügt, seinen Etat für den Strafvollzug von 200 Millionen Dollar im Jahr 1975 auf 4,6 *Milliarden* im Jahr 2000 aufgestockt. Die Anzahl der im Strafvollzug Beschäftigten schnellte in den vergangenen zwei Jahrzehnten von 6.000 auf 41.000 hoch; seit 1994 übersteigen die Geldmittel der kalifornischen Strafvollzugsbehörde (California Department of Corrections) diejenigen der staatlichen Universitäten von Kalifornien.

(4) Wiederaufleben einer *privaten Gefängnisindustrie* und deren rasantes Wachstum. In nur einem Jahrzehnt haben gewerbliche Betreiber, hinter denen ein halbes Dutzend großzügig von Wall Street unterstützter Firmen steht, 7 Prozent des „Marktes" oder 140.000 Insassen erobert (das sind dreimal so viele wie die gesamte Gefängnispopulation von Frankreich oder Italien). Dadurch halfen sie dem Staat, seine Kapazitäten zur Bestrafung und Verwahrung unbequemer Teile des neuen Proletariats zu erweitern; diese Firmen bieten heute die gesamte Palette von Diensten an, die zum Strafvollzug gehören, und das auf jedem gewünschten Sicherheitsniveau. Zudem verfolgen sie eine aggressive Expansionspolitik ins Ausland – man findet sie bereits in England, Australien, Marokko, Südafrika, Korea und in Thailand.

(5) *Eine Politik der affirmative action für das Gefängnis* durch das strafrechtlich und räumlich differenzierte Anvisieren von Ghettos und ärmeren Stadtteilen. Besonders als sogenannter „Krieg gegen Drogen" hat diese Politik zu einer nie dagewesenen demographischen Vorherrschaft der Afroamerikaner geführt (seit 1989 wurden jedes Jahr mehrheitlich schwarze Männer neu eingewiesen) sowie zu einer Verschärfung der Rassengegensätze und Feindseligkeiten in den Gefängnissen: Schwarze Männer bilden lediglich 6 Prozent der amerikanischen Bevölkerung und 7 Prozent der Drogenkonsumenten des Landes, doch sie machen 35 Prozent der wegen Drogendelikten festgenommenen Personen und 75 Prozent der deswegen verurteilten Staatsgefangenen aus.[2]

Doch die finanzielle Last der Masseninhaftierung, dieser absonderlichen Maßnahme zur Armutsbekämpfung und verdeckten Rassenkontrolle, erweist sich aufgrund der stetigen Zunahme und raschen Alterung der Gefängnispopulation sowie des Pro-Kopf-Preises für die Unterbringung von Häftlingen als astronomisch. Die Ausgaben für Bau und Finanzierung der Haftanstalten nicht eingerechnet, kostet jeder Gefangene den Staat Kalifornien 21.400 Dollar pro Jahr – dreimal soviel wie die Sozialhilfe, die einer vierköpfigen Familie nach AFDC maximal zugestanden hätte, bevor das Programm wieder gestrichen wurde (nämlich 7.229 Dollar, Verwaltungskosten inbegriffen).[3] In den meisten anderen Staaten der USA, insbesondere den Südstaaten, sind die Kosten des Strafvollzugs natürlich viel geringer, das gilt aber auch für den dortigen Lebensstandard, Staatshaushalt und das Niveau der Sozialleistungen: In Mississippi beispielsweise belaufen sich die jährlich für einen Gefängnisinsassen aufgewendeten Gelder auf 13.640 Dollar. Die Summe beträgt allerdings fast das Zehnfache der jährlichen AFDC-Hilfen pro Familie, die im Durchschnitt bei fürstlichen 1.400 Dollar gelegen hätten. Der unkontrollierte Anstieg der staatlichen Ausgaben für Haftanstalten bedroht inzwischen unmittelbar und unübersehbar andere Kernaufgaben des Staates, von der Bildung über staatliche Sozialleistungen bis zum Gesundheitswesen, deren weitere Beschneidung wahrscheinlich zu Wählerprotesten der Mittelklassen führen würde. Um ihre Kosten zu senken, haben verschiedene Behörden in der Vergangenheit vier Strategien verfolgt – ganz abgesehen natürlich von der üblichen Augenwischerei, Ausgaben für den Strafvollzug als „Investitionen" in den „Krieg gegen Verbrechen" zu verkaufen.

1. Die erste besteht darin, die *Anzahl der Dienstleistungen und den Lebensstandard* in den Vollzugsanstalten *zu senken*, indem man verschiedene „Privilegien" oder Angebote einschränkt oder abschafft, die ihren Insassen zuvor zugestanden wurden: Fortbildungsprogramme, Sport, Unterhaltung und Rehabilitationsmaßnahmen wie etwa Umschulung und Berufsberatung. Obwohl es erwiesen ist, daß höhere Bildung zur Ordnung in den Gefängnissen ebenso beiträgt wie zur Verringerung der Rückfallquoten, wurden (mit dem Ausschluß der Strafgefangenen aus dem bundesstaatlichen Stipendienprogramm der „Pell Grants" im Jahr 1994) College-Programme für Strafgefangene praktisch abgeschafft. Strafgefangene, hieß es, beuteten die Staatsfinanzen aus.[4] Eine verwandte Sparmaßnahme bestand darin, verschiedene Unterhaltungs- und Konsumgüter zu verknappen. Als die Strafbehörde von Alabama 1996 wieder damit anfing, Gefangene aneinanderzuketten, schaffte sie auch Fernseher und Radios ab und verbot

die Ausgabe von Tabak, Süßigkeiten, Erfrischungsgetränken und Keksen. Als sich die Strafbehörde von Arizona im selben Jahr anschickte, ihren etwas über 23.000 Häftlingen den Empfang von Weihnachtspaketen zu verbieten, rechtfertigte sie diese Maßnahme mit dem Hinweis auf Sicherheits- sowie Gesundheits- und Hygienerisiken. In Wirklichkeit ging es der Behörde lediglich darum, die 254.000 Dollar für Überstunden einzusparen, die zur Untersuchung der 35.000 am Jahresende in ihren Einrichtungen eintreffenden Pakete anfielen: „Unser Ziel ist, sichere und effiziente Haftanstalten zu betreiben und immer zu schauen, was unterm Strich übrigbleibt", erklärte sein Sprecher, „nur darum geht's".[5]

Doch dieser Ansatz wird kaum zu erheblichen Einsparungen führen, da die Ausgaben im Zuge einer allgemeinen Durchsetzung des „harten Strafvollzugs" längst auf das Allernötigste reduziert wurden (weniger als 5 Prozent des Etats der kalifornischen Strafbehörde sind für Berufs- und Weiterbildungsmaßnahmen vorgesehen).[6] Nach Jahrzehnten völliger Vernachlässigung haben die Gerichte nun aber auch ein waches Auge auf Haftanstalten. Sie zögern nicht, Geldstrafen gegen Counties zu verhängen oder Behörden des staatlichen Strafvollzugs juristisch zu einer Verbesserung der Haftbedingungen zu zwingen, wenn diese offensichtlich mit verfassungsmäßigen Grundrechten in Konflikt geraten.[7] Und tatsächlich haben die meisten großen Stadtgefängnisse und Dutzende von staatlichen Gefängnissystemen seit Jahrzehnten unter Androhung schwerer Sanktionen die Auflage erhalten, Überbelegung abzubauen und die medizinische Versorgung zu verbessern.

2. Die zweite Strategie besteht darin, *den technologischen Fortschritt*, unter anderem in den Bereichen Elektronik, Informatik, Biometrik und Medizin, dafür *zu nutzen*, die allgemeine Produktivität der Gefängnisarbeit zu erhöhen, also mehr Sträflinge von weniger Wärtern bewachen lassen zu können. Der technologische Fortschritt kann sich in unterschiedlichen Neuerungen bemerkbar machen, etwa einem interaktiven Video, das es erlaubt, den Gefangenen ohne Hin- und Rücktransport einem Richter vorzuführen; der Verwendung von Barcode-Abzeichen oder -Armbändern, von Bewegungssensoren und anderen fiberoptischen Geräten, um die Bewegungen und Aktivitäten von Gefangenen und Wärtern innerhalb einer Einrichtung verfolgen und jederzeit automatische „Insassenzählungen" durchführen zu können; in der Elektrifizierung von Grenzzäunen (mit tödlicher Voltzahl), um die Anzahl bewaffneter Wärter auf den Wachtürmen zu minimieren; im Einsatz von Detektoren, die versteckte Gegenstände durch rückstreuende Röntgenstrahlen erkennen können

Kosten für einen Staatsgefangenen in Kalifornien

Nach offiziellen Angaben der kalifornischen Strafbehörde belaufen sich die unmittelbaren Kosten für die Verwahrung eines Verbrechers in einer staatlichen Haftanstalt – nicht eingerechnet die Kosten für den Bau der Anstalt – auf 21.470 Dollar im Jahr (diese Summe ergibt sich, wenn man den Jahresetat für die laufenden Kosten der gesamten Verwaltung des staatlichen Strafvollzugs durch die am Tag durchschnittlich einsitzenden Gefangenen teilt). Davon wird die Hälfte zur Entlohnung der Angestellten aufgewendet (wegen ihrer mächtigen und politisch gut vernetzten Gewerkschaft sind die kalifornischen Gefängniswärter im nationalen Vergleich mit Abstand die am besten bezahlten), ein Viertel für die Grundbedürfnisse der Häftlinge (Nahrung, Kleidung, medizinische Versorgung). Maßnahmen zur Rehabilitation und Wiedereingliederung in die Gesellschaft wie etwa Fortbildung, Arbeit oder Berufsausbildung machen nicht mehr als fünf Prozent der jährlichen Ausgaben des Strafvollzugs aus.

Angestellte der Haftanstalten, Sicherheit	$10.585	49,3%
Einweisung, Unterbringung, Verwaltung	$ 3.736	17,4%
Gesundheit	$ 3.499	16,3%
Nahrung, Kleidung	$ 2.125	9,9%
Fortbildung	$ 558	2,6%
Berufsausbildung	$ 494	2,3%
Beschäftigungsmaßnahmen	$ 344	1,6%
Freizeit und Religionsausübung	$ 129	0,6%
Insgesamt	$21.470	100%

Quelle: Schätzung des California Department of Corrections, *The Cost of Housing an Inmate 1997–98*, Sacramento: CDC 1998

und so das zeit- und personalaufwendige Abtasten und Ausziehen der Besucher ersparen; in der Ausstattung der Systeme zur Identifikation, Kommunikation und Datenverwaltung mit Software zur Bildbearbeitung und zur Stimmen- und Gesichtserkennung; im Gebrauch von satellitengestützten Überwachungs- und Ortungssystemen zum Lokalisieren von bedingt Haftentlassenen innerhalb ihrer Gemeinde; ganz zu schweigen von nicht-tödlichen Waffen zur Verhaltenskontrolle bzw. zur Kontrolle von Menschenmengen wie „Stun Belts" (am Körper zu tragende Gürtel, die Hochspannungsimpulse auslösen können), teflonartigen Schmiermitteln (mit denen sich zum Beispiel Bergstraßen unpassierbar machen lassen) und „optischer Munition" (die einen Angreifer mit einem Laserstrahl blenden und desorientieren kann).

In Anbetracht der Tatsache, daß die medizinische Versorgung zwischen 10 und 20 Prozent des Etats staatlicher Gefängnisse verbraucht, ist die erfolgversprechendste Komponente dieser Strategie wohl die medizinische Fernkonsultation mittels Telekommunikation. In den Jahren 1996 und 1997 führte die Bundesbehörde für den Strafvollzug (Federal Bureau of Prisons) eine Untersuchung zur Anwendung der sogenannten Telemedizin in Psychiatrie, Dermatologie und Orthopädie an drei Einrichtungen des Staates Pennsylvania durch. Die Behörde kam zu dem Ergebnis, daß Fernkonsultationen die Kosten des Gesundheitswesens um 30 Prozent senkten, und empfahl, diese Technologie auch in Gefängnissen zu testen.[8] Das Justizministerium hat eine Absprache mit dem Verteidigungsministerium getroffen, um neue Technologien zu entwickeln, die Aussicht auf gemeinsame Nutzung durch das Militär wie durch den Strafvollzug haben. Dessen Wissenschafts- und Technologieabteilung bietet Staaten und Counties aktive Hilfe bei der Anwendung dieser Technologien an, damit der „Strafvollzug im 21. Jahrhundert ankommt".

3. Eine dritte Strategie zur Verringerung der finanziellen Lasten, die durch die Bestrafung der Armut entstehen, versucht *einen Teil der Haftkosten auf die Häftlinge und ihre Familien abzuwälzen.* Seit Mitte der neunziger Jahre haben rund zwanzig Bundesstaaten und Dutzende von Kreisstädten damit begonnen, ihren Häftlingen Kost und Logis in Rechnung zu stellen. Sie verlangen „Bearbeitungsgebühren" bei der Aufnahme, lassen sich Mahlzeiten bezahlen und fordern eine „Mitfinanzierung" bei Aufenthalten in der Krankenstation sowie zusätzliche Umlagen für verschiedene Versorgungsleistungen im Gefängnis (Uniformen, Bettwäsche, Wäsche, Elektrizität usw.).[9] Manche gehen sogar so weit, ihre ehemaligen „Kunden" vor Gericht zu zitieren, um die Schulden einzutreiben, die sie bei ihrem unfreiwilligen Aufenthalt hinter Gittern angehäuft haben.

So hält man es beispielsweise in Macomb County, Michigan, einer rein weißen Arbeitervorstadt von Detroit. In Person von Leutnant Nyovich, der in der Kostenerstattungseinheit des Gefängnisses amtiert, brüstet man sich hier, „das erste und erfolgreichste" Gefängnis-Kostenerstattungsprogramm des Landes zu besitzen. Macomb County bittet Strafgefangene nach einem gestaffelten Tarifsystem zur Kasse und verlangt, abhängig von den finanziellen Möglichkeiten des einzelnen, die bei der Gefängniseinweisung ermittelt werden, zwischen 10 und 56 Dollar pro Tag; zudem berechnet der Kreis 15 Dollar für jeden Arzt- oder Zahnarztbesuch und

5 Dollar für Rezepte. Wenn die Gefangenen Gelder auf ihren Guthabenkonten haben, werden ihnen die Beträge direkt abgezogen; wenn sie außerhalb der Gefängnismauern arbeiten, erhalten sie alle fünf Wochen eine Rechnung. Wer seine Gefängnisrechnung nicht begleicht, wird von der Kostenerstattungseinheit vor Gericht zitiert – sie erhebt über sechshundert Anklagen im Jahr – oder sieht sich einem Inkassobüro konfrontiert, angeblich alles nur aus Sorge um Gerechtigkeit: „Wir verklagen sie oder schicken ihnen ein Inkassobüro auf den Hals. Du kannst nicht einfach sagen: ‚Weil ich arm bin, kann ich Dir nichts zahlen‘. Man muß jeden gleich behandeln."[10] Obwohl drei von vier Gefangenen gar nichts zahlen, treibt der County doch immerhin über eine Million Dollar im Jahr ein, die in seine allgemeine Finanzkasse zurückfließen (in den vergangenen Jahren wurden diese Gelder für neue Schußwaffen und den Bau eines Nachtgefängnisses (work-release unit) mit 200 zusätzlichen Betten ausgegeben). Unnötig, darauf hinzuweisen, daß „die Insassen darüber nicht sehr glücklich sind", während „es die Bevölkerung *liebt!* Alle tragen Buttons mit Sheriff Hackells Motto: *‚Er bittet die Gefangenen zur Kasse‘.* Er bestritt seinen Wahlkampf mit diesem Thema und gewann." Als wichtigste Verbindung zur Außenwelt sind Telefone für Strafgefangene von existentieller Bedeutung, doch auch von ihnen profitieren die Strafvollzugsbehörden gehörig: Viele vergeben das Recht, Telefonleitungen legen und betreiben zu können, nicht etwa an Firmen, die das konkurrenzfähigste Angebot unterbreiten, sondern verlangen umgekehrt von den Betreibern, die Kommunikationskosten in die Höhe zu treiben und die Mehreinnahmen an die Gefängnisse weiterzugeben. Der Staat New York häufte im Jahr 1997 über 20 Millionen Dollar aus seinem Exklusivvertrag mit MCI an, weil er einen Preisaufschlag von 40 Prozent über den regulären Telefontarifen abschöpfte; Florida war fast genauso erfolgreich mit einem Aufpreis von 50 Prozent und einem Gewinn von 13 Millionen Dollar.[11]
1997 verabschiedete Illinois ein Gesetz, das seine Strafvollzugsbehörde berechtigt, von den Strafgefangenen die gesamten Kosten ihrer Haft – bis zu 16.700 Dollar im Jahr – zurückzuverlangen und sie notfalls zu verklagen. Die Behörde strengte in der Folge Prozesse gegen drei Dutzend Sträflinge an mit dem Ziel, rund 4,6 Millionen Dollar wiederzubekommen. Sie mußte allerdings feststellen, daß die meisten Häftlinge arm oder mittellos waren, das heißt, daß ihr gesamtes Vermögen jeweils weniger als 4.000 Dollar betrug und somit – nach der Landesverfassung– nicht angetastet werden durfte. Die Kosten, die es verursachte, Gefangene juristisch zur Zahlung zu bewegen, wogen am Ende die erwarteten Vorteile auf.[12] Das

ist typisch für die „Kostenerstattungs"-Programme im Strafvollzug und macht verständlich, warum man es mit ihrer Umsetzung in den meisten Fällen nicht so genau nimmt. Ganz abgesehen davon sind solche Maßnahmen strafpädagogisch kontraproduktiv: Sie unterminieren den Arbeitswillen der Häftlinge, weil sie ihre mageren Einkünfte in der Anstalt (falls sie dort eine Beschäftigung haben) konfiszieren oder ihren Lohn nach der Entlassung pfänden lassen. Dies schafft zusätzlichen Anreiz, später schwarz oder in anderer Form illegal zu arbeiten.

4. Die vierte Strategie zur Kostendämpfung im Strafvollzug aber stimmt optimistisch: Sie sieht vor, massenhaft einfache Arbeit in den Gefängnissen verrichten zu lassen. In einigen Haftanstalten wird zwar schon für Lohn gearbeitet, und verschiedene Großkonzerne wie Microsoft, TWA, Boing, Toys'R'Us und Konica greifen unter der Hand auf diese Möglichkeit zurück – oft über Subunternehmer, um eine schlechte Presse zu vermeiden.[13] Zwar wurde diese privatwirtschaftliche Inanspruchnahme der Arbeitskraft der Insassen von Gefängnisaktivisten scharf kritisiert und auch von den Medien immer wieder thematisiert, sie ist aber für die genannten Unternehmen, und mehr noch für die Gefängnispopulation insgesamt, eine zu vernachlässigende Größe. Obwohl das „Private Industry Enhancement Program" – eine bundesstaatliche Initiative, die 1989 mit dem Ziel eingerichtet wurde, über die im Gefängnis anfallenden Arbeiten (Wäscherei, Ernährung, Büroarbeiten, Wartung und Instandsetzung) hinaus eine Anstellung der Sträflinge bei privaten Unternehmen zu befördern – stetig ausgeweitet wurde, arbeitete aufgrund der strengen rechtlichen und praktischen Einschränkungen, die mit Strafgefangenenarbeit immer noch verbunden sind, 1998 nur einer von dreizehn Insassen für regulären Lohn; weniger als 2.000 Gefangene in Landes- oder Bundesgefängnissen standen auf den Gehaltslisten externer Firmen.

In den vergangenen zehn Jahren aber wurde unter Juristen, Ökonomen, Strafrechtsexperten und Politikern immer lauter darüber diskutiert, ob man diese Hindernisse nicht beseitigen sollte. Zunehmend wurde erwogen, das auf die Produktion besonderer Güter für einen geschlossenen öffentlichen Markt (wie etwa Nummernschilder, Büromöbel, Uniformen und Nahrungsmittel) beschränkte „State-Use"-System der Strafgefangenenarbeit wieder durch das normale Vertragssystem zu ersetzen, das es privaten Unternehmen ermöglichen würde, Insassen zu gängigen Konditionen einzustellen und alle von ihnen produzierten Güter auf dem freiem Markt zu verkaufen.[14] Das Einkommen der angestellten Gefangenen würde dann abgeschöpft, um die Kosten ihrer Haft zu decken, Verbrechensopfer zu entschädigen und durch Steuern und Abgaben zusätzliche öffentliche Einnahmen zu erzielen.

Ein weit verbreiteter und intensiv diskutierter Bericht mit dem Titel *Fabriken hinter Gittern*, den das National Center for Policy Analysis, ein *think tank* des freien Unternehmertums, 1998 veröffentlichte, pries den ökonomischen Wert und moralischen Nutzen der Strafgefangenenarbeit. Er gab die Losung aus, innerhalb der nächsten zehn Jahre möglichst jeden vierten Gefangenen des Landes in Lohnarbeit zu bringen und 60 Prozent ihrer Löhne zur Entlastung der Steuerzahler einzubehalten. Der Bericht schätzte die dadurch möglichen Mehreinnahmen pro Jahr bei einem Stundenlohn von fünf Dollar, einer Arbeitswoche von 40 Stunden und einer jährlichen Arbeitszeit von 50 Wochen auf 2,4 Milliarden Dollar oder anders gesagt: auf 10 Prozent der gesamten laufenden Gefängniskosten.[15] Die frühkapitalistischen Zustände des 19. Jahrhunderts verherrlichend, als sich drei Viertel der Häftlinge abrackerten, davon zwei Drittel für private Unternehmer, drängte der Bericht die Regierung, mit der „Verschwendung" des „enormen Kapitals" der Gefangenenarbeit aufzuhören und endlich „Gefängnisse zu Bienenkörben der produktiven Arbeit" zu machen. Als notwendige Mittel zu diesem Zweck nannte der Bericht die Aufhebung der einzel- und bundesstaatlichen Gesetze, die den Einsatz der Strafgefangenenarbeit beschränken, die Beschneidung von Rechtsansprüchen der Insassen gegen Gefängnisarbeit und die finanzielle Belohnung von Gefängnisdirektoren, die ihre Einrichtungen wirtschaftlich unabhängig machen und flexible Produktions- und Vertriebsprogramme einführen. Der Bericht empfahl, kurz gesagt, „Gefängnisse wie Unternehmen zu führen".[16] Kommunale Gefängnisse scheinen aus dieser Perspektive eine sogar noch größere Fundgrube für billige Industriearbeit zu sein: Anders als die staatlichen Gefängnisse sind sie in städtische Counties eingebunden und deshalb mit dem örtlichen Wirtschaftsleben verquickt; sie verfügen über zwanzigmal mehr Gefangene als die staatlichen Gefängnisse (nämlich mehr als zehn Millionen im Jahr); nur 18 Prozent der in kommunalen Gefängnissen Internierten arbeiten bisher; und schließlich wird die Umsetzung innovativer Arbeitsmaßnahmen auf lokaler Ebene leichter sein, wo die Kosten des Strafvollzugs heute bis zu 15 Prozent des öffentlichen Haushalts verschlingen. Die Kombination von „Standort + Verfügbarkeit + Sichtbarkeit" wird die Ausbeutung der Arbeitskraft kommunaler Gefängnisse sicherlich zu einer „wichtigen Kostendämpfungsmaßnahme" für die Counties machen.[17] Nicht nur rechnet man damit, daß Strafgefangenenarbeit dem Müßiggang entgegenwirkt, die Anpassung an die Institution erleichtert und disziplinierend wirkt, sie stellt auch eine „langfristige Lösung für das Überbelegungsproblem" des amerikanischen Strafvollzugs in Aussicht, weil sie erfolgreicher auf das Leben nach der Haft vorbereitet und dadurch die Rückfallquoten verringert.[18] Es überrascht also nicht, daß in letzter Zeit zahlreiche Gesetzesentwürfe mit dem Ziel, die Beschränkungen der Strafgefangenenarbeit aufzuheben, in den Kongreß wie auch in die Parlamente der Bundesstaaten eingebracht wurden. Wenn die Armen „draußen" durch ‚Sozialhilfe nur gegen Arbeit'-Programme zur Arbeit verpflichtet werden, scheint es nur konsequent, auch die Armen „drinnen", nämlich die Häftlinge, dazu anzuhalten. Doch wird man abwarten müssen, ob diese Entwürfe verabschiedet und auch in einem solchen Umfang umgesetzt werden, daß sie zu der anvisierten Verbindung von Gefangenen- und Niedriglohnarbeit führen können. Denn auch eine wiedergefundene ideologische Entschlossenheit reicht nicht aus, um so mächtige Hindernisse wie etwa die Nicht-Steuerbarkeit der Strafgefangenenarbeit (Strafgefangene sind zu einem Großteil Analphabeten, nicht ausgebildet und wenig zuverlässig; hinzu kommt, daß der störende Einfluß von Erfordernissen des Strafvollzugs, wie zum Beispiel des Sicherheitsgebotes, die Gefangenenarbeit erstaunlich unflexibel macht), den allgemeinen Zustand des Arbeitsmarktes und die Hürde des Prinzips der „zweiten Wahl" zu beseitigen – letzteres gebietet, daß der am besten gestellte Häftling immer noch nach dem schlechtestgestellten Arbeiter kommen müsse.[19]

Am Ende kann wohl keine dieser vier Strategien, für sich oder zusammengenommen, die steigenden Kosten der Massenhaft als strafender Sozialpolitik wirksam eindämmen. Noch weniger lassen sich auf diesem Weg die sozialen und ökonomischen Belastungen verringern, die ihre zerrüttende Wirkung armen Menschen, Familien und Gemeinschaften aufbürdet. Wie die Privatisierung, deren verdinglichende Ideologie diese Strategien übernehmen und auf den öffentlichen Bereich des Strafvollzug ausweiten, können sie nur punktuell „Verschnaufpausen" schaffen. Die Widersprüche, die dadurch entstehen, daß die Bekämpfung sozialer Ungleichheit und Unsicherheit besonders am unteren Ende der Klassen- und Kastenstruktur vom Sozialsystem auf den Strafvollzug umgestellt wird, lassen sich so vielleicht eine Zeitlang entschärfen, aber nicht auflösen. Deshalb zeigt auch gerade der Versuch, eine bestimmte Phantasie der herrschenden Klasse am Leben zu erhalten, nämlich die Phantasie, die Armen hätten für die (strafrechtliche) Versorgung ihresgleichen selbst zu bezahlen, daß diese Vorstellung eben nichts anderes als eine Phantasie ist – allerdings eine mit realen

Konsequenzen, die zu einem der grausamsten Sozialexperimente gehören, das jemals von einer demokratischen Gesellschaft durchgeführt wurde.

Anmerkungen

1 Eine detailliertere Erörterung der Gründe, Funktionen und Formen der Bestrafung der Armut in den Vereinigten Staaten bieten Loïc Wacquant, *Les Prisons de la misère* (Paris: Raisons d'agir, 1999; englische Übersetzung: *Prisons of Poverty*, Minneapolis, University of Minnesota Press 2002; deutsch: *Elend hinter Gittern*, Konstanz: UVK 2000), und ders., *Punir les pauvres*, Marseilles: Agone 2002; eine breiter angelegte Darstellung der wesentlichen juristischen, sozialen und kriminologischen Aspekte, die mit der Inflation von Gefängnisstrafen in den Vereinigten Staaten verbunden sind, findet sich in: David Garland (Hg.), *Mass Imprisonment: Social Causes and Consequences*, London: Sage 2001, und in: Michael Tonry und Joan Petersilia (Hg.), *Prisons*, Chicago: University of Chicago Press 1999; zum allgemeinen historischen Hintergrund vgl. Thomas L. Dumm, *Democracy and Punishment: Disciplinary Origins of the United States*, Madison: University of Wisconsin Press 1987, und Scott Christianson, *With Liberty for Some: Five Hundred Years of Imprisonment in America*, Boston: Northeastern University Press 1998.

2 Mehr zum umstrittenen Zusammenhang zwischen Rassenkonflikten und der Ausweitung des Strafsystems im postfordistischen Amerika erfährt man in: Michael Tonry, *Malign Neglect: Race, Crime, and Punishment in America*, New York: Oxford University Press 1995; Jerome G. Miller, *Search and Destroy: African-American Males in the Criminal Justice System*, Cambridge: Cambridge University Press 1997; und Loïc Wacquant, „From Slavery to Mass Incarceration: Rethinking the ‚Race Question' in the United States", in: *New Left Review*, 2. Folge, Band 13, Februar 2002, S. 40–61.

3 AFDC steht für „Aid to Families with Dependent Children" (Hilfe für Familien mit minderjährigen Kindern), das wichtigste Wohlfahrtsprogramm für arme Mütter und ihre Kinder. Es wurde 1935 erstmals aufgelegt, mit der von Clinton und dem republikanischen Kongreß 1996 verabschiedeten „Wohlfahrtsreform" wieder abgeschafft und durch das Programm mit dem treffenden Namen „Temporary Assistance to Needy Families" (vorübergehende Unterstützung für bedürftige Familien) ersetzt. TANF war vor allem darauf ausgerichtet, die Ausgaben der staatlichen Sozialhilfe zu senken und Sozialhilfeempfänger in die schlechtbezahltesten Jobs des deregulierten Arbeitsmarktes zu drängen (Loïc Wacquant, „Les pauvres en pâture: la nouvelle politique de la misère en Amérique", in: *Hérodote*, Band 85, Frühjahr 1997, S. 21–33).

4 Joshua Page, *Eliminating the Enemy: A Cultural Analysis of the Exclusion of Prisoners from Higher Education*, Berkeley, Dissertation am Fachbereich Soziologie, University of California, Berkeley 2001

5 „Arizona Inmates May See Last Special Deliveries", in: *The Dallas Morning News*, 22. Dezember 1996

6 Die heute in den Vereinigten Staaten vorherrschende Strafideologie läßt sich auf die unter Gefängnisbediensteten beliebte Formel bringen: „Gefangene wie Gefangene riechen lassen" (Wesley Johnson u.a., „Getting Tough on Prisoners: Results from the National Corrections Executive Survey 1995", in: *Crime and Delinquency*, Band 43, Nr. 1, Januar 1997, S. 25–26). Ihr ist auch die Wiedereinführung körperlicher Züchtigung und eines

Bündels von Maßnahmen zur Demütigung der Straftäter zu verdanken: zu mehreren aneinandergekettet Steine brechen und Gräben reinigen, Fußketten, gestreifte Uniformen, militärische Kurzhaarschnitte, die Verknappung von Kaffee und Zigaretten sowie das Verbot von pornographischen Magazinen, Gewichtheben, eigener Kleidung usw.

7   Susan Sturm, „The Legacy and Future of Corrections Litigation", in: *University of Pennsylvania Law Review*, Band 142, 1993, S. 639–738

8   Douglas McDonald, Andrea Hassol und Kenneth Carlson, „Can Telemedicine Reduce Spending and Improve Prisoner Health Care?", in: *National Institute of Justice Journal*, April 1999, S. 20–28. Der nächste Schritt wird wahrscheinlich sein, die Telemedizin von Gefängnissen auf die Gesundheitskassen für die normale Bevölkerung auszudehnen.

9   Michelle Gaseau und Carissa B. Caramanis, „Success of Inmates Fees Increases Their Popularity Among Prisons and Jails", in: *The Corrections Network*, Online-Magazin, Oktober 1998

10 Interview mit Leutnant Nyovich, Sprecher des Macomb County Gefängnisses, das Shelly Malhotra (der ich für ihre sorgfältige Hilfe bei diesem Projekt danke) in meinem Auftrag geführt hat.

11 Einem Bericht des Newsletters *Corrections Digest* vom 16. Oktober 1998 zufolge. Die R-Gespräche aus verschiedenen Gefängnissen in Illinois, die ich von meinem besten Freund und Informanten aus der South Side in Chicago erhielt, als er in diesen Gefängnissen seine Zeit absaß, wurden mir von der Firma EZ-Com zum Siebzehnfachen der Tarife normaler Firmen für vergleichbare Ferngespräche in Rechnung gestellt.

12 „Paying Debt to Society May Add Up For Inmates: State Lawsuits Seek Cash From Prisoners", in: *Chicago Tribune*, 16. März 1998

13 Daniel Burton-Rose, Dan Pens und Paul Wright (Hrsg.), *The Celling of America: An Inside Look at the U.S. Prison Industry*, Monroe, ME: Common Courage Press 1998, S. 102–131

14 Aus der Flut von Artikeln, die in wissenschaftlichen Fachzeitschriften und Branchenorganen veröffentlicht wurden, greife ich nur einige heraus: Vgl. u.a. T. J. Flanagan und K. Maguire, „A Full-Employment Policy for Prisons in the United States: Some Arguments, Estimates, and Implications", in: *Journal of Criminal Justice*, Band 21, Heft 2, 1993, S. 117–130; Gwen Smith Pringle, „Inmate Labor: Yesterday, Today, and Tomorrow", in: *Corrections Today*, Februar 1996, S. 25–32; und S. P. Garvey, „Freeing Prisoners' Labor", in: *Stanford Law Review*, Band 50, Heft 2, Januar 1998, S. 339–398.

15 Morgan Reynolds, *Factories Behind Bars*, Dallas: National Center for Policy Analysis 1998, 30-seitiges Arbeitspapier; und Matt Grayson, „Inmates Inc: In Favor of Prison Labor. Benefits of Prison Work Programs", in: *Spectrum: The Journal Of State Government*, Band 70, Heft 2, Frühjahr 1997, S. 2–5. Das National Center for Policy Analysis in Dallas, Texas, ist ein neokonservatives Politikinstitut, das „sich ausschließlich durch private Spenden finanziert" und marktförmige Lösungen für alle möglichen sozialen Probleme propagiert. Morgan Reynolds ist Wirtschaftsprofessor an der Texas A&M University, NCPA Senior Fellow und Autor eines Buches mit dem vielsagenden Titel *Making America Poorer: The Cost of Labor Law* (Amerika ärmer machen: Die Kosten des Arbeitsrechts); Reynolds ist außerdem assoziierter Wissenschaftler am Cato Institute.

16 Reynolds, *Factories Behind Bars*, a.a.O., S. 4, 24f

17 Rod Miller, „Jails and Inmate Labor: Location, Location, Location", in: *Corrections Today*, Band 61, Heft 6, Oktober 1999, S. 107

18 Kerry L. Pyle, „Prison Employment: A Long-Term Solution to the Overcrowding Crisis", in: *Boston University Law Review*, Band 77, Heft 1, Februar 1997, S. 151–180

19 Schon 1985 sprach sich der mittlerweile verstorbene oberste Bundesrichter Warren Burger für die Aufhebung aller juristischen Beschränkungen der privaten Verwendung der Arbeit Strafgefangener aus, mit dem Ziel, binnen zehn Jahren Arbeitsplätze für die Hälfte aller amerikanischen Gefängnisinsassen zu schaffen. Obwohl seinerzeit intensiv diskutiert, ist aus seinen Vorschlägen nichts geworden (Warren E. Burger, „Prison Industries: Turning Warehouses into Factories with Fences", in: *Public Administration Review*, November 1985, S. 754–757).

Aus dem amerikanischen Englisch von Bettina Engels und Michael Adrian

11 Kritisches Denken als Zersetzung der Doxa

Was bedeutet für Sie kritisches Denken?

Dem Begriff Kritik können zwei Bedeutungen zugesprochen werden: Die eine Bedeutung kann man in der Tradition des Königsberger Philosophen als kantianisch bezeichnen, sie bezieht sich auf die evaluative Untersuchung von Kategorien und Formen des Wissens mit dem Ziel, ihre kognitive Gültigkeit und ihren Wert zu bestimmen. Die andere Bedeutung von Kritik läßt sich in einem Marxschen Sinne verstehen, der die Waffen der Vernunft auf die sozio-historische Realität richtet und es sich zur Aufgabe macht, die verborgenen Formen von Herrschaft und Ausbeutung ans Licht zu bringen und die Kritik so gestaltet, daß sie im Gegensatz dazu Alternativen zeigt, die jene Formen behindern und ausschließen (man denke an Horkheimers Definition von „kritischer Theorie" als einer Theorie, die zugleich erklärend, normativ, praktisch und reflexiv ist). Mir scheint diejenige Art des kritischen Denkens am fruchtbarsten, welche sich auf die Vermittlung dieser beiden (Denk-)Traditionen konzentriert und so *erkenntnistheoretische* und *soziale* Kritik miteinander verbindet, indem es etablierte Denkformen und etablierte Formen des kollektiven Lebens kontinuierlich, aktiv und radikal hinterfragt: den „Common Sense" oder die *Doxa*[1] (die *Doxa* der kritischen Tradition eingeschlossen) ebenso wie die sozialen und politischen Beziehungen, die in einem bestimmten historischen Augenblick in einer bestimmten Gesellschaft gelten.

Genauer gesagt, kann und muß es eine Synergie zwischen diesen beiden Formen der Kritik geben, so daß die Kritik der Ideen – sie betrifft die Geschichte von Konzepten, die logische Analyse von Begriffen, Thesen und Problematiken, die gesellschaftliche Genealogie von Diskursen, die Archäologie ihrer kulturellen Untermauerung (alles was der frühe Foucault unter dem Begriff *épistémè* gefaßt hat) – die Kraft der Institutionenkritik nährt und stärkt. Das Wissen um die sozialen Determinanten des Denkens ist unverzichtbar, um uns – wenn auch nur geringfügig – von den Determinanten des Denkens, die auf ihm (wie auf aller gesellschaftlichen Praxis) lasten, zu befreien, und uns somit in eine Lage zu versetzen, von der aus wir die Welt, wie sie für uns gegeben ist, transzendieren können,

Barcelona, Mauern im Quartier Poblenou
© Emmanuel Rioufol/1D-photo

um ganz konkret Zukunftsentwürfe zu erfinden, die anders sind als diejenigen, die in die Ordnung der Dinge eingeschrieben sind. Kurzum: Kritisches Denken gibt uns die Mittel *die Welt so zu denken* wie sie ist und wie sie *sein könnte*.

Welchen Einfluß hat kritisches Denken heute?

Auch auf die Gefahr hin, mir zu widersprechen, würde ich sagen, daß es extrem stark und zugleich ungeheuer schwach ist. *Stark* vor allem in dem Sinne, daß unsere theoretischen und empirischen Kapazitäten, um die soziale Welt zu verstehen, noch nie so groß waren, wie dies die außerordentliche Akkumulation von Wissen und die Beobachtungsmethoden in den unterschiedlichsten Disziplinen bezeugen: von Geographie bis Geschichte über Anthropologie und den kognitiven Wissenschaften, ganz zu schweigen vom Aufblühen der sogenannten „Humanities" (Geisteswissenschaften), Philosophie, Literatur, Rechtswissenschaften etc. In all diesen Disziplinen – mit den zutiefst bedauernswerten Ausnahmen Ökonomie und Politikwissenschaften, die überwiegend die traurige Rolle der Legitimierung bestehender Herrschaftsstrukturen übernehmen – kann man beobachten, daß der Wille nach kritischer Hinterfragung überall präsent und fruchtbar ist. Es ist kein Zufall, daß Foucault und Bourdieu zur Zeit die beiden in den Sozialwissenschaften am meisten zitierten und verwendeten Autoren der Welt sind: Beide sind kritische Autoren und Analytiker der Macht. Und es ist ebenfalls kein Zufall, daß der Feminismus – eine intellektuelle und politische Bewegung, die von ihrem Prinzip her kritisch ist – die Forschung in den verschiedensten Gebieten, von der Ästhetik über die Archäologie bis hin zur Kriminologie, erneuert hat, indem er diese Gebiete mit dem konkreten Projekt der sozialen und kulturellen Transformation verbunden hat.

Beachten Sie die Analysen von Zygmunt Bauman zum mörderischen Abdriften der Vernunft in *Dialektik der Ordnung. Die Moderne und der Holocaust*, die literarischen Versuche (ich verwende dieses Oxymoron absichtlich), mit denen José Saramago in *Die Stadt der Blinden* die soziale Ordnung dekonstruiert, die Theorien von Gleichheit und ökonomischer Entwicklung des Nobelpreisträgers Amartya Sen in *Entwicklung und Freiheit*, wo er wissenschaftliche Strenge mit moralischer Verpflichtung verbindet, Nancy Scheper-Hughes' Darstellung der Widersprüche in der Mutterliebe in den brasilianischen Elendsvierteln in *Death without*

Weeping oder das fesselnde Porträt des zwanzigsten Jahrhunderts von Eric Hobsbawm in *Das Zeitalter der Extreme*; die epische Reise über das Verständnis von Freiheit, die dem Schatten der Sklaverei entspringt, von Orlando Patterson in *Slavery and Social Order* und *Freedom in the Making of Western Culture*; oder Pierre Bourdieus Anatomie der Legitimationsmechanismen technokratischer Herrschaft und Klassenherrschaft in *Der Staatsadel*. Sie werden schnell davon überzeugt sein, daß kritisches Denken sehr lebendig, produktiv, in vollem Gang ist und voranschreitet. Und darüber hinaus ist kritisches Denken nicht auf jene Intellektuellen begrenzt, die selbstbewußt unter diesem Banner marschieren. Viele Forscher, Künstler und Schriftsteller tragen zu seiner Erhaltung bei, unabhängig von oder teilweise sogar trotz ihrer persönlichen politischen Einstellungen (oder des Fehlens derselben), sofern sie die *verborgenen gesellschaftlichen Möglichkeiten* offenlegen, die zur Seite geschoben, zurückgedrängt oder unterdrückt wurden, in Ansätzen oder im Reifeprozeß aber noch immer in der Gegenwart präsent sind.

Zieht man zusätzlich in Betracht, daß es noch niemals so viele Sozialwissenschaftler und Intellektuelle im weitesten Sinn gegeben hat wie heute, daß das allgemeine Bildungsniveau in der Bevölkerung kontinuierlich steigt, daß Soziologen (um nur diese zu nehmen) noch niemals in der öffentlichen Sphäre so einflußreich waren (gemessen an der Anzahl der verkauften Bücher, ihrer Medienpräsenz, ihrer direkten und indirekten Teilnahme an politischen Debatten), ist man versucht zu schlußfolgern, daß die Vernunft noch nie bessere Chancen hatte als heute, über historische Willkür in menschlichen Angelegenheiten zu triumphieren. Der wachsende Erfolg der im Kielwasser der sozialen Unruhen in Frankreich 1995 von Pierre Bourdieu begründeten Buchreihe *Raisons d'agir*[2], die sorgfältig argumentierende, aber gleichwohl schmale Bände vorlegt, geschrieben von führenden Forschern in verständlicher Sprache zu Themen von vitalem öffentlichem Interesse – das Themenspektrum reicht vom Fernsehjournalismus über Bildungsreformen bis zu den neuen Ideologien, die dazu dienen, die Deregulierung des Arbeitsmarktes als natürlichen Prozeß zu stilisieren –, bezeugt, daß es eine breite soziale Nachfrage nach kritischem Denken gibt, und daß die Sozialwissenschaften bestens in der Lage sind, diese Nachfrage zu befriedigen.

Und dennoch ist dasselbe kritische Denken ungeheuer *schwach*: einerseits, weil es sich zu oft im akademischen Mikrokosmos einschließen und von ihm abwürgen läßt (das ist besonders auffällig in den Vereinigten Staaten, wo sich Gesellschaftskritik nutzlos im Kreis dreht und sich irgendwann selbst in den Schwanz beißt wie ein Hund, der verrückt wird, wenn er in einer Kammer eingesperrt ist). Andererseits ist das kritische Denken schwach, weil es sich heute am Fuße einer wahrhaft *symbolischen Chinesischen Mauer* findet – errichtet durch den neoliberalen Diskurs und dessen mannigfaltige Nebenprodukte, die alle Sphären des kulturellen und sozialen Lebens durchdrungen haben. Zudem muß es noch mit einem *falschen kritischen Denken* konkurrieren, das unter dem Deckmantel einer anscheinend progressiven Wendung, „Subjekt", „Identität", „Multikulturalismus", „Diversität" und „Globalisierung" feiert und uns dazu verleitet, uns den (vor-)herrschenden Zwängen in der Welt und ganz besonders den Marktzwängen zu unterwerfen. Gerade wenn die Klassenstrukturen sich verhärtet und polarisiert haben, wenn die Hypermobilität des Kapitals der transnationalen Bourgeoisie eine bisher noch nie da gewesene Kapazität an Macht ermöglicht, wenn die Regierungseliten aller großen Mächte übereinstimmend die sozialen Sicherungsnetze, die im Laufe eines ganzen Jahrhunderts durch Arbeiterkämpfe erstritten wurden, abbauen und Formen von Armut, die an das 19. Jahrhundert erinnern, wieder entstehen und sich verbreiten, spricht man über die „fragmentierte Gesellschaft", über „Ethnizität", „Geselligkeit" und „Differenz". Wo eine unnachgiebige historische und materialistische Analyse vonnöten wäre, bietet man uns, ganz und gar besetzt von den narzißtischen Sorgen des Augenblicks, einen sanften Kulturalismus. In der Tat, falsches Denken und falsche Wissenschaften waren noch nie so weitschweifig und so omnipräsent wie heute.

Was sind die wichtigsten Formen, die dieses falsche Denken annehmen kann?

In den Vereinigten Staaten fungiert „Politikforschung" [policy research] als wichtigstes Schutzschild gegen kritisches Denken; sie agiert wie ein „Puffer" und isoliert das politische Feld von jeglicher Forschung, die, in ihren Konzeptionen wie nach ihren Implikationen, politisch unabhängig ist und radikal. Forscher, die sich an Staatsbeamte wenden möchten, müssen diesen „Dekontaminierungsraum" passieren und der Unterwerfung unter eine strenge Zensur zustimmen, indem sie ihre Arbeiten entlang technokratischer Kategorien reformulieren, die sicherstellen, daß diese Arbeiten weder Abnehmer noch irgendeine Wirkung auf die Realität haben werden (über die Pforten der Politikschulen steht in unsichtba-

ren Buchstaben geschrieben: „thou shallt not ask thy own questions…").
Tatsächlich berufen sich amerikanische Politiker niemals auf die Sozialforschung, es sei denn diese unterstützten die Richtung, die jene ohnehin aus Gründen der politischen Zweckmäßigkeit einschlagen wollen; in allen anderen Fällen treten sie sie schamlos mit den Füßen, wie Präsident Clinton es getan hat, als er 1996 seine Wohlfahrts„reformen" unterzeichnete (eine Mogelpackung, denn in dieser Legislaturperiode wurde das Recht auf öffentliche Leistungen für die Mittellosesten abgeschafft, um es durch obligatorische prekäre Lohnarbeit via „workfare" zu ersetzen), ungeachtet unzähliger Studien, die zeigen konnten, daß das auf einen Sozialabbau hinausläuft, der den am meisten Benachteiligten schwer schadet, wenn die ökonomischen Bedingungen nicht mehr günstig sind.

In Europa wird diese Rolle vom *soziologischen Journalismus* übernommen, ein hybrides Genre, das jene praktizieren, die zwar nominell Akademiker sind, in Wirklichkeit aber ihre Zeit damit verbringen, Hopplahopp-Kolumnen, Editorials und hastig verfaßte Reportagen zu schreiben sowie im Fernsehen und im Radio aufzutreten und überall dort sind, wo heiße Themen diskutiert werden – und zwar selbst und besonders solche, zu denen sie keine spezifischen Kompetenzen besitzen. Sie springen von einem „sozialen Problem" zum nächsten, je nach Lust und Laune der Medien und nach politischer Nachfrage, ohne sich jemals zu fragen, was, von wem und zu welchem Zweck dieses oder jenes Phänomen – sagen wir „Jugendgewalt" oder „Illegale Migration" – zu einem Gegenstand allgemeinen Interesses und öffentlicher Intervention wird. Sie besetzen fast vollständig den kleinen Raum, den Journalisten Forschern zugestehen, weil sie der Eitelkeit der Journalisten schmeicheln, indem sie den Unterschied zwischen der Weltsicht der Medien und der Weltsicht der Wissenschaft tilgen. Ihre bestenfalls auf oberflächlichen Studien beruhenden Analysen (woher sollen sie auch die Zeit nehmen, ernsthafte Studien durchzuführen, bei all der Zeit, die sie in den Medien, in offiziellen Kommissionen und in den Schaltstellen der Macht verbringen), ähneln bis zum Verwechseln journalistischen Berichten – gut nachvollziehbar also, warum Journalisten sie verstehen und feiern!

Aber das Haupthindernis gegenüber kritischem Denken ist heute ein anderes: Es ist die Entstehung einer wahren *neoliberalen Internationale*, verankert durch ein an der Ostküste der Vereinigten Staaten konzentriertes Netzwerk von *Think Tanks* und gestützt von großen internationalen Institutionen wie der Weltbank, der Europäische Kommission, der OECD, der WTO etc., die die Produkte der falschen Wissenschaft mit exponentieller Geschwindigkeit verbreiten, um die sozial reaktionäre Politik besser zu legitimieren, die im Zeitalter des triumphierenden Marktes überall implementiert wird. Ich habe dies in *Elend hinter Gittern* am Beispiel der Polizeitaktik der „Zero Tolerance" zu zeigen versucht, die in weniger als zehn Jahren durch das Manhattan Institute in New York, das den ersten Impuls gab, und dessen Epigonen sowie aktiven oder passiven „Mitstreitern" im Ausland „globalisiert" wurde, zudem in *Los parias urbanos* für das Pseudo-Konzept der „underclass", das in all den Ländern, in denen es benutzt wird, dazu dient, den Opfern selbst die Schuld zu geben, indem es die neuen Formen der städtischen Armut auf das angebliche Aufkommen einer neuen Gruppe ungezügelter und desintegrierter Armer zurückführt (vgl. hierzu ausführlich Wacquant 2000; 2001). In *Die List der imperialistischen Vernunft* (Bourdieu/Wacquant 1999) haben Pierre Bourdieu und ich versucht, die Züge einer kritischen Analyse der Entwicklung und der realen wie symbolischen Konsequenzen dieser neuen globalen Vulgata darzulegen, die die von multinationalen Konzernen geschaffene Welt als letzte Etappe der Geschichte und die Vermarktung alles Bestehenden als höchste Errungenschaft der Menschheit präsentiert. Diese Vulgata ist inzwischen in aller Munde, selbst bei Regierungen und bei Intellektuellen, die „links" zu sein behaupten und sich (zuweilen ernsthaft) für progressiv halten.

Was kann die Rolle des kritischen Denkens sein, angesichts der Obszönität der gewaltigen Ungleichheiten, die der neue globale Kapitalismus produziert?

Seine wesentliche Aufgabe besteht darin, eine *Mauer des Widerstands* gegen die ubiquitäre Zerstörung durch den Moloch des Marktes zu errichten, beginnend bei der Zerstörung des Denkens und all den Formen kulturellen Ausdrucks, die jetzt durch den Profitimperativ und das ungezügelte Streben nach Markterfolg mit dem gewaltsamen Tod bedroht sind. Bedenken Sie, daß Hillary Clinton 7 Millionen Dollar und der Vorstandsvorsitzende von General Electric, Jack Welch, 9 Millionen Dollar im voraus für zwei abscheuliche, von Ghostwritern geschriebene Bücher erhalten haben, in denen die eine ihr Leben als First Lady und der andere seine Erfahrungen als ehrgeiziger Industriemagnat nacherzählt. Und daß „Amazon.com" Unmengen von ihnen verkaufen wird, bevor sie überhaupt in Druck gehen, während begabte Schriftsteller, Dichter und junge

Forscher nicht in der Lage sind, Verlage zu finden, die bereit sind, sie zu publizieren, aus dem einzigen Grund, daß alle Herausgeber nun ihre jährliche Profitraten erhöhen müssen, im Einklang mit denjenigen in der TV- und Filmindustrie, in die sie von den großen kulturellen Konglomeraten integriert worden sind.

Das kritische Denken muß mit Eifer und Härte die falschen Allgemeinplätze auseinandernehmen, die Täuschungen offenlegen, die Lügen demaskieren und die logischen und praktischen Widersprüche des *Diskurses über den König Markt* und des triumphierenden Kapitalismus aufzeigen, der sich als Folge des brutalen Zusammenbruchs der bipolaren Welt seit 1989 und der Erstickung des sozialistischen Projekts (und dessen Verhunzung durch angeblich linke Regierungen, die de facto zur neoliberalen Ideologie konvertiert sind) überall durch die Kraft der Selbstevidenz verbreitet. Kritisches Denken muß unermüdlich die Frage stellen nach den sozialen Kosten und dem Nutzen der Politik der ökonomischen Deregulierung und des sozialen Abbaus, die inzwischen als sicherer Weg zu ewigem Wohlstand und höchstem Glück unter der Ägide von „individueller Verantwortung" präsentiert werden – bloß eine andere Bezeichnung für kollektive Verantwortungslosigkeit und merkantilen Egoismus. In seinem berühmten, 1844 in der *Rheinischen Zeitung* veröffentlichten „Brief an Arnold Ruge" spricht sich Karl Marx für eine „rücksichtslose Kritik alles Bestehenden" aus. Mir scheint dieses Programm zeitgemäßer denn je. Wir kehren somit zurück zur elementaren historischen Mission kritischen Denkens. Sie besteht darin, der *Zersetzung der Doxa* zu dienen, unaufhörlich die Offensichtlichkeit und den Rahmen der bürgerlichen Debatten zu hinterfragen, damit wir uns eher selbst die Chance geben, die Welt zu denken, als *durch sie gedacht zu werden*, um ihre Mechanismen auseinanderzunehmen und zu verstehen und um sie uns so intellektuell wie materiell wieder anzueignen.

Anmerkungen

1 Wacquant bezieht sich hier auf das bourdieusche Verständnis des Begriffs Doxa, wie es von Bourdieu in Anlehnung an Husserl soziologisch gewendet wurde. Bourdieu bestimmt Doxa in diesem Sinne als „Verhaftung an Ordnungsbeziehungen, die, weil gleichermaßen reale wie gedachte Welt begründend, als selbstverständlich und fraglos hingenommen werden." (Pierre Bourdieu, 1982 *Die feinen Unterschiede. Kritik der gesellschaftlichen Urteilskraft*. Frankfurt am Main, Suhrkamp: 734) A.d.Ü.

2   Die Reihe „Raisons d'agir", wörtlich: „Gründe zum Handeln", wird in Deutschland vom Universitätsverlag Konstanz (UVK) verlegt und enthält neben Loïc Wacquants Studie *Elend hinter Gittern*, Konstanz 2000, zum Beispiel Pierre Bourdieus *Gegenfeuer 2*, Konstanz 2001. A.d.Ü.

Aus dem amerikanischen Englisch von Diana Sahrai

Bibliographie

Abercrombie, Nicolas und John Urry (1983): Capital, Labour and the Middle Classes. London: George Allen and Unwin

Abu-Lughod, Janet L. (1980): Rabat: Urban Apartheid in Morocco. Princeton: Princeton University Press

Anderson, Elijah (1978): A Place on the Corner. Chicago: University of Chicago Press

Björgo, Tore und Rob White (Hg.) (1993): Racist Violence in Europe. New York: St Martin's

Block, Fred (1987): Revising State Theory: Essays on Politics and Postindustrialism. Philadelphia: Temple University Press

Bluestone, Barry und Bennett Harrison (1988): The Great U-Turn. New York: Basic Books

Bourdieu, Pierre (1986): „The Forms of Capital". In: J.G. Richardson (Hg.), Handbook of Theory and Research for the Sociology of Education, New York, Greenwood Press, 241–258

Bourdieu, P. (1998): Contre-feux. Paris: Raisons d'agir. Dt.: Gegenfeuer. Wortmeldungen im Dienste des Widerstands gegen die neoliberale Invasion. Konstanz: UVK

Boyer, Paul (1978): Urban Masses and Moral Order in America, 1820–1920. Cambridge, MA: Harvard University Press

Bradbury, Katharine L. und Lynn E. Brown (1986): „Black Men in the Labor Market". New England Economic Review 14 (März–April): 32–42

Brewer, Rose M. (1988): „Black Women in Poverty: Some Comments on Female-Headed Families". Signs: Journal of Women in Culture and Society 13-2 (Winter): 331–339

Browning, Christopher R. (1986): „Nazi Ghettoization Policy in Poland, 1939–1941". Central European History 19-4 (Herbst): 343–368

Bursik, R.J. u H.G. Grasmick (1993): „Economic Deprivation and Neighborhood Crime Rates, 1960–1980". Law and Society Review 27-2 (Juni): 263–283

Caldeira, Teresa (2001): City of Walls: Crime, Segregation and Citizenship in São Paulo. Berkeley: University of California Press

Calhoun, Craig (1991): „Indirect Relationships and Imagined Communities: Large-Scale Social Integration and the Transformation of Everyday Life", 95–121 in Social Theory for a Changing Society. Herausgegeben von Pierre Bourdieu und James Coleman. Boulder: Westview Press

Carnoy, Martin, Manuel Castells, Stephen S. Cohen, and Fernando Henrique Cardoso. (1993): The New Global Economy in the Information Age. Baltimore: Johns Hopkins University Press

Castel, Robert (1978): „La ‚guerre à la pauvreté' et le statut de la misère dans une société d'abondance". Actes de la recherche en sciences sociales 19 (Januar): 47–60

Christie, N. (1997): An Essay in Penal Geography, unpubliziertes Manuskript, Department of Criminology, Universitet Oslo, Oslo

Christie, Nils (2000): Crime Control as Industry: Towards Gulags, Western Style. London: Routledge, erweiterte Neuauflage Dt.: Kriminalitätskontrolle als Industrie. Auf dem Weg zu Gulags westlicher Art, Herbolzheim: Centaurus (2002)

Clark, Kenneth B. (1965): Dark Ghetto: Dilemmas of Social Power. New York: Harper

Cross, Malcolm (Hg.)(1992): Ethnic Minorities and Industrial Change in Europe and North America. Cambridge: Cambridge University Press

Damer, Sean (1989): From Moorepark to „Wine Alley": The Rise and Fall of a Glasgow Housing Scheme. Edinburgh: Edinburgh University Press

Danziger, Sheldon H. und Daniel H. Weinberg (Hg.) (1987): Fighting Poverty: What Works and What Doesn't. Cambridge, Mass.: Harvard University Press

Davis, Mike (1990): City of Quartz: Excavating the Future in Los Angeles. London: Verso. Dt.: (2006): City of Quartz: Ausgrabungen der Zukunft in Los Angeles. Berlin: Assoziation A

DeVos, George; Hiroshi Wagatsuma (Hg.) (1966): Japan's Invisible Race: Caste in Culture and Personality. Berkeley, CA: University of California Press

DeVos, George; Deakyun Chung (1981): „Community Life in a Korean Ghetto". Chapter 10 in Changsoo Lee und George De Vos, Koreans in Japan: Ethnic Conflict and Accomodation. Berkeley: University of California Press, 225–251

Drake, St. Clair und Horace R. Cayton (1945): Black Metropolis: A Study of Negro Life in a Northern City. New York: Harper and Row (Neuauflage University of Chicago Press, 1995)

Duncan, Ernie (1987): The Values, Aspirations, and Opportunities of the Urban Underclass. Cambridge, Mass.: Department of Sociology, Harvard University, unpubliziert B.A. Honors Thesis

Elias, Norbert (1970): Was ist Soziologie?, Weinheim/München: Juventa

Elias, Norbert (1997): Über den Prozeß der Zivilisation, Bd.2, Frankfurt/Main: Suhrkamp

Engbersen, Godfried (1997): In de schaduw van morgen. Stedelijke marginaliteit in Nederland. Amsterdam: Boom

Esping-Andersen, G. (Hg.)(1993): Changing Classes: Stratification and Mobility in Post-Industrial Societies. Newbury Park: Sage

European Economic Community (1989): Underground Economy and Irregular Forms of Employment: Synthesis Report and Country Monographies. Brussels: mimeo

Fainstein, Norman (1986–1987): „The Underclass/Mismatch Hypothesis as an Explanation for Black Economic Deprivation". Politics and Society 15-4 (Winter): 403–452

Farley, Reynolds und Walter R. Allen (1987): The Color Line and the Quality of Life in America. New York: Russell Sage Foundation

Faugeron, Claude (1995): „La dérive pénale". Esprit 215 (Oktober), 132–144

Forman, Robert E. (1971): Black Ghettos, White Ghettos, and Slums. Englewood Cliffs: Prentice-Hall

Freidenberg, J. (Hg.) (1995): The Anthropology of Lower Income Urban Enclaves: The Case of East Harlem. Annals of the New York Academy of Sciences, Vol. 749, New York

Friedman, Philip (1980): „The Jewish Ghettos of the Nazi Era". Kapitel 3 in Roads to Extinction: Essays on the Holocaust. New York: The Jewish Publication Society of America, 59–87

Gans, Herbert (1995): The War Against the Poor: The Underclass and Anti-Poverty Policy. New York: Basic Books

Garland, David (Hg.) (2001): Mass Imprisonment: Social Causes and Consequences. London: Sage

Gay, Ruth (1992): The Jews of Germany: A Historical Portrait. New Haven: Yale University Press

Gephart, Martha A. und Robert W. Pearson (1988): „Contemporary Research on the Urban Underclass". Items: Social Science Research Council 42-1/2 (Juni): 1–10

Goldfield, David R. et James B. Lane (Hg.) (1973): The Enduring Ghetto. Philadelphia: J.B. Lippincott Company

Hadjinichalis, Costis und David Sadler (Hg.)(1995): Europe at the Margins: New Mosaics of Inequality. New York: Wiley and Sons

Hane, Misiko (1982): Peasants, Rebels, and Outcastes: The Underside of Modern Japan. New York: Pantheon

Hannerz, Ulf (1969): Soulside: Inquiries into Ghetto Culture and Community. New York: Columbia University Press

Harris, Fred und Roger W. Wilkins (Hg.) (1988): Quiet Riots: Race and Poverty in the United States. New York: Pantheon

Häußermann, H., M. Kronauer und W. Siebel (Hg.) (2004): An den Rändern der Städte. Armut und Ausgrenzung. Frankfurt am Main: Suhrkamp

Hicks, Donald A. (1985): Advanced Industrial Development. Boston: Oelgeschlager, Gun and Hain Publishers

Hirsch, Arnold (1983): Making the Second Ghetto: Race and Housing in Chicago, 1940–1960. Cambridge: Cambridge University Press

Johnson, James Weldon [1930] (1981): Black Manhattan. New York: Da Capo

Johnson, Paul (1987): „Ghetto", 230–310 in: A History of the Jews. New York: Harper Perennial

Jordan, Winthrop D. (1974): The White Man's Burden: Historical Origins of Racism in the United States. New York: Oxford University Press

Kangas, O. (1991): The Politics of Social Rights. Stockholm: Institute for Social Research.

Kerner Commission (1968) (1989): The Kerner Report. The 1968 Report of the National Advisory Commission on Civil Disorders. New York: Pantheon

King, Roy D. und Mike Maguire (Hg.) (1998): Prisons in Context. New York: Oxford University Press

Kornblum, William (1984): „Lumping the Poor: What is the Underclass?" Dissent (Sommer): 275–302

Landry, Bart (1987): The New Black Middle Class. Berkeley: University of California Press

Lash, Scott und John Urry (1988): The End of Organized Capitalism. Madison: University of Wisconsin Press

Levine, Martin P. 1979. „Gay Ghetto". Journal of Homosexuality 4-4 (Sommer). Erweiterter Nachdruck as „YMCA': The Social Organization of Gay Male Life", in Gay Macho: The Life and Death of the Homosexual Clone. New York: New York University Press, 30–54

Lieberson, Stanley (1985): Making it Count: The Improvement of Social Theory and Social Research. Berkeley: University of California Press

Liebow, Elliot (1967): Tally's Corner: A Study of Negro Streetcorner Men. Boston: Little, Brown and Company

Mabit, R. (Hg.)(1995): Le Travail dans vingt ans. Rapport de la Commission présidée par Jean Boissonnat. Paris, Odile Jacob

Macdonald, Cameron Lynn und Carmen Sirianni (Hg.) (1996): Working in the Service Economy. Philadelphia: Temple University Press

Marks, Carole (1989): Farewell – We're Good and Gone: The Great Black Migration. Bloomington: Indiana University Press

Massey, Douglas und Nancy Denton (1993): American Apartheid: Segregation and the Making of the Underclass. Cambridge: Harvard University Press

Mauss, Marcel (1968): Essais de sociologie. Paris: Editions de Minuit/Points

Meier, August und Elliott Rudwick (1976): From Plantation to Ghetto. New York: Hill and Wang

Miller, Jerome G. (1996): Search and Destroy: African-American Males in the Criminal Justice System. New York: Cambridge University Press

Mingione, Enzo (Hg.) (1996): Urban Poverty and the „Underclass". Oxford: Basil Blackwell

Mollenkopf, John H. und Manuel Castells (Hg.) (1991): Dual City: Restructuring New York. New York: Russell Sage Foundation

Moore, Robert (1989): „Ethnic Division and Class in Western Europe", in Richard SCASE (Hg.), Industrial Societies: Crisis and Division in Western Capitalism and State Socialism. London: Allen and Unwin

Murray, Stephen O. (1979): „The Institutional Elaboration of a Quasi-Ethnic Community", International Review of Modern Sociology 9 (Juli): 165–177

Musterd, Sako (Hg.)(1994): Special issue on „A Rising European Underclass?", Built Environment, 20–3, 1994

McFate, Katherine, Roger Lawson, und William Julis Wilson (Hg.)(1995): Poverty, Inequality, and Future of Social Policy. New York: Russell Sage Foundation

Nelli, Humbert S. (1970): Italians in Chicago: A Study in Ethnic Mobility. New York: Oxford University Press

Noiriel, Gérard (1988): Le Creuset français. Paris: Editions du Seuil

Offe, Claus (1985): Disorganized Capitalism: Contemporary Transformations of Work and Politics. Hg. von John Keane. Cambridge, Mass.: MIT Press

Orfield, Gary (1985): „Ghettoization and Its Alternatives". In Paul Peterson (Hg.), The New Urban Reality. Washington, D.C.: The Brookings Institution, 161–193

Osofsky, Gilbert (1971): Harlem: The Making of a Ghetto – Negro New York, 1890–1930. New York: Harper and Row, 2. Auflage

Palidda, Salvatore (2000): Polizia Postmoderna. Etnografia del nuovo controllo sociale. Milano: Feltrinelli

Park, Robert E., Ernest Burgess und Roderick McKenzie (1925): The City: of Human Behavior in the Urban Environment. Chicago: University of Chicago Press

Perlman, Janice (1976): The Myth of Marginality: Urban Poverty and Politics in Rio de Janeiro. Berkeley, CA: University of California Press

Pétonnet, Colette (1982): Espaces habités. Ethnologie des banlieues. Paris: Galilée

Philpott, Thomas Lee (1978): The Slum and the Ghetto: Neighborhood Deterioration and Middle-Class Reform, Chicago 1880–1930. New York: Oxford University Press

Piore, Michael J. und Charles F. Sabel (1984): The Second Industrial Divide: Possibilities for Prosperity. New York: Basic Books

Portes, Alejandro, Alex Stepick (1993): City on the Edge: The Transformation of Miami. Berkeley: University of California Press

Poulantzas, Nicos (1978): L'État, le pouvoir et le socialisme. Paris: Presses Universitaires de France

Quijano, Anibal (1968): Notas sobre el concepto da marginalidad social. Santiago (Chile): Commission for Latin American Report

Rifkin, J. (1995): The End of Work: The Decline of the Global Work Force and the Dawn of the Post-Market Era. New York: G.P. Putnam's Sons. Dt: (1995): Das Ende der Arbeit und ihre Zukunft, Frankfurt am Main/New York: Campus

Rothman, David (1995): „More of the Same: American Criminal Justice Policies in the 1990s", in T.G. Blomberg und S. Cohen (Hg.), Punishment and Social Control. New York: Aldine de Gruyter, 29–44

Sainatti, Gilles und Laurent Bonelli (Hg.) (2000) : La Machine à punir. Pratique et discours sécuritaires. Paris: La Dispute

Sassen, Saskia (1990): „Economic Restructuring and the American City". Annual Review of Sociology 16: 465–490

Sassen, S. (1991): The Global City: New York, London, Tokyo. Princeton: Princeton University Press

Sennett, Richard (1994): „Fear of Touching". Chapter 7 in Flesh and Stone: The Body and the City in Western Civilization. New York: W.W. Norton, 212–251.Dt. (1995) Fleisch und Stein. Der Körper und die Stadt in der westlichen Zivilisation, Berlin: Berlin Verlag

Spear, Allan H. (1968): Black Chicago: The Making of a Negro Ghetto, 1890–1920. Chicago, IL: University of Chicago Press

Spierenburg, Peter (1995): „The Body and the State: Early Modern Europe". 49–78 in The Oxford History of the Prison: The Practice of Punishment in Modern Society. Herausgegeben von Norval Morris und David J. Rothman. Oxford: Oxford University Press

Squires, Gregory D., Larry Bennett, Kathleen McCourt und Philip Nyden. (1987): Chicago: Race, Class, and the Response to Urban Decline. Philadelphia: Temple University Press

Stack, Carol (1974): All Our Kin: Strategies for Survival in a Black Community. New York: Harper and Row

Stern, Vivian (1997): A Sin Against the Future: Imprisonment in the World. Boston: Northeastern University Press

Stow, Kenneth R. (1992): Alienated Minority: The Jews of Medieval Europe. Cambridge, MA: Harvard University Press

Tonry, Michael und Joan Petersilia (1999): Prisons. Chicago: The University of Chicago Press

Tribalat, N. (1995): Faire France. Une enquête sur les immigrés et leurs enfants. Paris: La Découverte

Van Kempen, Ronald und Peter Marcuse (Hg.)(1998): The New Spatial Order of Cities. Cambridge: Blackwell

Van Parijs, Philippe (1996): Refonder la solidarité. Paris: Editions du Cerf

Vanneman, Reeve und Lynn Cannon Weber (1987): The American Perception of Class. Philadelphia: Temple University Press

Wacquant, Loïc und William Julius Wilson (1989): „Poverty, Joblessness and the Social Transformation of the Inner City". In David Ellwood and Phoebe Collingham (Hg.), Welfare Policy for the 1990s. Cambridge: Harvard University Press, 70–102

Wacquant, Loïc (1993): „De la ,terre promise' au ghetto: la ,Grande Migration' noire américaine, 1916–1930". Actes de la recherche en sciences sociales 99 (September): 43–51

Wacquant, Loïc (1994): „The New Urban Color Line: The State and Fate of the Ghetto in Postfordist America", 231–276 in Social Theory and the Politics of Identity. Craig Calhoun (Hg.). Oxford: Basil Blackwell

Wacquant, Loïc (1996): „De l'Etat charitable à l'Etat pénal: notes sur le traitement politique de la misère en Amérique". Regards sociologiques 11: 30–38. Dt.: „Vom wohltätigen

Staat zum strafenden Staat: Über den politischen Umgang mit dem Elend in Amerika", Leviathan. Zeitschrift für Social- und Politikwissenschaft (Berlin) 25-1, 1997, 50–66.

Wacquant, Loïc (1996a): The Rise of Advanced Marginality: Notes on Its Nature and Implications, Acta sociologica, 39-2, 121–139. (3) Dt.: „Fortgeschrittene Marginalität: Anmerkungen zu Wesen und Bedeutung eines neuen Phänomens," in Jürgen Mackert (Hg.), Die Theorie sozialer Schließung. Tradition, Analysen, Perspektiven, Wiesbaden: VS Verlag für Sozialwissenschaften, 2004, 155–176

Wacquant, Loïc (1996b): Red Belt, Black Belt: Racial Division, Class Inequality, and the State in the French Urban Periphery and the American Ghetto, in E. Mingione (Hg.), Urban Poverty and the Underclass, Oxford: Basil Blackwell. Dt.: „Roter Gürtel, Schwarzer Gürtel: Rassische Trennung, Klassenungleichheit und der Staat in der französischen städtischen Peripherie und dem amerikanischen Ghetto", in: Hartmut Häußerman, Martin Kronauer, Walter Siebel (Hg.), An den Rändern der Städte: Armut und Ausgrenzung, Frankfurt am Main, Suhrkamp Verlag, 2004, 148–200

Wacquant, Loïc (1997a): Les pauvres en pâture: la nouvelle politique de la misère en Amérique, Hérodote, 85, Spring, 21–33. (1)

Wacquant, Loïc (1997b): „Three Pernicious Premises in the Study of the American Ghetto". International Journal of Urban and Regional Research 21-2 (June), „Events and Debate": 341–353. Dt.: „Drei irreführende Prämissen bei der Untersuchung der amerikanischen Ghettos", in: Wilhelm Heitmeyer, Rainer Dollase, Otto Backes (Hg.), Die Krise der Städte: Analysen zu den Folgen desintegrativer Stadtentwicklung für das ethnisch-kulturelle Zusammenleben, Frankfurt, Suhrkamp Verlag, 1998, 194–210

Wacquant, Loïc (1998): „Negative Social Capital: State Breakdown and Social Destitution in America's Urban Core." The Netherlands Journal of the Built Environment (Special issue on „Spatial Segregation, Concentration, and Ghetto Formation") 13-1: 25–40

Wacquant, Loïc (1998): „A Black City Within the White": Revisiting America's Dark Ghetto." Black Renaissance 2-1: 141–151. Dt. im vorliegenden Band

Wacquant, Loïc: (1999a) Les Prisons de la Misère. Paris: Raisons d'agir Edition. Dt.: Elend hinter Gittern, Konstanz: UVK, 2000

Wacquant, Loïc (1999b): „How Penal Common Sense Comes to Europeans: Notes on the Transatlantic Diffusion of Neoliberal Doxa," European Societies, 1-3, Fall, 319–352. Dt.: „Über den US-Export des neuen strafrechtlichen Commonsense nach Europa", in Wolfgang Ludwig-Mayerhofer (Hg.), Soziale Ungleichheit, Kriminalität und Kriminalisierung, Opladen, Leske und Budrich, 2000, 85–118

Wacquant, Loïc (1999c): „‚Suitable Enemies': Foreigners and Immigrants in Europe's Prisons," Punishment and Society, 1-2, Herbst, 215–223. Dt. „‚Bequeme Feinde'", Neue Kriminalpolitik, 8-3, August 2000, 3–7

Wacquant, Loïc (2000a): „The New ‚Peculiar Institution': On the Prison as Surrogate Ghetto." Theoretical Criminology, 4-3, Special issue on „New Social Studies of the Prison": 377–389

Wacquant, Loïc (2000b): „Mister Bratton Goes to Buenos Aires. Prefacio à la edición para América latina", in Cárceles de la miseria, Buenos Aires, Ediciones Manantial, 11–17

Wacquant, Loïc (2001a): „Deadly Symbiosis: When Ghetto and Prison Meet and Mesh." Punishment & Society, 3-1 (Winter): 95–134. Dt. „Tödliche Symbiose. Wenn Ghetto und Gefängnis sich verbinden", in Uwe H. Bittlingmayer, Jens Kastner, Claudia Rademacher (Hg.), Theorie als Kampf? Zur politischen Soziologie Pierre Bourdieus, Opladen: Leske & Budrich, 2002, 265–313

Wacquant, Loïc (2001b): „Rumo a uma ditadura sobre os pobres? Nota aos leitores brasilei-ros." Preface to As Prisôes da miséria, Rio de Janeiro, Zahar Editor, 7–15

Wacquant, Loïc (2006): Deadly Symbiosis: Race and the Rise of Neoliberal Penality. Cambridge: Polity Press.

Wacquant, Loïc (2006): Parias urbains. Une sociologie comparative de la marginalité sociale, Paris: La Découverte, 2006

Ward, David (1989): Poverty, Ethnicity, and the American City, 1840–1925. Cambridge: Cambridge University Press

Weiher, George (1991): The Fractured Metropolis: Political Fragmentation and Metropolitan Segregation. Albany: State University of New York Press

Western, John (1981): Outcast Cape Town. Minneapolis: University of Minnesota Press

White, Morton und Lucia White (1977): The Intellectual Versus the City: From Thomas Jefferson to Frank Lloyd Wright. New York: Oxford University Press

Williams, Terry and William Kornblum (1985): Growing Up Poor. Lexington, Mass.: Lexington Books

Williams, Bruce (1987): Black Workers in an Industrial Suburb: The Struggle Against Discrimination. New Brunswick, NJ: Rutgers University Press

Wilson, William Julius (1987): The Truly Disadvantaged: The Inner City, the Underclass and Public Policy. Chicago: University of Chicago Press

Wilson, William Julius (1988): „The American Underclass: Inner-City Ghettos and the Norms of Citizenship." The Godkin Lecture, The John F. Kennedy School of Government, Harvard University, April

Wilson, William Julius, Robert Aponte, Joleen Kirschenman und Loïc Wacquant (1988): „The Ghetto Underclass and the Changing Structure of Urban Poverty." 123–151 in Quiet Riots: Race and Poverty in the United States (The Kerner Report, Twenty Years Later). Fred Harris und Roger Wilkins (Hg). New York: Pantheon

Wilson, William Julius (1996): When Work Disappears: The World of the New Urban Poor. New York: Knopf

Wintermute, Wendy (1983): Recession and ‚Recovery': Impact on Black and White Workers in Chicago. Chicago: Chicago Urban League

Wirth, Louis (1928): The Ghetto. Chicago: University of Chicago Press

Wirth, Louis. [1956] (1964): „The Ghetto." Kapitel 5 in On Cities and Social Life. Herausgegeben von Albert J. Reiss, Jr. Chicago: University of Chicago Press, 84–98

Wrench, John und John Solomos (Hg.) (1993): Racism and Migration in Western Europe. New York: Berg

Wright, Erik Olin (1985): Classes. New York: Verso

Zhou, Min (1992): Chinatown: The Socioeconomic Potential of an Urban Enclave. Philadelphia: Temple University Press

Bauwelt Fundamente
(lieferbare Titel)